【张千帆文集·卷六】

宪政中国的当代叙事

第四卷

Constitutional Narratives in Contemporary China

Volume 4

张千帆

Qianfan Zhang

【当代华语世界思想者文库】

学术顾问：黎安友
主　　编：荣　伟
副 主 编：罗慰年
Academic Adviser: Andrew J. Nathan
Chief Editor:　　 David Rong
Deputy Editor:　　William Luo

Published by Bouden House, New York

宪政中国的当代叙事　第四卷
Constitutional Narratives in Contemporary China (*Volume 4*)

作者：张千帆（Qianfan Zhang）

出版：博登书屋·纽约（Bouden House·New York）
邮箱：boudenhouse@gmail. com
发行：谷歌图书（电子版）、亚马逊（纸质版）
版次：2024 年 1 月　第一版　第一次印刷
字数：217 千字
定价：\$38.00 美元

总　序

　　如果说八十年代总体上是中国改革的"黄金年代"，1982 年颁布的现行宪法本身就是这个年代的产物，那么从 2003 年孙志刚事件到 2012 年十八大这十年可以说是中国式维权的"黄金年代"。在这期间，由邓小平九二"南巡"开启的"中国模式"已经产生了足够严重和普遍的社会后果，社会矛盾急速积聚，而相对宽松的舆论环境尤其是互联网的发展为不满情绪提供了出气孔。也就在此之前，我刚好从南大转来北大任教，因为宪法职业使然也不由自主加入到"公知"行列。2004—13 年间，我在国内官方媒体上发表了约 300 篇针砭时弊的评论，内容全部是拿八二宪法说事儿。当然，如果舆论环境更为宽松，我可以比此高产得多，但这些已足够让人看到现行宪法和日常生活的联系。作为一个坚定的改良主义者，我一直认为宪法不能落地不代表宪法"无用"。在宪政民主实现之前，宪法固然用处不大，但正如我在一篇反驳"革命派"的评论中所说，一旦自动放弃宪法，我们将真的"一无所有"。宪政中国当下和未来的第一要务是踏踏实实地行宪，不论多么艰难乃至徒劳，而不是好高骛远的"制宪"。事实上，官方对拿宪法说事儿的恐惧本身即足以说明宪法的力量。

　　中共十八大之后，舆论空间逐步收紧，官媒上发评论越来越难，更多的文章转向《华尔街日报》中文版、FT 中文网等当时还没有"被墙"的境外媒体。即便如此，直到 2016 年，言路尚未被完全堵死。那一年，我在北人做完了最后一届"世界宪政暑期班"；连续八年，再也坚持不下去了。那一整年，官媒上我只在腾讯《大家》《南都观察》、凤凰网"大学问"发了三篇评论，但那时仍然有"三剑客""剑客会""知识分子—思考者"这样影响较大的自媒体。后来这些思想类自媒体也被封了，境外媒体则悉数被墙。如今，八二宪法已入"不惑之年"，而宪政中国的前路却变得越来越迷惑，以至于"宪政"竟成了不可言说的"敏感词"。

尽管如此，我仍然认为宪政中国的可见前景仍然是落实现行宪法，无论它具有何种缺陷——事实上，只要落实紧挨着的宪法第34条（选举权）、第35条（言论自由）、第36条（宗教信仰自由）即足以让中国走上宪政的康庄大道，至多加上第33条（人权保障、法律平等），而所有这些条款的落实最终都要靠公民自己。因此，宪法那些事还得说下去。虽然普通人往往认为"宪法不管用""宪法很遥远"，宪法其实和日常现实生活很相关。恰恰是因为宪法规定没有发挥应该发挥的作用，因而我们现实中的宪法事件尤其之多，几乎天天都有。如果你是一个有心人，每天都会发现新的值得书写的宪法素材。

事实上，素材如此之多，以至于即便在出版空间严重受限的情况下，并不高产的我近年来积累的时政评论也汇集成这里的四卷本——本来想编一套上中下就齐活，没想到竟超出了三卷本的篇幅。这样也好，言论限制毕竟只是一时的，在不远的未来肯定还有针砭时弊的机会，到时候第五卷、第六卷……再继续出下去。目前的四卷本收集了我近二十年来发表在报刊或电子媒体的数百篇评论或演讲，其宗旨只有一个，那就是从日常生活中看似不起眼的小事，探索中国宪政艰难前行的足迹。八二宪法目前还不可能在司法等制度层面上得到有效实施，但这并不等于宪法和现实生活无关；恰好相反，正是因为宪法未能彰显出正式的国家法律权威，学者才尤其需要挖掘并发扬光大宪政本身的固有精神，至少在遇到具体事件的时候替宪法说话，告诉人们宪法要求怎么做。而即便今天环境恶劣、空间逼仄，公民也没有放弃自己的宪法权利。公民为自己的基本权利抗争的事例比比皆是，2022年末的"白纸运动"就是最有力的证明。赋予宪法生命的不是干枯抽象的条文或了无生气的程序，而是具体生动的公民行动。这部由公民行动叙写的中国宪法是值得学者言说的。

宪政中国的当代叙事至少有双重意义。一是防止健忘。因为无法依靠成型的宪政民主及时化解社会矛盾，当代中国的社会问题尤其之多，几乎每周都有大事发生。发生伊始，社会震动很大，但焦点很快转移到接踵而至的下一个公共事件；原先那件事并没有解决，却很快淡出公共视野，甚至被彻底遗忘。譬如，现在还有多少人记得 2009 年底震撼全国的唐福珍自焚事件？一个健忘的民族是没有前途的，因为它不会有长进。回顾、梳理、分析近年发生的重要宪法事件，有助于汲取教训、亡羊补牢。

二是书写当代中国的民间宪政史。2003 年"孙志刚事件"的时候，我曾提出中国宪政存在官方与民间两条路径。如今"宪政"已成敏感词，宪政的官方路径已被彻底堵死，只剩下民间路径，虽然困顿难行，却是当下中国惟一值得书写的宪政材料。四卷本所涵盖的所有宪法事例都表明，宪政不是理论家画饼充饥建起的空中楼阁，而是普通公民在行使权利的一步一个脚印中走过的荆棘路。公民的每一次亲身参与都是在为中国的宪政大厦添砖加瓦，也是宪政精神的灵光闪耀。在这个意义上，挖掘中国宪政精神的根本力量与其说是学者，不如说是公民自己。学者只是一个见证者和诠释者，一部真正的宪法是由公民用自己的维权行动写就的。

四卷本按时间顺序记述 2009—21 年前后的宪法事件及其评论，中国宪政晴雨表恰如经历了春夏秋冬四个季节。如今已然进入冬季，下一个春天也就不远了。

非常感谢博登书屋荣伟、罗慰年二位先生的大力支持！本书汇聚了笔者自本世纪初以来的点滴思考和零星评论，其间受到诸多师友、同道的支持和教诲，受益匪浅。特别感谢郭道晖、江平、茅于轼、杜光、张思之、章诒和、资中筠、袁伟时、成中英、孔杰荣(Jerome Cohen)等学界前辈，以及郭丹青、张乐伦、柏恩敬、蔡定剑、曹保印、崔克亮、戴志勇、冯军、郭飞雄、郭玉闪、郭于华、郝建、贺卫方、何光沪、洪振快、黄钟、雷颐、李楯、栗宪庭、李轩、刘澎、浦志强、秦平、荣剑、盛洪、苏小玲、吴思、王康、王瑛、王占阳、王昉、笑蜀、熊伟、徐灿、许章润、许志永、袁莉、章立凡、张赋宇、张伦、张鸣、张雪忠、赵士林、赵国君、周大伟、周孝正、周筱赟等同道中人。

以上已有几位不幸离世，令人唏嘘。宪政尚未成功，同道仍需努力！

第四卷　序

本卷涵盖了 2016—22 年间的时政评论，包括宪政民主的理论逻辑与实践、中国律师的成长与中国法治的动力、极权体制的形成与衰败、国家规模与自由、选举的意义、社会契约的道德核心以及不变的老话题——思想与言论自由。注意时间跨度，现在积累 6 年的评论才相当于过去 1—2 年的数量，发文章越来越难了。

以 2015 年的 709 事件为标志，快速发展了四分之一世纪的维权律师群体开始受到整肃。浦志强案仍在庭审，87 岁高龄的张思之大律师作为辩护律师，亲自一趟趟跑看守所，还时不时被拒绝会见。2018 年夏，中国的"米兔运动"突然降临，广州女律师孙世华却在办理一起上访案件中遭到警察的人身侮辱。法律维权的风险越来越高，维权律师被吊销律师执业资格证的事件越来越频繁。2019 年，著名维权律师伍雷终于被吊证。他从 2016 年代理郭飞雄案起，就一直面临吊证的风险。尽管面临年度审查，律师仍然是比记者和教师更独立的职业，因而虽然面临打压、办案困难，律师维权力量并没有受到太大削弱，即便被吊证的"律师后"们也能活下去。事实上，近十年来，中国律师的数量已从 30 多万激增至 60 多万。这种现象在律师和法官比例倒挂（"法官"竟比律师多）的改革开放初期，是很难想象的。2022 年，思之律师在影响了不止一代人之后溘然长逝，但"思之精神"已然不朽。

2018 年修宪之后，由于体制内改革停滞，自由派"内卷"加剧。自 2003 年"孙志刚事件"之后的 15 年里，中国维权基本上以制度或政策的改良实践为主线；思想启蒙虽然在不断进行中，但只要改革旧制度仍有空间，社会尤其是自由派会聚焦于改革实践而非思想论争。随着非政府组织、律师维权、舆论监督等公民社会的空间不断遭到压缩，自由派剩余的关注空间越来越转向思想理论或国外政治，进而揭示了自由派之间的许多思想分歧。由于改良希望更加渺茫，激进变革受到许多人的支持。虽然没有简单回到 1990 年代的"告别革命"之争，当下首务是制宪还是行宪一度成为自由派的一个争论焦点。作为坚定的改良派，我当然认为中国现在和未来的重点都是脚踏实地的行宪而非好高骛远的制宪。虽然目标可以相对激进，但手段一定要审慎渐进，否则很容易重蹈暴力革命的覆辙。

2016 年美国福音派支持的总统候选人川普胜选后，宗教保守主义也开始在国内发声。原先分歧似乎并不明显的"自由派"中，分裂出价值取向不同的"进步派"与"保守派"。2020 年美国总统大选，伴随着各种自媒体假消息满天飞，海内外华人两派的论争几乎和美国国内同样激烈。2022 年俄乌战争，自由派似乎出现了部分复合。原先挺川的"保守派"中虽然也有人支持普京侵略，但多数似乎是支持乌克兰的。但今年 10 月发生巴以大规模冲突，两派再次激烈碰撞。虽然不能核实挺川与无条件挺以是否同一拨人，此次分裂更加凸显了华人群体中普遍存在非黑即白的"二极管"思维。

2018—19 年，清华大学处理法学院教授许章润的方式显示出言论自由与学术自由每况愈下。我自 2004 年出版《宪法学导论》之后，便常年教授北大法学院大一新生和法硕宪法课。在校门相当开放的年代，不时有校外人士来"蹭课"。每学期结课时，我都会念一段应景的短文，以激励学生对宪政前途的信心。许多学生会因为我的宪法课而受到启蒙，但也很容易变得悲观甚至抑郁，因为他们突然发现宪法的理念和社会现实差距太大。随着新冠疫情的发生，大学校门被人脸识别严格"管起来"了，教室里只有清一色的北大学生，偶尔进来个别身分不明的中年人。2019 年，国内最畅销的《宪法学导论》因被政法大学某位"学者"举报而下架，之后讲课不得不用影印本。2020 年秋季课程结束，我本来对那一级学生不太满意，法硕课就没有念结课短文，但因为疫情推迟了开学，本科课程的结课延到次年一月，那天正好是我生日。于是我还是念了一篇"这仍然是一个伟大的时代"，国内怎么都发不出去，发到油管还引起了不少人的误解，以为我成了"歌德派"。当时我隐约有预感，这或许是我在北大的最后一次课。果不其然，是年百年党庆，中央派出巡视组巡视三十多个高校，"成果"之一就是我不能再教课了。

进入 2020 年，对中国与世界影响最大的莫过于新冠疫情。武汉沦陷之时，我正利用寒假访问科隆。原计划一个月内开学前回国，结果被困在德国半年之久。2 月 6 日，疫情"吹哨人"之一李文亮医生不幸离世，我发布了设立"中国言论自由日"的倡议。虽然疫情的全面爆发显然是压制李医生等吹哨人的直接结果，那时言论还是有一定自由的。2 月 11 日，我在《纽约时报》中文网上发表了"防治病毒，中国需要宪政民主"，全面论述一个宪政民主体制如何能帮助中国防控疫情。学校并没有找我麻烦，甚至还建议我提交关于防治病毒方案的想法，只是强调走"内部渠道"，不要上网。一年之后，"风水轮流转"，疫情在国内因不惜血本的严控而得到遏止，却在国际上迅猛蔓延开来，一时间颇有"资本主义丧钟敲响"之感。2021 年 5 月，巡视组开始巡视北大，就有知名五毛拿纽时这篇文章"递刀子"，好像我提倡宪政民主的防疫之道被"打脸"了。7 月，巡视将要结束，另一位"带刀侍卫"司马南再次攻击此文，并暗示这样的人应该被"处理"了。虽然不确定这两个时间点是否巧合，这一次我立即以"一朝头被夹，终生性难移"为题作出回应，原文照录如下：

某位反美是工作、留美是生活的网络大腕消停一阵之后，近日又发作，还下"战书"，真是无知无畏。借此机会简单回应几句：（1）此次疫情是因李文亮医生等人的低人权而爆发出来（今天似已无人记得武汉暗无天日的那几个月），借低人权"优势"而得到有效控制。疫情爆发后大半年，我们是以没有紧急状态的紧急状态方式管制社会，而长期以来民众很适应这种方式；除了北朝鲜，没有哪个国家能采取这种管制方式。对于疫情来说，这种管制确实有其"优势"，那就是长痛不如短痛，相对短时间牺牲自由之后换来一个相对安全的环境。但如果纯粹以安全标准来衡量的话，世界排名第一也轮不到中国，而是北朝鲜，我没有听说那里有任何疫情，感染率为零。这能说明北朝鲜制度很成功、很优越吗？（2）我对欧美批评不多，因为那是人家的事情，不会像某些人那样成天幸灾乐祸、上蹿下跳，但也并非没有批评，尤其是对川普后期的防疫不力和竞选集会期间鼓励支持者不戴口罩，屡次将此比喻为"义和团"在美国再现。我从来强调不要迷信任何国家，尤其是美国，尤其是美国总统和总统制，在此不多说。此次疫情确实显示民主国家遇到突发事件时管控手段有限，不能短痛往往会变成长痛。关键还需要民众的理解、支持和自觉配合。（3）我屡次强调，"自由不免费"，不只是说自由必须靠争取才能得到，而且自由过度显然也会产生代价。疫情爆发，许多欧美人还像没事那样聚会、旅游、度假，那真是自己找病，也不负责任地把病传染给别人。政府管制宽松，就必须依靠民众自觉。我在德国滞留半年，机票连续五次被取消，最后不得不买高价票回国，回国后自费强制隔离两周（现在 31 天，这些也都是颇具特色的"优势"吧，任何其它国家几乎都不具备）；但在德期间照常生活，上街购物、散步没有受到任何影响，露天也不用带口罩，没事。据说滞留海外的中国留学生上百万，只有百来人感染病毒，感染率为万分之一。这说明防疫不只是一个制度问题，更是一个文化问题。中国人（包括我自己）理性、胆小怕事、明哲保身，这个时候体现出了"优势"，不出门就不会惹事。（4）治国不可能永远靠紧急状态。疫情过后，中国仍然要学会如何权衡自由与安全，并以正当的制度保障之。人类历史很长，要走的路很远；这次低人权换来了"优势"，下次就不一定有那么幸运了。有些人健忘一年多前的惨痛教训，以暂时的成功沾沾自喜，发表各种祸国殃民的"宏大叙事"，还有大量弱智五毛跟进鼓噪、摇旗呐喊，只能自证小丑本性。

现在，我还要加上第五条——抗疫的"低人权模式"真的有"优势"吗？2022 年 11 月"白纸运动"之后，长达三年的"清零政策"戛然而止。十日之内，中央政策从过度严防到放手不管，经历了 180度转弯。三年"清零"，14 亿人的人身与活动自由受到严重限制，各行各业经济活动遭遇重创，今天后果仍在发酵，而中国并没有少死人——虽然官媒既不统计也不报道，但国民尤其是老年人都不是刀枪不入的"义和团"，2022 年底至 2023 年春海啸规模的感染率记忆犹新。这一切究竟是为了什么？最后是谁被"打脸"？我有意"请教"各位网络五毛们。

目　　录

壹、宪政及其路径

宪政是个"好东西"，这一点盖无疑议。从增强国力、改进教育到驱除雾霾，我的好几篇大一或法硕大课结语都说明了这个问题。但如何走向宪政的路径则在自由派内部都有争议，比较激进的虽然不敢公开主张"革命"，却以"制宪"代之。我是旗帜鲜明的"改良派"，甚至是比较保守的那种，不仅坚决反对暴力革命，而且也不主张急于制宪。中国的当务之急显然是行宪而非制宪。至于那种不制宪就什么都做不成的看法，我认为只是推脱自己责任的托词。

2019 年 7 月，我和华政"前教授"张雪忠之间的争论可被视为宪法领域的改良派和"革命派"或"行宪派"与"制宪派"之争。虽然双方言辞都比较坦率，这仍然是一场"君子之争"。此次争论之后，我和雪忠仍然很友好。他还邀我在网上讲课，可惜因为干预未能实现。及至疫情爆发，争论的现实意义似乎一下子被淡化了。2020 年美国大选，他一开始就站在反川立场，我们又重新找到共同立场。余智兄弟甚至把此次论争的自由派代表概括为"一贺三张"（另一位是张鸣）。

微信时政圈时而争论一些理论问题，或可被视为"启蒙"的延续。和之前启蒙不同的是，我的感觉是美国大选之争后，自由派发生撕裂，"导师"很大程度上被拉下"师坛"，失去了知识权威的光环，群里常有各类"民科"惊人之语，专业人士的话语反而不太受关注。虽然"民科"话语往往失准，但不失为普及常识的一种方式，而专业知识人可以起到正本清源的作用。2021 年 8 月，香港中文大学和人民大学对"恶法非法"话题的争论视频流出，很快成为网络热点。我很快写了一篇文章，说明这个问题为什么是个"伪问题"。

2023 年 3 月，尊敬的党内改良派杜光老师去世。2021 年 9 月，我为曾在北大"宪政讲坛"讲座的老师们举办了一个小型聚会，象征对一个时代的最终告别。杜老也去了，还用即兴演唱了一首他当年"闹革命"时候流行的小曲，大家都为他鼓掌。我去他党校宿舍看他，他告我自己身患两种癌症，但态度乐观豁达，根本没把绝症放眼里，最后以 94 岁高龄仙逝。后来知道，看似说话温和的杜老是当年几乎唯一一个"死不认错"的"大右派"；假如当年认个错，他后来很可能就不是退休时这个"级别"了。这让我对他又增添了一份崇敬，也让我对"改良派"这个标签增添了一份自信。杜老很谦虚，他的大作《宪法、宪政与法治》论文集嘱我为他作序。"序"实不敢当，权作对杜老的纪念吧。

公民宪政共识

我们作为中国公民，为了维护自己作为人的尊严，追求健康、文明、幸福的生活，建构适合文明生活的宪政秩序，并让我们的后代在自由、民主、正义的环境里成长，特声明如下立场。

1. 人的尊严不容侵犯

每个人都有不可侵犯的内在价值与尊严，建立国家的目的是更好地尊重与保护之。

每个人都有权利生活在健康与清洁的自然环境下，以正当手段追求自由与幸福。

每个人的生命、自由、财产与安全都应当受到尊重与保障，任何人或机构都无权剥夺之。

每个孩子都有权利接受平等与免费的义务教育，在健康的生活环境和自由的教育环境下获得人格的全面发展。

每个人都应当在公平竞争的环境下争取教育和工作机会，任何人都不得因户籍、性别、种族、阶级、国籍、党派、信仰、财富、家庭背景等与个人能力不相关的因素而遭歧视。

每个人都有权利和义务关心公共事务并参与选举。一个正常的国家应当由理性形成的公民意见引领公权力，而不是由公权力主导民意；应当由公民来训导公权力，而不是由公权力来训导公民；应当由公民监督公权力而不是公权力监控公民。

我们珍视自己的权利与尊严，也同样尊重他人的权利和尊严，不为蝇头小利做不义之事。尊重他人是自我尊重的题中之义。真正的公民社会就是公民之间达成共识、相互尊重的共同体，宪法就是体现这一公民共识的社会契约，宪政秩序就是这一共同体内在的和最高的秩序。

2. 宪政是每个人的水和空气

然而，在一个没有宪政秩序、拒绝依宪执政的国家，这一切都将丧失。如果公民的选举权得不到保障，人民因为选举无意义而不参与选举，选举就徒具门面，那么民意代表就不能真正代表民意发挥立法和监督政府的作用。公权力不受民意监督，就不能代表公共利益，就必然为少数人所绑架，并以损害公共利益的方式形成既得利益集团。

在这样的国家，我们会发现免于恐惧的自由是多么的奢侈。公权力拥有不受制约的合法或不合法伤害权，普通百姓的个人命运则取决于公权力瞬间的喜怒哀乐；一个人仅仅在微博上转发一则批评言论，就可能被劳教甚至判刑。在这样的生存环境下，安全只是侥幸，活着只是幸存，哪有任何"尊严"可言？

在这样的国家，我们也根本无力保卫自己的合法财产与收入。我们的土地或住宅随时面临强行征收或拆迁，为的是"土地财政"和官员"政绩"甚至腐败，而受害者毫无法律救济之途，不得不辗转于了无尽头的上访之路。公权力可以不经我们的同意，任意搜刮我们的腰包。我们的政府成了世界上最昂贵的政府，而提供的公共服务却几乎是世界上最少和最差的。我们作为纳税人支付的庞大公共税费，却被常常用于任意侵犯公民自由的"维稳"以及五花八门的政府及官员个人挥霍，而非嗷嗷待哺的环境治理、食品安全、义务教育、医疗保险、贫困救助等公共福利。

在这样的国家，我们的孩子从小生活在一个机会不均等和充满歧视的丛林社会，公权力示范的虚伪、欺诈和暴力性及由此造成的种种社会不公成了他们的基本教养，铸就了他们自私、犬儒、暴戾、投机钻营的极端性格。

在这样的国家，不对国民负责的经济发展模式片面追求 GDP 数字和出口贸易，无异于另一场规模更大的砸锅卖铁"大跃进"，在剥削国民廉价劳动力的同时耗竭了这个国家的自然资源，造成不可遏制和永难修复的环境伤害，直接威胁每个人尤其威胁子孙后代的基本生存……

总之，这是一个因没有制约而失去均衡、进而持续走向倾覆的社会，而一切危机的总根源就是宪政秩序缺失导致的公权力失范。反宪政只有一个结果，就是纵容失范的公权力遭到更加无法无天的滥用，并对国民基本利益进行更大规模的野蛮剥夺，最后连我们赖以生存的空气和水都出现了危机。由此足以证明，反宪政就是反人类，就是对我们民族根本利益和长远利益的最大损害。

3. 拥护宪政，实施宪法

不可思议的是，恰在此时，反宪政的浊浪突然排空而起。在少数御用文人的喧嚣中，执政党乃至整个国家都被妖魔化为现代宪政文明的对立面，理性温和的宪政主张则被构陷为"反党"、"反社会主义"。这些奇谈怪论全然不顾常识，逻辑荒诞可笑，根本不值一驳。

在此，有必要申明我们的公民立场。作为公民，我们对国家的基本利益和尊严有独立而清醒的认识。中国的国家利益不是别的，就是宪政，也就是无条件地全面实施宪法。惟有宪政才是治理中国病的对症之药，惟有宪政始能还政于民、还权于民、还利于民，让每个人过上自由、安全而有尊严的生活，进而纾解民怨、提振民气，并为国家恢复元气。

我们理解，1982 年颁布的现行宪法确有诸多不足，但是我们认可这部宪法具体条文所昭示的宪法至上和尊重人权的基本精神，并敦请执政党与政府尊重宪法精神，真诚履行自己的宪法义务，自觉接受宪政秩序的约束。宪政大厦固然不可能一日建成，但宪政改革的大方向不容否定，制定宪政进程的路线图和时间表亦刻不容缓。

我们认为，宪法规定的如下权利与原则尤其重要，并将身体力行推动其实施。

4. 推进选举民主

选举是公民享有的基本权利，更是公民不可推卸的政治责任。是否主动关心政治并参与选举，是鉴别一个人是公民还是臣民的主要标准。一个国家是否有足够多的公民参与选举的自由空间，直接决定了选举的真实性；而选举是否真实，则决定了国家的根本性质以及政府和人民的基本关系。每一个公民都应以负责任的态度投票，公民参与选举的权利不应受到任何非法限制或干预。只要符合法定条件，任何享有被选举权的公民都可以作为候选人，候选人的资格与活动自由不应受到任何非法限制或干预。

财政与政务信息公开是宪政秩序的重要构成。公民有权依据信息公开的相关法律或法规，要求政府公布详细的财政预算和开支情况，并要求官员公布其个人和家庭财产状况。

5. 践行言论自由

言论、新闻、集会、结社自由是公民尊严的题中之义，也是制约公权力、实现长治久安的基本保障。只要保证言论自由、信息充分，公民就能走向道德与心智成熟，并有能力用独立思考对涉及自身利益的公共事务作出理性判断。在网络时代，言论的主动权掌握在个人手中，身为公民没有理由对公共事务保持沉默。公民既有权利通过正当渠道表达自己的诉求，也有义务尊重别人的表达自由。公民的言论自由——尤其是批评政府的言论自由——不得受到政府的剥夺或限制。

新闻与出版自由是社会理性的基础，不得受公权力的压制。一且公权力控制了新闻出版，必然挪用舆论公器为自己服务，对国民进行系统的信息欺诈和精神控制，进而扭曲他们的历史观和世界观，助长因循守旧、妄自尊大、逃避现实和激进民族主义等非理性心态，并将整个国家陷于癫狂之中。这方面，国人已经付出了太多血腥惨痛的代价。要让中国社会回归正常，必须打破新闻垄断、取消舆论管制。

6. 尊重信仰自由

道德与宗教信仰不仅是人性的内在需求，也是文明得以建立与维系的基础。对宗教的偏见与排斥是社会道德低落的重要原因，宗教与道德只有在信仰自由的土壤里才可能繁荣。

政治与宗教必须分离，政教不分只能让政治与宗教同时走向堕落。在不同信仰面前，国家必须保持平等中立的世俗立场。除非宗教活动明显损害公共利益，国家不得干涉宗教活动自由。

7. 实现司法独立

独立的司法是社会理性的寄托和社会公正的最后防线，也是政府合法性与公信力的基本保障。司法必须摆脱一切与政治或经济利益之间的纠葛，成为纯粹说理和依法断案的场所。法官的人格独立应受到制度保障，一切影响司法公正判案的权力干预和腐败行为都必须受到严格禁止。

8. 走向官民共治

"公民"是一个适用于所有人的开放范畴。公民不仅包括正当行使政治权利的平民，也包括正当行使国家权力的官员。事实上，官员本来应以身作则，做普通公民的表率。但是一个在权力不受宪法约束的体制下，掌握实权的官员面临巨大诱惑，很容易堕落为以权谋私、贪污腐败、侵吞人民利益的罪犯，已经沦为中国社会最没有伦理底线和尊严感的职业。

我们以公民与同胞的名义，奉劝所有掌握或自认为有机会接近国家权力的人，现在是认真对待自我尊严的时候了。人永远有选择自己道路的机会，任何人都没有必要把自己变成窃取国库的盗贼或他们的从犯。如果一味敌视宪政秩序，放纵自我沦陷，等到权力滥用给我们民族带来无可挽回的灭顶之灾，那么天怒人怨，暴力的掠夺必将迎来暴力的反叛和历史的无情审判。回归宪政，回归公民的行列，回归有尊严的生活，现在为时未晚，成长中的中国公民社会一定会拥抱你们。

以上是我们作为公民的共识和信念。我们没有敌意，我们只有一个善意的出发点——为了所有人的尊严。我们知道，通往宪政的道路是曲折的，但我们追求宪政的决心不可动摇；求仁得仁，无怨无悔。与其在权力的奴役下苟活一世，不如力争做自己命运的主人。就在这份文本即将收尾之际，厦门公交爆炸案不期而至。这是悲剧，更是警告。我们正在和一场史无前例的大危机赛跑。我们别无退路，惟有一往无前。我们相信，宪政中国一定会到来，宪政的阳光一定会照临和救赎这里的每个人——无论是统治者还是被统治者。

（共 528 名海内外华人联署）

宪政是强国之本

  我一直很不屑用"富国强兵"之类的话语为宪政辩护，因为在我看来，宪政是本，关乎每一个国民的尊严；富强是末，是个人尊严和自由得到有效保障和充分伸张的自然结果，因而为了富强而追求宪政必然是舍本逐末。然而，宪政造就强国却是一个不争的事实。我在这里只是想说，宪政和富强之间不只是存在经验上的因果关系，而且是一对逻辑关系。一个不实行宪政的国家注定是一个弱国。纵然它一时间强大崛起，也逃不脱衰败的命运。

  国何以强？国强在内，而不在外。一个国家之所以能对外显示经济和军事实力，根源在于内部强大。一国内部虚弱，百业凋敝、百姓受苦、社会不稳、政府合法性岌岌可危，哪来对外炫耀的本钱？因此，内强是因，外强是果，军事强大尤为皮毛。兵者，凶也；惟其凶，故为治国之末。一个只知强军的国家必然是弱国，因为相对外敌来说，本国的人民永远更好对付。在这样的国家，军队的存在理由与其说是攘外，不如说是安内，而这样的军队一般也不会有真正的战斗力。纵然北朝鲜有能力制造核弹，但没有谁会认为这个遍地饥肠辘辘的国家是一个"强国"。

  国内何以强？强在国民团结，而宪政正是国民得以团结的根基。宪法保障人的基本权利，防止一部分人利用国家机器压迫其他人，避免人为造成内斗和分裂。宪政国家一面赋予每个人自由发展的平等机会，另一面则遏制了公权无限膨胀的可能，由此实现社会稳定和可持续发展。反之，不实行宪政的国家法度废弛、公权失控、人民堕落。统治者为了维护极少数人的既得利益，不仅剥夺人民的基本自由，使每个人都孤立虚弱，而且用其攫取的巨大利益中的一小部分收买不公体制的维护者，在人民之间制造各种利益矛盾，让他们相互争斗、自顾不暇，而一个热衷内耗、相互削弱的国家只能是弱国。

当我们因为一部分人的思想言论不合"主流"就将他们打入另类，甚至动用国家机器对他们打击迫害，我们就在削弱这个国家，因为他们是为了原则而生活的君子，代表了这个国家的良心。趋利避害、趋炎附势是人的本性，也是多数人的生存哲学。在一个言论不自由的国家，多数人都会选择不说真话，因为他们不愿意承担由此带来的风险。如果国家压制敢言者，那么它所失去的不只是真理和真相，也将失去本来已很稀缺的道德良心。没有道德良心，一群唯利是图的小人只会为了眼前的利益明争暗斗，不会为了共同利益和集体行动而承担任何风险，遇到问题只知道逃避——遇到雾霾就戴口罩、水被污染就买瓶装水、奶粉有毒就去海外抢购……整个国家世风日衰、每况愈下，必将为政治、道德、物质环境等目不暇接的各种危机所困。当然，一个言论不自由的国家首先会被各种极端意见撕裂；只有自由辩论的平台才能让各方回归理性、中庸和常识，并在由此建立的宪法共识基础上成为一个团结的民族。

当我们因为某些国民的宗教信仰和自己不一致就把他们打入"邪教"行列，剥夺他们的宗教活动自由，我们就在削弱这个国家，因为信仰是最重要的道德资源。压制宗教活动自由不仅伤害了信教者的权利，而且也剥夺了不信者在自由传播过程中接受信仰的机会。虽然中国的信教者已达数亿之众，但是多数人仍然没有宗教信仰。当然，不信宗教不等于没有信仰，但是世俗信仰往往不如宗教信仰坚定和强烈，"贫贱不能移、富贵不能淫、威武不能屈"的君子毕竟是极少数。如果多数人是唯利是图的小人，那么这个国家是不可能强大的。

当我们歧视自己的国民，把本来属于同一个共同体的公民按照户籍、地域、性别、族群等不相关因素分为三六九等，对其中少部分人赋予特权，对其余大部分人施加负担和不便，让他们的子女不能就地上学和高考，把他们的自然资源挖走而不按市场公平价格给予补偿，强迫他们在自己的土地上种粮并剥夺其自由发展的机会……那么我们就在削弱这个国家，因为歧视者和被歧视者是不可能走到一起的。事实上，歧视是分裂国家的元凶，因为它人为制造受益者和受害者之间的利益冲突和内斗，让他们相互敌视、仇恨、提防，把原本统一在法律平等之下的共同体分裂成一个个特殊利益堡垒，各自为战的、相互倾轧。

当我们把至高无上、不可约束的无限权力交给这个国家的统治者，我们就在削弱这个国家，因为"绝对权力绝对地造成腐败"。绝对权力滋生的腐败病毒不只是限于少数统治者，而是会感染全社会。它使极少数家族成为被权力宠坏、腐败无能而桀骜不驯、胡作非为的八旗子弟，使绝大多数人成为唯权力是瞻的犬儒。绝对权力不仅消灭自由，而且消灭良知、消灭诚实、消灭创造性、消灭生命的主体意识、消灭除了短期利益之外的一切，把每个人都变成卑躬屈膝的伪君子和可怜虫。

当我们自己不能积极行使宪法赋予的选举权，并为自己不履行公民义务制造各种借口，我们就在削弱这个国家，因为正是我们的不行为造就了专横的统治者，纵容飞扬跋扈的公权力任意伤害、割裂、弱化、糟践我们，而"我们"不是别人，就是这个国家。

今天我们追求宪政，是要让我们自己变得更强大。宪政确实会给我们带来富强，但那只是因为只有宪政才能让我们每个人的潜力和才能自由发挥到极致。只有我们公民变得强大了，中国才能强大。

自由则国强

近几年，"强国"又成主流媒体力捧的话语。各种"强国论坛""强国社区"层出不穷，"学习强国"成了所有党员乃至一些地方的非党员必须完成的作业。伴随着新一轮强国运动，各种国家主义言说也甚嚣尘上。然而，国何以强？这是中国自 1840 年以来就面临的老问题。恰恰在这个问题上，中国屡次栽了大跟头。梁启超曾说，"少年强则国强"；胡适则说过，"争你们个人的自由，便是为国家争自由"，但是他们的话大都被当时的青年当作耳边风。如果今天不能摆正自由和强国的关系，可以毫无悬念地说，我们将继续栽跟头。

国家要富强，必须有自由。这是近四十年的中国经验一再告诉我们的常识，一切的所谓"中国奇迹"都是建立在国家松绑基础上的。道理很简单——自由是人的天性，没有一个国家可以因为扼杀人民的天性、束缚人民的自由而变得富强。国家是由一个个实在的人构成的，强国的基础是"强人"——不是一两个独裁强人，而是要尽可能让所有人都成为强大的人；只有强大的个人才能造就强大的国家，而强大的人必须是自由的人。如果一个人思想不独立、经济不自立、人身不自由，他就是一具死气沉沉的行尸走肉，怎么可能强大呢？如果一个国家充斥着一具具虚伪懦弱、未老先衰的行尸走肉，又怎么可能强大呢？任何一个压制自由的制度都不会带来富强，而是必然会让这个国家衰落。

显而易见，经济增长需要经济自由和私有产权的宪法保障。经济行为就是所有理性自私的个人通过自由交易追逐自我利益的总和，只有自由的宪政制度才能将人的积极性和创造力发挥到极致。斯密告诉我们，自私人性是创造社会财富的最强大动力。一切国家干预的必要性加起来，都不足以压倒经济自由的必要性，压制自私人性的公有制和计划经济只能是走向国家衰败的死路。

同样显而易见，一个正常的国家必须尊重人身自由，让人民免于警权滥用的恐惧。如果连基本的人身自由和安全都得不到保障，赚再多的钱又有什么用？肖建华、吴小晖的商业帝国可以在一夜之间灰飞烟灭。如果随便发个贴就有可能被扣上"寻衅滋事"乃至"煽动颠覆"的罪名，在派出所、看守所受尽屈辱，那么很多人就会因恐惧而变得懦弱。一个令人恐惧的国家貌似强大，但是一个让人民恐惧和懦弱的国家只能是一个弱国。

如果人民没有思想和信仰的自由，那么他们就不可能获得什么经济或人身的自由。如果连隐藏在你脑子里的思想或信仰都掌控在国家手里，国家可以像动外科手术那样对你进行精准洗脑和严密管控，那么在这样的国家还能奢望什么外在的人身或经济自由呢？思想和信仰是人之所以有别于一般动物的能力，也是人类文明秩序得以建构的基础。如果多数人受到思想管控而成为失去了独立思考能力的僵尸，甚至连动物的血性都没能留下，剩下的一点小聪明都用在尔虞我诈、相互投毒的自我伤害上，这样的民族怎么可能自由或富强呢？如果 14 亿个创造知识和财富的大脑变成了一个脑袋，那将是对这个国家多么巨大的削弱！

如果没有言论和新闻自由，再好的思想也走不出朋友圈。没有思想和信息的自由传播，一个国家既不会有真理，也不会有真相；无知、愚昧、虚伪、懦弱将统治这个国家，逢迎拍马的无耻小人混得风生水起，真知灼见被当作危险异端而四处碰壁。公权滥用肆无忌惮，人民疾苦得不到声张，连统治者自己都"盲人骑瞎马"，既不懂文明世界的大势所趋，也不知自己所处的真实困境，在拍马小人的重重包围下昏招迭出。这样的国家能强大吗？

如果有了全部的自由，唯独没有选举的自由，候选人不能自由竞选，选民不能自由投票，那么几十年改革的成就可能一夜归零。周期性选举是迫使政府对人民负责的唯一方式，也是防止制度倒退、实现德政善治的唯一方式。自由批评固然能让政府一时忌惮，但是对于一个早已习惯了被骂的政府来说犹如隔靴搔痒、无济于事。没有选票政治，便只有恐怖政治，最后连批评的自由也不会剩下。政治是人之所以为人的活动，选举会激发最大多数人的政治热情，让尽可能多的人共同参与这个国家的治理，而不是像动物那样被治理。一个没有选票的人必然是弱者，一个没有选举的国家必然是弱国，真正的强国必定也是民主国。

不要和我说什么"东亚模式"——日本、香港、新加坡。香港人正在争取自己的"真普选"。日本虽然自民党长期"执政"，但是参众两院都有强大的反对党。日本的战后奇迹归根结底是宪政民主的奇迹，其中固然有自民党的执政功劳，但更有反对党制衡监督的功劳；没有后者，前者会和极权国家的执政党一样腐败。即便新加坡也是有选举的，尽管选举体制不完全公正，但人民行动党还是靠选票执政的；选票促使新加坡的执政党积极为选民服务，同时控制了它的腐败。我们学新加坡，不是要学它如何集权——这是它要向我们"学习"的；我们要学的是新加坡的执政党如何竞选，即便有缺陷的真选举也比完美的假选举好。

少一些奢谈吧！如果有人真地想让这个国家强大，那就请把选举权还给人民，尊重人民的言论自由、信仰自由、人身自由和财产权等一系列宪法体现的基本权利。当然，自由不是恩赐的，而是要靠人民自己去争取。今天，我们人民至少不应再受蒙蔽，为了强国而放弃自由，而是应该积极为自己争自由。因为，人民的自由就是国家的强大！

如何走出中国雾霾

2016 年 3 月的一天，清华组织研讨会。那天的空气雾霾严重，特别适合谈当天的主题。标题听上去还是太乐观了——中西方谁先走出雾霾？问题是，西方没有雾霾，谈何"走出"？有人说，中国现在处于经济发展初期，雾霾是一个必经阶段。也许，西方以前也有过雾霾，但我相信伦敦雾霾也好、洛杉矶雾霾也好，都是点，而我们的污染是面，性质应该是不一样的。微信上有一个 App 叫"蔚蓝地图"，上面有覆盖全国的空气质量数据。大家可以查一查，雾霾天哪些地方是红色、棕色甚至黑色的。和西方国家过去的点污染相比，我们这种成片成片的雾霾治理起来恐怕要困难得多。

之后的"五一"长假，北京、河北等北方地区又被雾霾笼罩。如今北京等许多城市的空气完全是"靠天吃饭"，"风和日丽"再也不可能，因为要空气干净，就得使劲刮风；一日无风，就没有"日丽"了，雾霾立马聚集起来，一两天就能达到重度污染的地步。车辆限行、排污限制、产业升级政策似乎统统不管用。岂止是雾霾，当今许多直接关系民生的问题都是政策不给力造成，而政策不给力的背后是制度不给力。今日中国问题的症结不是没有新鲜的空气，而是缺少控制污染所需要的发展模式调整；不是没有土地，而是缺少良好的土地制度和管理政策；不是没有教育，而是不合理的招生、考试、教育政策剥夺了人性化的教育；不是没有经济发展，而是缺少将财富和产品公平分配到国民不同阶层的机制；不是没有能干的官员，而是缺少正直、廉洁、对人民负责的官员。归根结底，问题的总根源是我们缺少人民能够参与决策并监督政府的制度，以至不能制定和落实能有效解决各种社会问题的政策。

我不是说西方没有问题，他们也有债务危机、种族矛盾、恐怖袭击等各种问题，但是西方和中国所面临问题的性质是不一样的。西方面临的是政策问题，有好的制度，但好的制度未必总能产生好的决策者，好的决策者也未必总能制定出有效的政策来应对社会问题，偶尔失手甚至会产生所谓的"危机"。但是制度摆在那里，执政失败就要下台，最后在台上的决策者终究会制定和实施能够有效解决社会问题的政策。中国面临的则是制度问题。有人说，好的制度不一定能得到好的结果。这不错，问题是，难道坏的制度才会出好结果？制度决定决策者是谁、决策机制是什么。这种决定作用不是绝对的，但是不绝对不等于不存在。制度和政策之间的关系是必要而非充分条件。好制度不是好政策的充分条件，但显然是一个必不可少的条件。

有人为了否定制度的重要性，竟然说日本明治维新本质上不是制度变革。如果明治维新都不算制度改革，那我就不知道什么才是。美国"黑船"造访日本，把闭关锁国的日本人吓坏了。日本的启蒙"公知"福泽谕吉宣扬"脱亚入欧"，就是因为日本原来学中国文化，但是到了明清，中国已经堕落了，他们找到了更好的学习榜样。1868 年明治维新之后，相继照搬法国和德国的法律体制，极为迅速地建立了现代法律体系。中国教科书里的法学和科学词汇，基本上都是从日本引进的。1889 年，模仿普鲁士宪法制定了明治宪法。中日之间的差距就是在这二三十年之间体现出来。在日本全面吸收西方法治文明的时代，中国还是放不下架子，还在纠结于"中体西用"还是"西体中用"这样大而无当的形而上问题。直到甲午战败，中国朝野才受到震动，认识到制度改革原来是一道绕不过的坎儿。康梁借此造势宣传，中日之间的根本差距在于有没有一部宪法。这是十九世纪末期中国朝野的共识，今天似乎彻底遗忘，甚至还有否定明治维新是一场制度革命的显然违背历史常识的说法。

和甲午之前的中国一样，今天中国的根本问题首先在于是否承认制度改革是一道绕不过的坎儿。归根到底，当今中国社会所有重大问题的根本症结都会归结为同样的几个关键词，因为制度问题就那么几个。比如说雾霾问题，近几年中国意识到问题存在，这是一个进步，但是解决不会那么容易。即便在西方工业化国家，要解决这个问题也很难，在中国更难，因为首先这个问题就不让说。记得2015年柴静制作了一个视频"穹顶之下"，点击量很高。让全民都来讨论雾霾，当然很好，这样能够把雾霾的形成机制、有效的治理方案弄清楚。也许一时实现不了，但首先要把雾霾的来源、可能的对策，涉及的成本都搞清楚，这是治霾的基本前提。西方之所以最后治理了雾霾，首先因为他们有公开讨论这个问题的自由，大家先把这个问题弄明白了，然后把适当的议员、政客选进去，制定有效的立法并监督实施，所以才解决了雾霾。但是在我们这儿，柴静的视频播了没几天，网上就不见了。如果这个问题说都不让说，解决问题的基本条件就不存在。

即便让说，最后大家达成了共识，产生雾霾的"真凶"是什么、如何治理，这个问题也未必得到解决，因为政府未必会制定有效的立法，制定了也未必去积极实施。如果我们的结论是解决雾霾就必须关停并转众多污染企业，政府会干吗？现在北京周边关停并转了不少污染企业，但是这些企业出了北京，不还是在中国污染吗？关闭企业会涉及很大的经济成本，让已经放缓的经济发展雪上加霜，直接危及执政基础，所以政府是不会干的。它不会先去碰硬的东西，而是先捡"软柿子"捏，譬如机动车实行限号、限行，甚至传言要把奥运期间实行的单双号限行常态化。在这种制度下，哪个最好管，先把哪个管起来，但是限制机动车究竟多大程度解决了雾霾呢？给公民交通带来了多大不便、增加了多少成本？这笔账似乎没有算，或也许算过，但至少没有对我们公开，我们也就没有机会评判它算得是否合理。

问题的根本在于，大众的逻辑和执政者的逻辑是不完全一样的。执政者首先考虑某一项政策是否有利于稳固自己的执政根基，大众则主要考虑自己的生活是否幸福，空气和水是否干净，食品、药品和疫苗是否安全。当然，这两种逻辑没有必要矛盾，但是要做到基本一致，人民必须通过周期性选举选择决策者；如果执政者没有这层压力，那也就没有什么能保证他们会以大众的逻辑而不是自己的逻辑作出决策。如果决策者的选择机制出了问题，执政者按照自己的逻辑决策，那么雾霾也是解决不了的。

雾霾问题涉及我们的生活方式和发展模式选择。八十年代，北京也没有这么严重的雾霾问题。发展了三十年，经济大干快上了，但是我们付出的代价也是巨大的。雾霾只是整个资源环境中的一个方面，还有很多其他问题，水污染、土壤污染、各种食品污染等等，也都很触目惊心。经济发展速度快是政府的主要政绩，而由此带来严重代价则是我们广大老百姓来承担的。如果发展慢一点，但是发展方式更加有利于我们的资源环境，我相信今天中国该有的还是会有，会有电脑，会有手机，会有各种网络技术……但是这种发展的成本、大家付出的代价是不是会小一些？问题是，我们对发展模式并没有选择的自由，执政者替我们选择了自己的生活方式。

"中国模式"原先是一个不可置疑的神话，绝大多数中国甚至外国学者都对它顶礼膜拜。现在出问题了，今天的经济似乎发展到了所有人都不满意的地步，不仅"右派"不满意，"左派"好像也不满意。经济问题在中国还是可以相对自由讨论的，问题是讨论完后没有什么用。即便全社会都形成了一个共识，说我们想换一种发展模式，但是如果政府不同意，还是没有任何办法。政府的决策逻辑跟我们是不一样的，执政党首先要确保经济不能放缓，失业率不能太高，否则会影响社会稳定。当然，我们也很在乎社会稳定，但是"稳定"的定义未必一样。执政者认为，你只要上街抗议就是不稳定，但我们认为这只是公民表达诉求的一种方式；不让表达，社会在发展过程中出现的问题不受重视，恰恰会损害稳定。如果我们自己来选择中国发展模式，在自由讨论和充分知情的情况下，我们很可能会选择一种不同的模式。

土地和产权是经济的命脉，但是现行土地政策当中就有不少不可触碰的红线。一线城市房价这么高，泡沫很严重，我们的土地政策脱不了干系。中国"地大物博"，显然不缺地，我们缺的是合理的土地产权制度和管理政策。比如以 18 亿亩"耕地红线"为由，不允许农村建"小产权房"。不是说这些红线绝对不能划，小产权房也许也可以受到一定限制，但是限制的逻辑从来没有交代清楚。如果政府有责任回应民意的要求，鼓励全社会讨论并公开某些自己掌握的调查数据，这个问题是不难讨论清楚的，政府的土地管理政策肯定会变得更加合理。在一个合理的土地制度和管理政策框架下，有效的土地供给会增加，京沪等大城市的房价肯定会下降，老百姓对房屋的占有率肯定会提高。这一切为什么没有发生？根本还是因为决策者不是我们选的，民意可听也可不听。

最后，举一个和经济也有关系的教育问题。中国教育领域问题实在太多了，各种政策不合理真是"罄竹难书"，导致全国数以亿计的儿童生活在"水深火热"的状态之下。这么说是一点不夸张的。而且跟我们成年人不一样，我们有什么苦闷和郁闷还可以说说，他们连表达和抗议的自由都没有，甚至都不知道怎么表达，因为他们从出生就把这种教育模式当做是一种正常状态。我们小时候放学回家，甩了书包就可以去玩，但是教育"改革"了三十多年，却从小学开始就把每个孩子都变成作业和考试的奴隶。为什么中国的学习那么紧？道理其实很简单，它是和中国优质大学严重供不应求决定的。为什么发展了三十多年，每年都培养了大量的博士，他们教教中小学总是合格的，但优质教育还是如何严重供不应求呢？这是因为国家用计划模式来管教育造成的。以前搞计划经济，中国穷成什么样？市场经济改革后，物质供给不缺了，但是中国还有最后一个雷打不动的计划堡垒，那就是教育，包括高等教育。只要实行计划模式，供给就必然受到极大制约。管什么，必然缺什么；把高等教育管死，必然造成优质高等教育稀缺。优质大学少、考生多，高考压力能不大吗？高考压力一层层压下来，导致了高中生、初中生、小学生甚至幼儿园，中国儿童从 1—18 岁全都成为严重畸形的应试教育受害者。

其实，要改变这种教育模式并不难，放开高等教育就基本解决了。废除大学的三六九等，让国内大学自由发展，让民办院校和国立大学平等竞争，让供过于求的国际知名教育机构自由来中国办学，让耶鲁、哈佛、牛津、剑桥多到国内开分校，多造几个北大、清华出来，升学压力不就大大减小了吗？这个道理不难明白，但为什么还是不做呢？无非是决策者出于某种我们不知道的原因不想做，最后该管的不管，不该管的反而管了。你说多了，他不高兴，就可以封杀你的言论；许志永等人组织随迁子女家长去教育部、北京市教委抗议，要求落实"异地高考"，还可以把人抓起来。以这种方式"管理"，中国教育就和雾霾问题一样解决不了。

2012 年底，新一届政府刚上台的时候，国内曾有几十位知名学者给政府上书，提出了六点改革建议，包括政治、经济与法治改革。现在看来，经济与法治改革似乎在往前走，政治改革却不进反退。但没有政治改革，中国就走不出雾霾，因为雾霾之所以这么严重，正是因为经济改革走偏了；经济发展之所以走偏，正因为政治制度改革没有跟上。政治改革主要有三点：言论与新闻自由、党内民主与党政分离、基层民主选举。这些都是老生常谈，譬如党政分离是1987 年中共十三大就提出的口号，后来再也不提了。现在则是党政一体化越来越严重，党内集权也更加厉害。但是某种制度长期得不到实现，并不表明它就不符合"中国国情"。这些基本制度是各国长期摸索出来的治国规律，中国也不能例外。拒绝这样的制度，我们就不仅制定不出应对社会问题的有效政策，而且还会源源不断地产生各种社会问题，今天一个雾霾问题，明天一个疫苗问题，后天工人大规模抗议企业欠薪……不仅人民深受其苦，而且执政者也应接不暇。如此昭然若揭的制度问题，任何人都不可能视而不见，但某些知识精英因为制度问题一时解决不了，说多了可能给自己惹麻烦，就把它们包装成"中国特色""中国模式"，好像这样一来，缺点就成了优点。可惜，雾霾不会因为"易容术"而消失。如果不诚实面对实质问题，那么各种投机取巧的逃避迂回终究只是自欺欺人、贻误时机。

在所有制度中，言论和新闻自由尤其重要，因为这个问题不只是取决于政府，更取决于我们自己。中国左右撕裂严重，其实没有必要相互打个你死我活，尤其不要把政府卷进来，除非对方构成诽谤或严重侮辱。不要以为政府站在自己这边，就指望通过国家去管制对方的言论，甚至给政府"递刀子"。毕竟，国家不是你家，不可能随时为你所用。专制必然是人治，人治必然是任意的，今天可能站在你这边，明天觉得这样对他不利，就会改变方向。"文革"对所有中国人都是一大浩劫，但死得最多的不还是红卫兵"造反派"吗？因此，让政府来干预言论，对谁都是很大的危险，也许目前对"右派"风险更大，但是对"左派"也绝不是没有风险。既如此，左右双方尽可以自由交火，也可以在政府那里兜售自己的主张，但是不要指望政府来管言论。如果左派想利用政府来整右派，右派有机会也想利用政府来打左派，那么双方谁都摆脱不了因言获罪的命运。只有双方达成共识，尊重对方的言论自由，才有可能让政府尊重我们自己的言论自由。

中国雾霾的源头是"制度雾霾"。如果不进行政治制度改革，中国永远走不出制度雾霾，也就别想走出大气雾霾。

温哥华比北京好在哪里

2015 年 5 月，在友人组织下，很高兴有机会和温哥华的朋友交流宪政民主。以下是我的发言。

在中国历史的重要关头，海外华人都发挥了很重要的作用。如果我没记错的话，康有为海外流亡的第一站就到了温哥华和维多利亚。当然后来到了孙中山的辛亥革命，以至到 1978 年的经济改革，当然也都离不开海外华人的角色。一开始茅于轼老师就讲，中国经济显而易见是上去了，连巴菲特对中国股市都看好。但是中国经历了三十多年的发展，也面临和经历了诸多的困境。会上何清涟、程晓农教授光是经济领域就谈了很多问题，当然还有其他领域的问题，环境的问题、伦理的问题，政治的问题更不用说了。那么这些所有问题加起来，包括何老师刚才给大家提出的问题——"中国经济往何处去"，那么多的问题，怎么去求解？作为一个宪法学者来讲，中国所有这些问题的总答案只有一个，那就是宪政民主。除此之外，没有别的出路。

不过，经过这个三十多年的发展，尤其是互联网的发展，让这个问题变得更加复杂。互联网大家都知道是好事，但是网上出现了很多不同的意见，这本来很正常，但是中国处于一种特殊的发展时期。有些不负责的言论被不负责地放大，所以国内的反宪政势头也相当凶猛，我听说海外华人当中也有很大的声音。所以本来我到这里来是给大家介绍一下宪政民主的国际形势，希望能"统一思想认识"。但是很可惜，本来我的讲座是以图文为主，现在投影机不知为什么不能放，所以只能在这里给大家唠唠家常：谈谈宪政民主对中国的必要性和重要性。

在座的很多都是从大陆移民过来，到温哥华。大家说，这里的生活好不好？【回答：好！】很好，我刚从北京来，这里肯定比北京好。好在什么地方？首先是没有雾霾。前一段时间在中国，包括海外，柴静的那个雾霾视频传得非常广，也引起了很多的争议。但是雾霾在中国，不止北京了，各地都很严重，这是个不争的事实。温哥华哪里好？空气好，水土好，风景好。其实，好风景大陆也有，不比美国、加拿大差；但是水土：首先我们的水资源比较贫乏，而现有的水都受到严重的污染；土地：我们种粮食，还不要说浇农药，光是这个土壤的污染就非常触目惊心；食品安全：大家去酒店吃饭，在中国我建议不要去小餐馆，会遇到各种各样的问题，我在这里就不说了。在这吃饭，大家用不着担心这样的问题。我在大陆，一般是不吃鸡肉，也不吃猪肉。鸭肉要谨慎，鹅肉或许比较安全。但是总的来讲，食品安全是一个让人越来越担心的问题。

这次活动是企业家赞助的，企业家在这里投资，他的财产能够得到保证。现在中国正在遭遇第三次"移民潮"，不仅"红二代""官二代"，很多"富二代"以及有条件的中产家庭都开始移民。移民有诸多的原因，除了刚才所说的原因，财产安全、自然条件，还有孩子上学。中国的高考压力大，很多家庭移民是为了孩子的教育。这个问题我以前做过研究，具体细节比较复杂，可以给大家讲一个上午，国内的孩子为什么高考压力这么大。中国不仅高考压力大，在座很多人都知道，中国小学开始就有压力，要报各种课外班，中学压力就更大。我孩子在维多利亚上过一年到两年的小学，非常幸福，不愿意回去。许多中国家庭可能都有这样的经历。

诸如此类，等等等等，我们可以列举下去。所有这些问题加起来，都是制度问题。当然，不能忽视清涟老师讲的基尼系数不平等。我也是第一次听说，都到了 0.71，即使在拉美、非洲、世界上最不发达的地方，大家都看不到这么高的基尼系数。在这儿，穷人相对来说还是比较少的。至少没有人来拆你的房子，征你的地，生活比较安全。所以各行各业，你是穷人也好，富人也好，都觉得在这里生活比较幸福。

幸福的生活是从哪里来的呢？温哥华究竟比北京好在哪里？温哥华还不是加拿大的首都，甚至也不是 BC 省的首府。我们都知道 BC 省的首府在哪里——在那个不起眼的小岛，维多利亚。但在我们这儿，所有的资源都要集中到大都市，尤其是北京、上海。但即使在这些地方，大家都觉得生活压力很大。你比较北京和温哥华，最大的区别在哪里？最大的区别是制度上的区别——归根结底是制度造成的这一切。

我总结一下，我们人类要生活在一个正常的、安全的、幸福的环境中，需要有三个层次的条件：第一，物质方面，你必须要有健康的自然环境，要保证你的食品、水、空气这些基本条件。第二，道德方面，要有基本底线；大家都以不负责任的行为，这不可能是一个正常社会。第三，制度方面，必须向西方学习。自古以来，制度都不是中国的强项，一直没有自由民主的萌芽，原因很复杂。伦理怎么样？这算是中国的强项，以前至少有"三纲五常"作为社会的基础，但 49 年以后彻底颠覆了，引进的是反西方主流价值的西方边缘价值观。马克思主义是什么？难道是东方价值观吗？

我对马克思这个人并不全面否定。在自由民主社会，他有他的可取之处，可以批判资本主义的一些缺陷。问题是，马克思主义不是一种伦理啊，本身是没有价值观的。它是经济至上、经济决定一切，大家都去挣钱，所以邓小平讲的"白猫黑猫"表面上看好像是对毛泽东那个时代的反叛，实际上是一种延续或回归，要把人民变成一种经济动物。这样一来，我们每个人都是一个狭义理性的经济动物，我们看的就是自己的短期利益，那么我们就会做出很多不负责任的行为。

中国的自然环境的破坏当然是因为我们的发展模式不对。刚才几位老师都说了，发展太迅猛。从茅老师我学到很多，他刚才说世界上一半以上电梯在中国。这是好事还是坏事？一方面是好事，我们电梯多了，我们公路多了……但是中国人口毕竟才是世界上的五分之一吧，一个五分之一的人口要这么多的电梯干什么？这说明存在大量的"鬼城"，以及政府部门浪费。有的政府造一桩大楼，那座大楼平均一个人就占了一层！过渡的资源开发造成了自然浩劫，造成了各种各样的问题。这当然是因为我们的政策体制，但是我这里要讲，它和社会的道德沦丧也很有关系。

往食品上打这么多农药、给猪肉注水、卖那些"毒大米"……各种各样的名堂。这些事到网上一搜，惨不忍睹，在大陆你都不敢吃饭。归根结底，症结在什么地方？如果普通老百姓没有基本的道德操守，伦理沦落到如此地步，不仅会导致我们自然环境的破坏，而且也无法推动制度进步。当然，伦理不是靠说教就能改善。怎么办呢？还是要让人民有更多的自由，自由是道德的前提。今天要改善社会道德，至少要把信仰自由还给人民，因而还是要回归宪政民主这个层面。

宪政民主我们一般认为有三个要素，无非是自由、民主、法治。自由有很多维度。对于企业家来说，财产权是最重要的，经济活动自由是最重要的，但是这些对于普通人来讲还不是最重要的，甚至对于企业家来说未必是最重要的。譬如说，没有人身自由，你经济活动是自由了，但是他可以随时把你抓起来，财产还有什么用？我通常在讲自由的时候，是把言论和新闻的自由单独拿出来讲，因为没有言论自由，他剥夺了你的财产，你都不敢吭气，别人都不知道，那么你的财产、人身、经济活动自由都保不住了。

但我今天首先要强调一条，宗教信仰自由。中国今天道德的沦落，最直接的原因在于政府对宗教自由、信仰自由有很多不必要的管制。所以要提升一个民族的道德，不是要政府来告诉我们应该相信什么。这个以前已经发生过了，五六十年代当时没有任何信仰自由，人的思维比较单纯，人相对来说比较"淳朴"，大家都信一套东西，那就是"伟大领袖"命令我们必须相信的这套东西。但是经过改革我们发现，这套东西维持不住了。今天中国有世界上最大的政党，八千万党员，据说将要发展到九千万，将近一个亿，我想以后超过一个亿也是完全可能的。你想这么大的一个群体，每个人想成为党员都要举手宣誓，但是有多少人、有多少比例是真正相信他所宣誓的那套东西；也许他并不反对宣誓的东西，但也没有把它当回事。我没有统计数据，我想真正信仰的不会超过 10%，顶多好几百万了。多数宣誓的人其实是没有什么信仰的，该贪的还是会贪。所以我们今天，中国的伦理、教育，包括道德教育，出现了很多问题。

然而，我们不可能回到以前这种模式了。来到温哥华，我发现人都比较自觉守规则。我带家人来到温哥华，她们当时比较吃惊的一个现象就是地铁上不用验票。那个票是你自己去买，也可以不买。但是你不买，下来以后可能会被罚款，但这个罚款和中国反腐一样是抽查，不是每个人都得一个个验票。这种制度是靠什么？靠公民自觉，它能维持下去，说明温哥华人，包括在座的各位，都是比较守规则的。但是他们这个政府并没有把一套"主流价值观"强加到我们头上，为什么我们大家还依然遵守道德规则呢？这是因为道德伦理是以我们的信仰自由为前提的，如果我这个人根本就不能做自由选择，那么我怎么对我自己的选择负责任？这是一个基本前提。

我不是说一个国家只要有宗教自由，你就有宗教了，你就有道德了。也不是说，我们只要有宗教了，我们就有信仰，当然也有非宗教信仰，很多信仰是非宗教的。但不管是宗教的信仰也好，非宗教的信仰也好，我们一定要有思想的自由、信仰的自由，才可能具备自己的道德良知。

中国在这方面其实进步很大。原先的马克思主义教科书里面都讲些什么"宗教是迷信"，"是麻痹人民的鸦片。"这些还有人信吗？改革以后，当然这个马克思主义还在，宪法序言里有"四项基本原则"，但这套东西除了"党的领导"之外，其余的我们都不强调了。宪法第 36 条规定了宗教信仰自由，但是在实践过程中做得不够好。比如说一个突出的问题，家庭教会。前些年，在浙江温州那一带又开始拆教堂、拆十字架，政府的这些行为直接限制了人民的宗教自由。教会只是一个宗教场所，更大的一个问题是不能自由传教，导致人民信教的比例还比较低。当然，你要说少，人数也不少了。据中国官方统计，有三亿多人是明确信教的。但如果说我们能开放宗教信仰自由，我相信十四亿人中的信教比例还会有显著上升。

我们当然没必要信一种教，也可以不信任何教，但信不信教还是会直接影响我们的世俗生活。我们现在基本能做到，信不信教是没有必要说谎的。他说信教，一般就是真信。如果说他信了，还去做一些坏事，比如说污染环境，比如说做饭的时候用"地沟油"，这是跟他自己过不去，因为他死后是要下地狱的。有这样的信仰，就会对我们平常的各种各样的行为构成起码的约束。在有一次宗教人士参加的一次宗教法治研讨会上，结束了要吃晚饭，我做最后发言说：今天吃晚饭，因为在座的有佛教和伊斯兰教的学者，你们所享受的食品安全的待遇要比我们高，因为你们吃的是自己教徒制作的食品，相当于一种"特供"吧，食品很安全。我们的食品安全就得不到保障。

我只是举这一个例子说明，落实一个国家的宪法，还不要说全盘落实——1982 年宪法中三条最重要，都挨一起：第 34（选举）、35（言论自由）、36（信仰自由）条，只要落实其中的任何一条，就落实中国现行宪法的第 36 条，落实得好一点，就会对我们的生活有很大的影响，这是一个例子。

我平日讲的最多的，当然还是言论和新闻自由。这个自由在中国三十年改革当中也取得了极大的成就。我们现在拥有的言论自由要比五六十年代甚至七十年代不知好多少倍。今天讲台上讲的每一句话，在那个年代是要坐牢甚至掉脑袋的。但是今天中国，讲这些一般没事。我不只在这儿讲，我在国内也讲一样的话。中国包括政府现在可以基本可以容忍这样的言论。

言论自由对于中国的重要性不需要多说了。茅老师一开始就有一个统计，说中国 49 年之后，前三十年的非正常死亡可能有五千万人之多。我说这个国家有言论自由的话，不能说这五千万人一个不死，但至少绝对不会死这么多。"大跃进"是怎么造成大饥荒的？探讨这个原因也是挺复杂的，不是说这个党或者毛有意害我们，让人民饿死。很大程度上，是中央不知道下面的情况。河南信阳发生了饿死百万人的严重事件，毛泽东去郑州视察了两次，他却什么都不知道。两地只有三百来公里啊，视察两次都不知道。如果说当时有一个报道，让农民说一句话，说他们吃不饱饭，上层知道了，都绝对不会发生这么惨烈的程度。没有言论自由，是会饿死人的，中国以前许多人就是这样饿死的。

我刚才说了，言论自由在中国获得了巨大的进步。我认为，我们今天和北朝鲜的差别主要不是经济发展的差别，最重要的是在于言论自由的差别。我没有去过北朝鲜，但是听说那里很恐怖。据说去的话，首先就要把你的手机交掉，把你的照相机交给他，这样的国家我是不会去的——这就是我们的五六十年代。中国虽然言论自由事实上是进步了，但是制度上没有得到保障。比如说描述大饥荒的著作——杨继绳写的《墓碑》——就被当成禁书，"文革"也是不能提的。另一方面，有些言论却被不正常的放大，譬如毛左的声音，就是因为批判"文革"和"大跃进"的言论被压制了。政府出面力挺其他颂扬的言论，至少对他们很宽容，对批评的声音却严厉打压，这样就造成了这样一种不正常的格局，大量的"五毛""愤青"说毛时代好、"文革"，那时候中国环境多好，贪官也没有，社会很淳朴、很平等，因为他们根本不知道"文革"发生了什么，他的中学、大学历史教科书，"文革"等人为灾难都是轻轻一笔带过，更不用说八九年发生的事情。

言论自由会给各种观点、思想一种多元化表达渠道，但也会对于某些基本事实给予无保留的揭露，这样才能让我们这个民族形成基本共识。比如说对于"文革"，对于大饥荒，任何一个民族都会形成99%的共识，但是我们这里呢？中国人有时骂人很难听，说这个人"脑残"。不是因为脑残，而是因为我们这个制度上剥夺了他接触某些信息的权利——当然，他自己也有问题，上网还是能看到；毕竟，别人都能知道历史真相，为什么你看不到？如果说我们给他言论自由，这个国家在重大问题上就不会出现如此巨大的分歧。这对于中国人的历史观非常重要，因为中国人非常重视历史，都说"以史为鉴"。我相信，一个不能把握自己历史的国家，也不能把握自己的未来。这还不用说对言论自由的限制会直接影响当下的某些政策，比如说我们和周边国家的关系，我们和日本的争端、西藏问题、新疆问题、台湾统一问题，现在也包括香港问题。这些问题不能自由讨论，在人民当中产生了很多的误解，我认为这是极其可怕的，给中国未来的统一和团结埋下了巨大隐患。

我今天的时间差不多到了，还有两种制度没有介绍。我想大家都很熟悉，一个是法治。这是朝野共识，就不用说了。还有一个是民主，人民必须有真正的选票。言论自由很重要，但其作用也不是无限的。即便没有管制，光靠言论也没有用。如果说党政的脸皮很厚，任你怎么骂，他就是不动；你提出很多合理的政策，明明是利民利国，他就是不采纳，你能怎么样？所以一定要有选票，只有选票才能够用和平理智的方式更换政府，让政府对人民负责，让国家做出的决策对整个民族负责。我们看改革三十年，经济发展这么迅猛，为什么产生这么多的负面效果？归根结底，还是这个政府制订的政策对谁负责：是对十四亿人负责，还是对他自己"负责"？这是问题的根本所在。

我今天给大家看一个图：世界民主的发展趋势，这是从 1800 年到 2000 年的民主指数，有一个叫"第四政体"的研究项目，每年都对各国民主指数做一个统计。现在做的很多，以前比较少。当然，那么多的国家，那么大的跨度，做得比较粗略，但我觉得大体上是正确的。在量上不好说，但是在质上是正确的。我就把所有这些统计过的国家每年做个平均值，放在这里。1800 年的时候，世界上没有一个民主国家，美国也不算一个民主国家，只是很不完善的部分民主国家。但是民主以不可阻挡的形式在不断地上升。到第一次世界大战，发展到了一个顶峰。第一次世界大战到第二次世界大战期间，因为法西斯纳粹，有些国家沦陷了，所以有个低谷。第二次世界大战结束，民主马上有所恢复，但是进入美苏冷战，包括东欧，包括咱们中国，一直在这个民主的负数上面。最后是"第三波"民主，苏联、东欧一直到现在的北非国家。这张图显示，民主宪政是不可阻挡的大趋势。

　　中国也不可能置身事外，我相信，在这个伟大的转型过程当中，全世界的华人都会发挥很杰出的作用，谢谢！

减压义务教育，普及宪法教育，培养健康人格

我一直认为，中国教育是彻底失败的，这种失败首先体现在义务教育方面。义务教育比大学教育更重要，因为大学教育只是传授知识，义务教育则是人格塑造的主要阶段。以高考为指挥棒的教育体制危害巨大，牺牲了数亿青少年至少十二年的人生幸福。除了高考之外，还有中考和各式各样的考试，各种考试压力剥夺了广大未成年人的正常成长，可能知识学了很多，但很多所谓的知识都是无用的死记硬背；它们不仅不能促进心智开放，反而成了形成独立和理性思考习惯的障碍。

因此，中国孩子的最大问题不在于学得不够，而是学得太多。学了一堆以后用不着的知识，却没有正确的价值导向，太多的学生自觉不自觉成了精致甚至不那么精致的利己主义者。苦学 12 年无非是为了考大学，考个好大学无非是为了找个好工作，让自己的生活更舒适一点、安逸一点、快乐一点。数理化学习的重压使他们没有时间追求自己的兴趣爱好或思考自己的人生理想，人文历史教育的倒退扭曲了他们对这个世界和本民族历史的认知。在这种"又红又专"的义务教育模式下，一代又一代代学生被培养成精致利己的"小粉红"。

这种状态对于一个民族的未来显然是灾难性的。更重要的是，精致利己并没有使我们的下一代变得更快乐。恰好相反，他们中的很多人得了所谓的"空心病"，变得郁闷甚至抑郁了。他们不知道人生有什么意义，甚至不知道自己为什么活着。如今各个大学，大学生的心理问题太多了，心理咨询成了校医院第一热门的行业，北大也不例外。前两年我还能上课的时候，和一些本科生聊，发现他们很普遍地感到无力、无奈和苦闷。这当然和中国当下的社会状态有

很大的关系，但肯定也和我们的义务教育存在的各种问题脱不了干系。

我们经常讲教育是"百年大计""千年大计"，对于维系社会文明如何如何重要。但很多人不知道，"文明"搞不好就成了奴役，教育就成了培养奴隶的工具。这种的教育还不如没有！错误的教育模式不仅没有把孩子培养成正常健康的人，反而把他们培养成病态的人。它成了一个去人性化的过程，把属于人的那种自由、天真、活泼的基本特征都给泯灭掉了。这样的教育要它做什么呢？

疫情三年，流行起一个概念，叫"躺平"。我说，"坏了"！年轻人都躺平了，我们还折腾什么呢？躺平是什么？就是等死啊！什么人好好地躺在那里仰面朝天、一动不动呢？不就是死人吗？它体现出年轻一代对社会的悲观失望、消极对抗发展到了极点。把年轻人培养成这样，我对中国教育是彻底绝望了。

然而，2022 年 11 月底发生的事情又让我看到了一线希望。乌鲁木齐一把大火之后，各大城市的市民终于按捺不住，出来喊了一嗓子，其中就有年轻人的身影。北大在许多方面都比清华强，不过这次清华学生的表现更勇敢。当然，这和名校没什么关系，南广、山西美院这些非名校的学生表现同样令人感动。原来，至少部分年轻人是不愿意"躺平"的。他们还是有是非和良知底线的，他们还是要自由、快乐、幸福地活着。这样的话，什么都好办了。

当然，教育存在的问题仍然是实实在在的，而且我也找不到什么解决办法。我们肯定不需要更多的知识教育，也不需要更多的道德教育——道德当然很重要，但道德主要是一种实践、一种行动。它不是靠"教育"、不是靠宣传吹出来的。中国古话说得好，言传不如身教。我建议，大家不妨在义务教育阶段推广宪法教育，因为宪法里有自由——信仰自由、言论自由甚至人身自由，这些对于一个健康人格来说都很重要。

我们希望下一代成为有道德、有信仰、有理想、有独立思考的公民，首先要让他们知道这些其实都是国家宪法里有的东西。当然，落实得不好，但落实得好不好很大程度上要靠我们一起争取；争取了，也许就能改变一些我们都以为改变不了的东西。11 月底吼了一下，12 月就放开了，可见自由不争取是不会从天上掉下来的。

宪法里还有法治、民主，这些都是改变一个国家的良性方式。各种不合理的封控政策怎么出来的？不就是没有选票吗？制定政策的人不是我们选出来的，因而我们感到很无力，似乎什么都改变不了。但是我们把选票慢慢用起来，发现可以开始逐步地改变身边一些事。我们也就没必要那么绝望了，年轻人也就不会动不动要"躺平"了。

宪法能够帮助我们把下一代教育成正常、健康、乐观向上的公民，让他们对以自己的力量改变和建设这个国家充满希望。

说说“宪法”“党的领导”和“党员”那些事

标题中“宪法”这个引号是华政张雪忠老师加的。2019 年 7 月，他不但重提了贺卫方老师的“党员身份”问题，而且也批评了国内动不动就呼吁“落实宪法”的宪法学者（可能在他看来后者也是要打引号的）。作为我与贺老师共同的朋友，雪忠对我比较客气，没有直接点我的名，不过其中“影射”的意思还是相当明显的。“党的领导”则存在歧义和误解，是我想要在本文中澄清的一个概念。作为觉悟不高的非党员，我也想不揣冒昧，借此机会为卫方这样的“党员”说几句话。

首先，雪忠对于“宪法”的质疑显然是较真找错了对象。他认为现行宪法不能约束执政者的权力，并非真正意义的宪法，所以呼吁落实宪法的学者也是欺世盗名之徒。他有一个基本假设：这部宪法是执政者自己制定的，怎么可能约束执政者？但这个假设是不成立的：执政者自己制定的宪法，怎么不能用来约束执政者自己？哪个国家都有制宪者，一般就是获得多数选票上台的执政党。有的国家制宪需要公投，有的不需要。美国联邦宪法一开头就说宪法是“我们人民”制定的，实际上根本没有经过全民公投；它是由极少数政治精英起草，然后各州议会或宪法大会通过，“人民”只是间接参与制定了宪法而已，更不用说当时的“人民”只是少数白人有产者，不包括妇女和有色人种。即便有公投，公投参与率往往也不高，最后投赞成票的很可能不到选民中的一半。这样的人民“出场”了，但真的有多大意义吗？

这些都不重要。重要的是，不论哪个执政党制宪，都必须接受宪法的约束。需要强调的一点是，我是不承认无法无天的“制宪权”的。我对卢梭、西耶斯、施密特这个脉络的“制宪权”学说的结论性批判，请参见我的"整体主义的陷阱"一文，在此不赘述。有人认为，中国的执政党掌握了"制宪权"，所以"党的领导"是绝对和不受约束的。这完全是反逻辑和反法治的思维。中国的现行宪法确实是在执政党领导下制定的，但是执政党自己也受这部宪法的约束。不信的话，请看看宪法第五条原文："一切国家机关和武装力量、各政党和各社会团体、各企业事业组织都必须遵守宪法和法律。一切违反宪法和法律的行为，必须予以追究。任何组织或者个人都不得有超越宪法和法律的特权。""各政党"都有义务遵守宪法，执政党并没有把自己置身其外。那些主张执政党的权力不受约束的言论，显然违背了执政党在自己制定的宪法中表达的意志。

贺张此次的争执焦点是对"党的领导"的态度，贺卫方教授对此作出了辩解。其实，没有什么需要辩解的。很多人认为这是一个"敏感"问题，其实一点也不敏感。我曾在公开和私下场合真诚表示，我不反对"党的领导"，因为"党的领导"并非"党的领导的领导"，也不是不受约束、没有底线的领导。"党的领导"底线何在？简单二字——宪法！"党的领导"早已入宪，2018 年还进了宪法正文第一条，所以"党的领导"不是独立于宪法之外的，而是必须从宪法之中获得理解。"党的领导"必须和整部宪法和谐统一起来，至少不能和宪法的其它条款发生明显冲突，否则执政党及其领导制定的宪法岂不是自相矛盾？因此，我们所接受的是合宪的"党的领导"，因为违宪的"领导"根本不是宪法意义上"党的领导"！

为什么我反对"党的领导的领导"呢？因为那是人治啊！而宪法第 5 条明明规定了"实行依法治国"，建设"法治国家"。我想问一句，我们的法律学者和律师们常常津津乐道"法治""依法治国"，究竟依何"法"而治？你们知道，这个国家最好的法是哪部法？不用脑筋急转弯——肯定是宪法嘛！第 34 条规定了公民的选举权和被选举权，第 35 条规定了言论、出版、集会、结社自由，第 36 条规定了宗教信仰自由……这些都是公民最最基本、最最重要的权利啊！请问中国还有哪部法比它更好、更重要？不用说太多，如果执政党能尊重宪法中的这三条，我绝对拥护它的"领导"。如果党的领导们真正由选举产生、"党的领导"尊重法治和我们的思想与言论自由，我们为什么不接受它的领导呢？否定宪法，势必就否定宪法规定的制度及其制定出来的一切法律。那你们还在课堂上讲什么、在法庭上辩什么呢？

可见问题的症结不在宪法本身，而在宪法的落实，所以要呼吁落实宪法嘛！事实上，社会主义宪法普遍都规定得不错——甚至可以说规定得太好了，以至难落实；而落实得好的，往往是恶法。现行宪法中也有一条很成问题的规定——第十条规定的土地二元公有制，"落实"起来雷厉风行、"效率"极高，建立在此基础上的《土地管理法》《城市拆迁条例》造成了多少强征血拆！《刑法》中的"寻衅滋事"乃至"危害国家安全"等种种"口袋罪"被利用得淋漓尽致，而《律师法》中规定得明明白白的律师会见权却不如地方公安的一张小纸条。至于宪法第 35 条规定的言论自由，凡是上过网、有微信的人都知道可能发生什么，不用我多说了。这说明什么？这恰恰说明第 35 条规定得好啊，绝对的良法！所以才得不到落实，所以才需要我们呼吁去落实。哪怕呼吁没用，我发表了言论，这就是在践行第 35 条的言论自由。宪法比哪部法都落实得差，恰恰说明它规定得比哪部法都好。难道不是这个简单的道理吗？

说到宪法的落实，又是嬉笑怒骂一片，"顶个球""是个屁"等等嘲弄甚嚣尘上，仿佛对宪法吐口水就能显得自己更牛。这些人其实一定是很自卑的，因为生活在一个宪法是"屁"的国家，你能是谁？不论你是哪一级干部还是财富数字有几位数的老板，你只是一"屁民"而已，纪检、公安收拾你没商量。没有特权的小民自然更不用说了。和其它部门法专业的法律人交往，多少也能察觉出对宪法的不屑。其实，在"宪法顶个球"的国度，都别太自信了。按我上面的逻辑，你那个领域的法之所以貌似还长着几颗牙，很可能部分是因为那些牙长歪了；在你沾沾自喜帮助国家机器咬合的时候，你要小心它们会咬到不该咬的地方。宪法"没牙"不只是宪法学者的不幸，而是我们共同的悲哀。我们需要做的是停止无谓的争吵、指责或嘲讽，尽可能让现在这部宪法"有牙"。

顺带提一句，有一位主张"党导立宪"的"学者"莫名其妙地指控我们在"搞革命"。到底谁在"搞革命"，不难辨识清楚吧。就和我一直不反对合宪的"党的领导"一样，我一直也是"反革命"的，因为我一直真诚地主张落实（而非推翻）中国（而非美国或任何其它国家）的现行宪法。"立宪"是什么？至少在字面意义上，是推倒重来、制定新宪。这才是"搞革命"啊！好好的一部宪法放在这里，为什么还要天马行空的立宪呢？难道不应该是脚踏实地的行宪吗？！

即便未来发生剧变，我仍然不主张立即制宪，而是首先要让人民按照现行宪法行使自己的选举权等政治权利，获得起码的政治经验和常识，否则风险实在太大。一个连选票都没摸过的民族，你能信任它从专制镣铐中解脱出来就立马投身制宪吗？委内瑞拉等发展中国家的前车之鉴表明，貌似"人民出场"的制宪运动往往会成为独裁者操纵的工具。事实上，东欧转型时，波兰、匈牙利等国并没有立即制宪，而是修宪原来的社会主义宪法，相对顺利地完成了政治转型。

我冒昧假定，在此表达的立场是卫方和雪忠能够共同接受的。现行宪法不是没有问题，但问题主要不在文本而在落实，而"党员"身份不是推行宪政民主等宪法价值的障碍。党员也是公民，不仅享有宪法上的权利，而且也有作为公民践行宪法的义务，至少是道德义务。在这个意义上，贺卫方确实是一名"优秀党员"（他好像曾经如此自嘲），因为他从来没有无条件地接受"党的领导"，而是一直在不遗余力地行使自己的言论自由并宣传法治和司法独立等宪法价值。我能否这样说：如果一名党员不能像他这样身体力行宪法赋予的权利，而只是甘做一个"螺丝钉"或"传声筒"，上面说什么就做什么，那么他不只是一个不合格的公民，而且也不是一名好党员呢？

请认真对待宪法，别让自己一无所有！

　　针对我的"说说'宪法'和'党员'那些事"（"说说"），张雪忠老师发表的"宪法是什么"（"什么"）一文指出我的"若干错误"。本来期待又一场革命与改良的思想辩论，结果看到的却是一篇对宪法史常识的梳理，以致读后犹豫半天要不要回应。既然讨论的主题超乎我个人是否正确，涉及对现行宪法的定性、我们所应持有的基本立场以及努力方向，我还是写一篇回应——也许是最后一篇这类回应。毕竟，我们还有许多更有实质意义的工作要做，譬如研究如何改革现行宪法制度……

　　我不想纠缠于"制宪权"这个理论上大而无当、实践中极其危险的空洞概念，因为雪忠似乎没有读过我之前发表的"整体主义的陷阱"对它的批判。从其张口闭口"人民""国民"而不涉具体操作的行文来看，他自己也没有摆脱整体主义思维的影响。我没有读过据说"误导"过我的《制宪权与根本法》，不过我在 2012 年发表的"论宪法的选择适用"对相关作者的一些错误观念进行过系统批判。如果没有读过这些基本文献，我们的辩论无法超越普法这个层次。

　　我的观点一直是，如同制宪权是一个危险概念，制宪是一个充满危险的过程。事实上，那些没有全体"人民"参与的制宪反而更不危险。"说说"已经提到，美国制宪再民主，也是一个绝对少数人的产物。按"什么"的逻辑，全体美国妇女都应该认为联邦宪法是一部打引号的"伪宪法"，更不用说饱受奴役的黑人。他（她）们应该起来推翻现行宪法，并重新制定一部他们直接参与制定的宪法，否则至少对于他们来说宪法就没有效力和正当性。很幸运的是，美国宪法总体上是一部好宪法，而美国妇女、黑人等没有参与制宪的弱势群体没有要求推翻宪法，而是仍然在这部自己没有参与制定的宪法之下争取自己的权利，并最终受到了宪法赋予的或许是迟来的保障。

其实，宪法也不是始于"什么"中提到的 17、18 世纪。它的近代源头是 1215 年英国《大宪章》，纯粹是国王和大贵族的产物，和普罗大众没有半毛钱关系。内容也早已过时，现代人甚至很难读懂，因为绝大多数规定和他们的生活毫不相关。但这并不妨碍多数英国人将其奉为自由的源头。事实上，这部 800 多年前制定的当代人不可能参与的恐龙级宪章中有几条在今天仍然有效。

再举一个例子。许多人认为，1946 年日本宪法是美国占领军司令部"强加"的。据说麦克阿瑟当时抽着烟斗，在小纸条上写下了国民主权、保障人权与永久和平三条立宪原则，成为日本宪法的基本原则。不论这个故事是否属实，整部宪法确实是占领军在很短时间内起草的，译成日文后交给了日本国会，告诉它"必须通过"。虽然难免有点情绪抵触，日本国会很快"投降"并通过了宪法。在此过程中，说国会是个"橡皮图章"一点不为过。"过分"的是，战后 70 多年，日本宪法竟然一个字都没改过！可怜的日本"人民"臣服于美军"强加"的宪法之下，老老实实地按照这部"强加"宪法的规定行使自己的权利，并一直享受着这部宪法给他们带来的恩惠。仅此足以质疑"什么"的主题思想：只有"人民"亲自制定的宪法才是真宪法。

不过，我并不反对"制宪"——你想制宪，你自己去起草新宪法好了。听说日本中学生的一项作业就是起草宪法，我认为这对于普及大众宪法观念是极为有益的，所以几年前在对北京高中生的讲座中即鼓励学生们这么做。宪法是"要从娃娃抓起"的。问题是，娃娃们起草的"宪法"什么时候才能成为实际有效的宪法？至少在目前看，这是一个很长很长很长很长的过程。在很长很长很长很长的制宪伟业成功之前，我们怎么办？如何看待当下这部绝大多数人不在乎、不少人不满意、个别人要打引号的宪法？这才是我们争论的实质问题。

在一个改革无望的国家，许多人会因绝望而激进。制宪论听起来很过瘾，会赢得许多掌声和点赞，但它不仅无助于解决实质问题，而且本身会陷入不可自拔的逻辑和现实困境。许多人没有意识到，如果现行宪法因为没有人民的实质参与而要打上引号，成为一部理论上都没有效力的伪宪法，那么"你"自己就是一个非法的存在，至少法律圈的绝大多数人是如此。"说说"已经提到这一点：如果宪法规定的全国人大成了伪机构，那么它之下的所有机构和它制定的一切法律以及据此制定的所有次级立法都是无效的。如果你是律师，那么对不起，"律师"得打引号，因为你是一个不折不扣的骗子——收别人的钱在一个无效的"法庭"上用无效的"法律"，假装替人"辩护"；如果你是法学院教师，那么你的"教师"身份同样要打引号，除非你只教外国法、不教"中国法"，否则你也是一个混吃混喝的骗子；法官、检察官、所有公务员，自然更不用说了……用这个逻辑，不难论证这个国家几乎所有人都在从事非法行业——国已不国，何来之法？

能否问雪忠一个私人问题：如果现行宪法无效，你如何看待自己的身份？之前你在华政讲课，在法庭代理诉讼，势必表明你自己也默认了这个法律体制的合法性。要按你的逻辑，华政对你不公，地方司法局影响你执业，似乎都不是对你的迫害，而应该被解读为对你的解脱才对。你愿意接受这个逻辑的推论吗？在一个合法性彻底消解的法律真空地带，谈论"法治""非法""正义""不公"这些概念还有意义吗？

当然，这不是一个私人问题，而是每一个对自己的观点和主张负责任的人都要想一想的问题。你要认真对待一种观点，就要知道它所产生的可能后果。你没有必要因为后果严重就不接受某种观点，但是如果你要接受它，就得准备好坦然接受它所带来的后果。你准备好了吗？你愿意如此定位自己吗？

我显然不愿意，也不认为任何人有必要这么定位自己。我不排斥任何制宪的努力，但拒绝接受这样的立场：只要人民没有参与制定一部新宪法，那么一切都是无效的。事实上，大概没有谁比我对现行宪法批评更多，详细可见我在 2005 年发表的"宪法不应该规定什么"。但尽管现行宪法问题多多，甚至可能存在一些根本性缺陷，它仍然是一部合法有效的宪法。这个立场无疑为我批评时局提供了便利，譬如我可以理直气壮地说，华政和司法局对张雪忠教授的处理是不公平的，侵犯了宪法第 35 条赋予他的言论自由。

当然，你可以说，你这样批评有什么用呢？改变现实了吗？我的批评很可能改变不了现实，但这并不说明宪法本身不好；恰好相反，它说明这部原本不错的宪法需要得到落实。现实中，各级政府或有诸多违宪违法行为，但它们不是宪法造成的，而恰恰是宪法要规范和防止的。把现实中的各种过错归咎于宪法，这是最大的是非不分！掌权者巴不得现行宪法无效，我们为什么要加入他们的合唱团呢？反过来，让我问你，宪法无效除了让公权力更加赤裸裸地剥夺人民的基本权利之外，还有什么效果？那些主张宪法无效的人除了流亡海外或等待遥遥无期的"人民制宪"，还能对改变此时此地的政治与社会现实做什么？

我对现行宪法的肯定不只是来自于现实便利，而且还基于这部宪法制定的历史背景。我们知道，整个八十年代是中国改革的"黄金时期"。现行宪法制定于 1982 年，一个充满希望的年代。虽然人民并未直接参与，绝大多数人对它没有什么感觉，起草者也存在那个年代的知识与理念上的局限，但不可否认，多数人对于这个改革政权及其制定的宪法是认可的。你可以说，在某种意义上，它是"强加"的产物，但是执政党也曾试图真诚地改造自己。1987 年，总书记赵紫阳的十三大报告提出"党政分离"，就是要解决"党的领导"和民主法治之间的关系。当然，两年之后，谁都知道发生了什么。近年来，集权式"改革"离法治目标越来越远，致使许多人产生了可以理解的悲观绝望情绪，但我并不认为原先这部宪法要为近三十年发生的一切担责。为什么三十年前我们可以接受这部宪法的正当性，今天我们某些人就不愿意接受呢？那不还是因为宪法迟迟得不到落实，因此合乎逻辑的努力仍然是争取落实而非抛弃这部宪法吗？

事实上，即便在八九悲剧之后，宪法文本仍然取得了显著的进步——1999 年，"依法治国"和"法治国家"理念入宪；2004 年，"人权"和"私有财产"等理念入宪……这些当然都是尚待落实的理念，但要说它们纯粹是拿来糊弄老百姓的骗人把戏，显然言过其实了。它们体现了中国社会现实和观念上取得的阶段性进步，也是我们必须用言论和行动去呵护的珍贵财富。其实，有限的宪法进步不是免费的，人民已经付出了巨大代价。且不说八二宪法是在总结"文革"血的教训基础上产生的，之后的修正案也是经过多次交锋、走了许多弯路才入宪的，譬如 2003 年的孙志刚血案即对人权概念入宪产生了决定性影响。在经过历次修宪之后，即便按现代标准衡量，现行宪法也是一部基本合格的宪法。因为宪法实施不到位而要抛弃整部宪法，无论对中国的改革历史还是当今现实都是不负责任的思维。

我说现行宪法基本合格，是有标准可循的。我在不止一个场合主张，中国目前迫切需要的不是制宪，而是立约，因为中国社会历来缺乏社会契约传统，而如果这个国家的多数人仍然对社会契约无意识，再好的宪法也是废话和空话。在我改造后的社会契约论中，核心是五条"政治自然法"，包括思想和信仰自由、言论自由（涵盖新闻、集会与结社自由）、周期性选举、平等（反歧视）和法治（包括分权、司法独立、行政中立）。我在 2019 年发表的"契约构造的失败——从辛亥到五四"简要点到了这些契约要素。毋庸置疑，现行宪法在某些方面还存在重大欠缺（尤其是分权要素），但是该有的"好东西"基本上都有了，而且大都集中在第 33—36 条。再制定一部新宪法，并不会给我们带来更多。我们今天迫切需要的是实施！实施！实施！

说到实施，我们都会把手指向政府，好像没我们自己什么事。

但世界上有哪一个国家的统治者会愿意自行实施宪法呢？这不独是中国现象。早在 1215 年，约翰王签署了《大宪章》就反悔了，还让教皇下旨宣布《大宪章》无效。英国贵族没有傻到认同宪章无效的地步，而是强迫约翰以及后来的国王承认《大宪章》的法律效力。中国和英国之间的差别不在于《大宪章》比八二宪法好——恰好相反，八二宪法比《大宪章》好得太多了。真正的差别在于"我们人民"太弱小、太愚昧、太狭隘自私、太懦弱……这才是我们要努力改造的方向，不要睡不着怪床歪。事实上，宪法体现的几条契约原则都是首先要靠公民自己去落实的，尤其是思想与信仰自由、言论自由甚至法治和选举。"我们人民"不思考、不发声、不起诉、不投票，而想让政府尊重宪法，那是痴人说梦。

雪忠动辄自我标榜为"真正的自由主义者"。我碰巧也认为自己是"真正的自由主义者"，而作为一个生活在现实中的自由主义者，我不会把希望寄托在某个"立宪时刻"的灵光闪现，而是会立足当下，尽自己所能充分利用现行宪法体现但未落实的社会契约要素，针对公权力（而不是权利同样受公权力威胁的其他私人）行使自己的言论自由，不遗余力地推动这个国家的民主与法治进步，让更多的人有意识地接受并践行契约原则。你尽可以自由"制宪"，或许我们还可以合作，但请不要以某种站不住脚的说法责难那些努力行宪的人。

我们不接受宪法无效论，因为没有这部即使落实得很差的宪法，我们恐怕真的会沦为一无所有的"无产者"。

宪法、宪政与法治
——杜光教授新作序

　　众所周知，中央党校是"党的喉舌"，但坊间有句话，说中国最敢言的学者也出在党校。此言不虚，本书作者正是在中央党校断断续续执教二十余年的杜光先生。他的教职之所以被中断，是因为他在 1958 年被打成右派，直到 1979 年平反。事实上，早在 1948 年，他就被国民党打成"左派"，还受到通缉，所以跑去了解放区。杜老既是国民党眼里的"左派"，又是共产党眼里的"右派"——这只能说明他不是左右逢源的"风派"，而是一位坚持独立见解、坚守道德良知的真正的学者。作为曾经的党校理论研究所副主任，只要他顺从上意、不"乱说话"，或偶尔针对某热点事件发表一点隔靴搔痒的评论，不愁没有各种项目、头衔、待遇，只是那样的话，他也就不是杜光了。

　　近年来，杜老频频发表"敏感"言论。2012 年，他在香港出版了《回归民主》，引起了很大的反响和争议。从所关注事件的时间点上看，本书应是此后针对一系列重大公共事件的评论集子。各篇的主题紧紧围绕宪政与法治，主要论述了"党大"还是"法大"、法治与"党的领导"之间的关系、宪法与改革的关系、民间宪政运动与反宪政逆流、中共十八届四中全会文件的进步与局限等大问题。

　　2013 年以来，以《南方周末》新年献辞"宪政梦，中国梦"为标志性事件，"宪政"成为中国朝野左右的争论焦点。反宪政阵营在官方授意下，接连抛出多篇文章攻击抹黑宪政。稍后，官方内部传达"七不讲"，全面抵制宪政民主、公民社会和普世价值。紧接着，各种网络封杀、抓大 V、抓记者、抓律师等"亮剑"行动紧密配合，中国俨然进入了一场新的意识形态战争。在这种险恶环境下，杜老奋笔疾书，力挺宪政，接连发表了一系列讨伐反宪政逆流的檄文，体现了一位独立知识分子的良知和勇气。

贯穿杜老文集始终的命题是宪政、法治和"党的领导"之间的关系。他不厌其详地论证，"法治必须坚持党的领导是一个伪命题。"杜老可谓一语中的。执政党的作用是宪政与法治绕不过的一个话题。我做法治讲座，几乎每一次都有听众问：一党执政体制能否实现法治？迄今为止，真正的法治国家确实都是多党制国家，只有新加坡等个别国家例外。其实即便新加坡也不是严格的一党执政，而只是"一党独大"，反对党仍然合法存在，并拥有少量议席。既然"法治""依法治国"等概念早在 1999 年就已入宪，成为执政党自己宣称要实现的重要目标，而法治又和一党执政存在明显的负相关性，那么就不能不认真对待"党的领导"问题。

法治之所以和"党的领导"难以兼容，根本是因为法治和集权不相容。阿克顿爵士的名言早已众所周知："权力导致腐败，绝对权力绝对地导致腐败。"任何人都是理性自私的，一旦掌握了不受控制的绝对权力必然会以权谋私、滥用公权，即便有良法也我行我素、无法无天。在其名著《法的精神》，孟德斯鸠精辟指出分权对于保护自由的重要性：

当立法权与执法权联合在一人或单个行政机构手中时，自由就消失了，因为人们将害怕制造暴戾法律的同一个君主或元老院将以暴戾的方式执行它们。当司法权不和立法权或执法权分离时，自由也不复存在。如果它和立法权相结合，那么在公民的生命和自由之上的权力就将是任意的，因为法官也将是立法者；如果它和执法权相结合，法官就能具有压迫者的力量。如果同一个或一群人——贵族也好，平民也好——运用这三项权力：制定法律的权力、执行公共决议的权力、和判定罪行或个人争议的权力，那么一切都将丧失殆尽。

显然，法治和人权遵循同样的逻辑。如果权力过分集中，都掌握在一个人、一个机构或一个党派手里，那么百姓在自由遭到侵犯之后会上天无路、入地无门，找不到人替他们伸冤，因为所有政府机构都是一家开的。更何况"党"是一个抽象概念，"党"究竟是谁？这是一个说不清楚的问题。每一个党员干部在行使权力的时候可以打着"党"的旗号，承担责任的时候则可以把一切都推給"党"，所谓"党的领导"很容易变成该党领导的个人领导，党治很容易蜕变为赤裸裸的人治。因此，如果一味强调"党的领导"，无限增强党的权力，那就等于是让掌握党的权力的个人不受法律约束，为公权私用和贪官污吏制造腐败温床，从而走向法治的反面。

既如此，就不能不谨慎对待"党的领导"和法治之间的内在张力。在转型时期，我能理解执政党不愿放弃"党的领导"，但是如果执政党真的要实现法治，就必须对"党的领导"有所限定。如果还是像"文革"那样党政一体、全面领导、什么都管，不仅管干部，还要管媒体、管法院，那么依法治国就是缘木求鱼了。事实上，赵紫阳在 1987 年的十三大报告上已经基本解决了这个问题：党政必须分离，"党的领导"不等于什么都管，而只是意味着党领导立法并监督政府实施，但是行政必须保持中立，至少必须实行司法独立。至于有限意义上的"党的领导"究竟延续到何时，留给政治体制改革慢慢解决。

杜老的观点比我更加鲜明，直接宣判"党的领导"是一个"伪命题"，其道德勇气令人钦佩。读杜老的文字，常有振聋发聩之感。他是"反右""文革"等政治运动的"过来人"，一度曾遭受迫害，却依然无所畏惧。我等后辈生于极权政治式微之际，更应当超越恐惧，在基本是非问题上直言不讳，才算对得起自己的职业。

这是我读《宪法、宪政与法治》论文集的一点感悟，谨为序。

"法治"是什么？

2015 年 10 月，中共总书记习近平在访问英国议会时说的一段话在网上引起争议。原话大意是"中国的民本和法制思想自古有之"，今天的依法治国"既吸收中华法制的优良传统，也借鉴世界各国法治的有益做法"。质疑者大都认为，中国传统法制的根源是秦朝专制统治，怎能和尊重人权的现代法治相提并论？中国古代又哪里有真正意义的法制？

其实，这段话并没有说错。比较一下战国法家韩非的著述和美国最高法院大法官霍姆斯的名作"法律的道路"，不难发现二者的思路惊人相似。他们不仅都把人当作理性利己的动物，都把法律惩罚作为调整理性人行为动机以实现社会秩序的工具，而且都认为法律就是为坏人设计的——好人不会犯法，自然是不需要法律的，可惜我们都不是纯粹的好人。如果时空倒转，把霍姆斯放到秦国，他就成了韩非；把韩非放到十九、二十世纪美国，也难保不会成为霍姆斯。把战国法家的基本思想植入自由民主的土壤，长出的将是现代法治的果实；让单纯的西方法治学说在秦制下施展手脚，也免不了为暴政助纣为虐。法制与法治仅一字之差，本来就没有学者过度解读所赋予的本质差别。

早在 1980 年代，中国法学界即纠结于"刀治""水治"之争。这场争论以"水治"派完胜告终，"法治国家""依法治国"等现代西方理念也于 1999 年修宪进入中国宪法。然而，这次左右之争却忽视了一个真问题：究竟是什么决定一国实行"刀治"还是"水治"？是刀是水，取决于依法治国的那个法，但是"徒法不足以自行"，也不足以自立。法律本身是没有生命、不能行动的，它是由人制定出来为人服务的工具。按照中西方法家的理性人假设，立法者是谁，法律就为谁服务。在这个意义上，马克思说"法律是统治阶级的工具"也不全错。

如果统治者是人民，如果立法者由人民选举产生并对人民负责，那么所立之法必然对多数人有利。对多数人有利的法律是"良法"，用多数人喜欢的良法治国就是"水治"。如果统治者是君主，立法者对君主负责或就是君主本人，那么所立之法必然对君主和极少数掌权者有利。这样的法律往往会压迫人民的自由、剥夺人民的利益、管制人民的欲望，因而是损害多数人利益的"恶法"，而用多数人憎恨的恶法治国必然是"刀治"。

当然，绝大多数时候，所谓"刀治"往往是统治者个人的任性统治，而非依恶法治国的法制。由于统治者的权力不受约束，即便恶法被制定出来，也未必循规蹈矩按其规定实施。但是在某个时间段，一个开明专制者可能将依法治国作为富国强兵的国策。因此，专制国家仍有可能实现法制，尽管实践中法律很难约束专制者的任性，因而实际统治往往体现为人治与法制的交替。

人治也好，法制也好，反正我们不喜欢"刀治"、只喜欢"水治"，所以就把"法治"抬到无以复加的高度。问题是，实现法治是有条件的。除了分权之外，真正的法治还要求民主；没有民主，法律就成了为少数统治者服务的恶法，"水治"也就蜕变为"刀治"。有的专制国家把宪法和法律当作门面，制定了大量看上去很好的"良法"，但是这些纸面上的法律一旦遭遇现实即被束之高阁，或很快在实施过程中蜕变为恶法，从而产生了"有法律、无法治"或名为"水治"、实为"刀治"的状态。

一言以蔽之，政治制度决定了一个国家的依法治国是"刀治"还是"水治"。既如此，我们要推进法治，就不能在法治自身这个狭小的圈子里原地打转，而是要积极推动政治制度改革。今日中国之所以有法而无法治，制定了大量立法却难以落实，根本在于民主严重滞后。没有配套的民主政治制度，法治只能是一个自欺欺人的梦想。

"恶法非法"还是"恶法亦法"？一个伪问题

2021 年大概 8 月，"奇葩说"流出一段视频，让"恶法非法"还是"恶法亦法"这个颇有学术味的话题火了一把。这确实是一个学术问题，而且是代表两大流派的深奥学术问题："恶法非法"代表自然法学派，"恶法亦法"代表了实证法学派。两大流派从欧洲打到美国，至少自美国最高法院成立之日起就开始打，到现在还在打，而且这个仗应该会一直打下去，胜负不会见分晓的。所以这个问题提得很好。不过回到现实世界会发现，它基本上是一个伪问题。

一、为什么"恶法非法"

先说说"恶法非法"。对上面这个问题的回答看上去是显而易见的：难道恶法还能是法？我们确实要法治，但显然不要恶法之治。如果法律规定你必须作恶——杀人放火、虐待家人、抢夺财产，你难道也必须做吗？如果法律规定政府可以征你的地、拆你的房，而不给补偿，你是否也有服从法律的义务呢？这类恶法徒具法律之名，应该没有实际效力，公民不仅无须服从，甚至当政府前来强制执行的时候，还可以行使"抵抗权"。

要论法律的"善""恶"有个前提条件，那就是法律之上还有法——还有衡量法律善恶的标准，度量者肯定比被度量者地位高；否则，"善""恶"从何谈起？自然法的基本逻辑是，在人间一切法律之上还有"更高的法"——不论是"自然理性""天地良心"，还是上帝"刻在人心中的律法"。自然法不仅地位最高，而且是不和人捉迷藏的——它就活在"人民心中"。某条法律是对是错、合不合理，我们一看就知道。中国人也常说，"人人心中都有一杆秤"，说的也就是这个意思。

　　事实上，这个话都轮不到我们说，也不用去"西天取经"，从西方自然法学说中引经据典，中国人自己就说了几千年。孔子说："君君，臣臣，父父，子子"，貌似四对叠字，意义本质不同：前面是实然，后面是应然。做君主的得像个君子的样子，有君主的范儿；这个"范儿"不是摆出来的，是你自己的所作所为决定的。换句话说，君主和臣子、父母、子女一样，都有各自的标准。你没达到标准，即便在那个位置上，也"望之不似人君"。孟子说得更直白了："闻诛一夫纣矣，未闻弑君也"：[1] 别以为你披上一件黄袍坐在那个位置上，就是皇帝了。如果你是暴君，那就是独夫民贼，根本不是什么"君"；杀了桀纣，那不是"弑君"之罪，那是为民除害。"暴君非君"的逻辑和"恶法非法"是完全一样的。

　　历朝历代的中国古代思想家中，要数明末黄宗羲（1610—95 年）的学说包含的自然法要素最多。他明确提出"恶法非法"论，认为不是所有的"法"都有资格成为法；天下的治乱也不取决于法治的存亡，而取决于法的性质。他振聋发聩地指出，中国"三代之上有法，三代之下无法"[2] ——当然不是因为后来的国家没有律法，而是其"所谓法者，一家之法，而非天下之法也"，因而是"私"法，是"非法之法"。"三代之法，藏天下于天下者也"；"后世之法，藏天下于筐箧者也。"[3] 由于统治者立法是为了一己之私，因而不得不设法防备他人侵越："故其法不得不密。法愈密，而天下之乱，即生于法之中，所谓非法之法也。"[4] 这样的法非但不能保障天下太平，而恰恰是争斗和混乱的根源。因此，"天下之治乱，不系于法之存亡"；只有符合正当目的之法才能给社会带来长治久安，也才配得上法的称号。那些统治者玩弄于股掌之上的"法"其实不是法，而

1　《孟子梁·惠王下》。
2　《明夷待访录·原法》。
3　同上。
4　同上。

是供其荼毒压迫社会的私人工具。

总之，如果法是恶法，法治就成了侵犯人权的帮凶，失去了自身的意义。中国八十年代改革开放的时候，法学界也讨论过"水治"和"刀治"之分。1999 年，"法治国家"正式入宪，标志着这场争论落卜帷幕：我们要"尊重与保障人权"的"法治"，不要侵犯人权的"法制"。然而，这场争论实际上回避了一些实质问题。法究竟是"刀"还是"水"，不是法本身决定的，而是法外的制法的那个权力或体制。且听下回分解。

二、为什么"恶法亦法"

既然自然法学如此言之成理，照理说实证法学应该歇菜了。没想到他们不屑一顾、哂之一笑：这些都是老男人们的意淫！怎么会这样？原来，孔孟、黎洲虽然气魄很大，但是需要回答几个显然的问题。首先，"法"应该是什么？判断"良法""恶法"的标准是什么？这是一个大话题，但是对于中国古代和今天来说最不成问题。"民为贵""民为邦本""为人民服务"这套话语耳熟能详，法律的终极目标无非是为了人民的利益。用边沁更有操作性的功利主义表达：促进"最大多数人的最大幸福"。当然，现代国家还会对多数人的利益加上限定，譬如也需要尊重少数人权利，等等。总之，问题不大。

更大的问题是，"法"是什么？这是一个根本问题，存在理性主义和现实主义两种回答。理性主义把"法"捧到天上，法是理性、正义、高尚的代名词，达不到这个高度的法都成"恶法"。事实上，理性主义的"法"是和"良法"划等号的。遗憾的是，这么伟大的"法"只能是"天上有地上无""不食人间烟火"，听上去很好但现实中找不到。现实世界的法都是良莠不齐、善恶参半，不是我们想象的非黑即白那么简单。在理性主义看来，那些乱七八糟、疙疙瘩瘩的法律细节可能统统算不上"法"。这样，国家法律大全就剩不下几个法条。"恶法非法"听上去不错，但走到极端就成了无政府主义——没有法律，拿什么治国？

值得我们注意的是，理性主义或理想主义在独裁国家特别盛行。独裁国家的法学家都是理性主义者，而且通常具有强烈的无政府主义倾向，因为他们无法参与现实治国，所以只能在理想世界天马行空，树立一块块绝对主义的道德丰碑。既然理想和现实脱节，现实往往尤其黑暗，更促使对现实绝望的理论家占据道德高地，在否定一切现实存在的同时把理想推向诗的远方。黄宗羲一句"三代以下无法"，一笔勾销了从秦至今一切朝代的合法性。但没有国家，真的好吗？他们不理解，霍布斯很可能是对的，再糟糕的国家也比没有国家好。黄宗羲本人也经历了明末清初巨变，当时正好是他20—35 岁。1630—44 年，中国人口 15 年不到就从 1.9 亿下降到 1.5 亿，损失了 4000 万，超过人口的 20%。这个伤亡规模在中国历史上还不算最大。所以中国的"礼崩乐坏"可是不好玩的，不只是道德沦丧之类的，而是名副其实的民族物种存亡危机。在这个意义上，"恶法亦法。"现实中的法都是有瑕疵甚至缺陷的，即便一部良法也可能混杂一些恶规，但仍不失为法。

最后也最成问题的是，有了法，也有了法的标准，谁来判定法的良恶？都说"人人心中有一杆秤"，不过我心里那杆"秤"和你心里那杆"秤"不见得一样，不一定向同一个方向倾斜。某些问题固然社会"自有公论"，但大量的现实问题是见仁见智的。譬如德州议会刚通过了相当严格的反堕胎法，许多人尤其许多妇女会认为这是"开历史倒车"，但是为什么会通过民选产生的德州两院呢？这些代表可不是上级内定，都是选民投票选出来的。他们当中多数投票通过了反堕胎法，可见这样的法律虽然争议巨大，还是有相当多的人甚至多数人拥护的。在众说纷纭的情况下，谁有资格判定反堕胎法究竟是"良法"还是"恶法"？能不能只要我认为是"恶法"，就可以不执行或不服从？如果这样，又成了赤裸裸的无政府状态。

有的理想主义者主张"公民抗命"和暴力抗法，其实就是在鼓励无政府主义。在法治国家，这显然是在破坏法治；在法治彻底失败的国家，这样做或许是不得已的无奈之举，但结果一定不是自杀，就是天下大乱。也有人按此思路以美国为样板，支持"持枪权"，以为那是让美国政府收敛的"法宝"。这都是在一片没有自由的土壤上生活太久之后，对自由产生的臆想。美国有那么强大的武器库，还怕民间几条 AK47？现在早已不是冷兵器时代，政府和人民之间的武力对比如此悬殊，如果真要镇压，几条枪又怎能抵挡正规军呢？美国立国已两百多年，你见过几次政府暴行是被人民用枪吓阻的？让美国政府收敛的不是枪，是选票；如果哪天选票不管用了，人民不再相信选票了，那就准备打内战吧。枪从来是用来老百姓自相残杀的，对付不了政府。美国也是这样，非洲就更不用说了；民间散落大量枪支，都是自己杀来杀去，从来没见他们用枪打出来一个民主法治政府。在这些地方，什么法不法？枪就是法，法就在我手中。这真是我们想要的吗？

这些国家的政府可能真的很糟糕，但最糟糕的还是政府没用、法无力。他们最需要的不是"恶法非法"这些空洞的口号，而是先让政府有效能，让法律管用。任何法律都要规定人至少某些人的义务，也就是限缩人的自由。这是法律的本质，否则就没必要有什么法律了。没有哪部法律会说：今天吃饭了吗？让我们看电影吧！它永远会告诉你不得做哪些事，否则将承担对你不利的后果，而且不可能依赖理性自私的你会自愿服从或实施。任何法律都是要靠国家强制实施的，不可能把判断的自由裁量留给公民个人；否则，就和依赖小偷自愿实施刑法一样可笑。也正是在这个意义上，实证主义认为自然法学幼稚可笑。

不过笑归笑，实证法学自己的问题并没有解决。如果"恶法亦法"，法治岂不是太失败了？法律还是要有自己的道德评判，否则就走向了道德虚无主义或在权力面前的犬儒主义，只不过道德评判必须制度化，才不至于停留在理想的星空中意淫。

三、什么是真问题

　　综上，"恶法非法"和"恶法亦法"两种观点不加限定都失之偏激。符合治国常理的回答是："恶法亦法"，但必须通过制度清除"恶法"，而不是听之任之、无动于衷。所以这个设问设的是一个假问题，因为它没有问实质性的真问题，因而正确答案也不可能是二选一。"恶法非法"提出了问题，但不能回答问题；"恶法亦法"回答了问题，但是没有也不能解决问题。真问题是，法为什么会成为"恶法"？"良法""恶法"谁说了算？如何从制度上把"恶法"变成"良法"？

　　让我们来说说这些真问题。法是怎么成为恶法的？恶法之源何在？这个问题首先得问，法是谁制定出来的？这个人或这群人为什么要制定恶法？要回答这个问题，又要问"恶法"的定义是什么？前面说了，这个问题不难回答，在此不展开了。简言之，一部"良法"的必要条件是至少让多数人满意。一部法律之所以让多数人不满意，还敢怒不敢言，那一定是因为制定者不能代表多数人的利益。人都是理性自私的，统治者肯定是为了统治者自己的利益而制定法律。这一点马克思倒没说错，只不过"统治阶级"未必是资产阶级或无产阶级；要让多数人满意，多数人一定要成为终极意义的统治者。当然，让每个人参与日常立法和执法工作不现实，所以才有几年一次的选举。我选了你，你就得代表我的利益，不然下次不选你了。这样，多数人选举产生的议会代表通过的法律一般是会让多数人满意的，否则会在下次选举中被淘汰掉。换言之，只有周期性选举民主才能保证制定出来的国家法律是"良法"而非"恶法"，至少最大程度地减少"恶法"产生的可能性。

　　非民主体制则特别容易产生恶法，因为少数统治者的利益必然和多数平民百姓相冲突，而他们作为不对选民负责的统治者，掌握了立法权以及其它国家权力。少数人立法当然是为了少数人的利益，不会为了多数人的利益。因此，非民主制度是恶法的源头。不解决这个问题，"恶法非法""恶法亦法"说来说去，能有什么用？"刀制""水治"部首偏旁考证来考证去，又有什么用？有人说，秦朝是"法制"而非"法治"，因为秦朝的法对老百姓特别厉害，但那不是因为"法"有什么问题，而是因为秦朝实行的是"秦制"，秦始皇制定的法律能对你好吗？现在确实要实行"法治"，但如果仍然沿袭秦制，又能好到哪里去呢？

另外还别忘了，治国不只是立法一件事，还有执法、司法……即便法制定得不错，看上去是"良法"，但是执法、司法不力，那么"良法"也只是一个花瓶，至多无害而已。如果不解决选票问题，则不仅恶法丛生，而且良法无用。

接着讲讲操作问题。即便在一个民主国家，仍然有可能产生恶法，譬如我认为 2021 年 8 月德州议会通过的反堕胎法就是"恶法"。民主立法一般会照顾多数人利益，但未必尊重少数人权利；一旦构成"多数人暴政"，也就成了恶法。一部"恶法"制定出来，怎么办？谁来判断？自然法是完全没有可操作性的，因为除了你的"内心"之外，没有谁告诉你去哪里找"自然理性"是怎么说的。要实际操作起来，自然法——如果存在的话——必须体现在成文法律体系当中，最自然的选择就是宪法。作为基本法，宪法被普遍作为衡量法律"善""恶"的标准。事实上，早在 1803 年世界上第一个宪法判例"马伯里诉麦迪逊"，它就被美国最高法院作为"更高的法"，撤销了一部国会立法。这样，"恶法"的判断就很确定了：违反宪法的法律就是"恶法"，法院应予撤销，它对人民就不再有约束力了，"恶法非法"也就得到了落实。

当然，你还可以再问，凭什么宪法就是衡量一切的标准？作为人制定的成文法，宪法本身是不是也可能成为"恶法"？会不会一部"恶宪"反而把"良法"给否定了？这个可能性当然是存在的，但是不大。这也是一个大话题，在此先不展开了。我看到的包括中国在内的世界绝大多数国家宪法都是"良法"——未必能保证每一条都没问题，但总体上都相当完整体现了"政治自然法"。只要宪法能得到落实，就一定能取得极好的政治与社会效果。

因此，法律是"善"是"恶"，宪法说了算。光是"恶法非法""恶法亦法"翻来覆去，不仅没有任何意义，而且架空了宪法，所以宪法学者会和你急：都已经认定了"恶法非法"，剩下的都是"良法"，那还要宪法做什么？事情当然没这么简单。宪法正是来帮助我们鉴别什么是"恶法"、什么是"良法"，而一旦面对具体的法律、具体的问题，是非其实远比"恶法非法"之类的想象复杂。美国最高法院经常 5:4 判决某个法律（经常只是法律中的某个条款）合宪（"良法"）或违宪（"恶法"），判决生效后仍然社会争议巨大，可见什么是"恶法"本身绝非一目了然的事情。没有确切的标准和有效的机制，争论这样的问题纯属枉然。

判断标准和依据都明确了，最后需要确定判断主体。要落实宪法，需要建立一套司法审查制度。判断法律是否违宪就和判断行政是否违法一样，都需要独立于政府的法院。如果行政控制了法院，那么行政诉讼就不可能得到公正审理；如果法院不独立于议会，宪法诉讼就不可能受到公正审理。这个话题法律人都熟悉，无须赘述。

我要强调的是法律人往往忽视的一个问题，那就是我们太把宪法诉讼当回事，而太不把选票当回事。宪法诉讼固然重要，但绝对没有选票重要。我刚才说的两个方面——选票和诉讼，选票绝对是第一位的，诉讼是第二位和辅助性的。你可以没有诉讼，但绝对不能没有选票——没有选票，真的是一无所有；没有诉讼，则至多只是不便而已。这样的国家只是极个别，但我们都知道是有的，那就是最老牌的民主国家——大英帝国。人家根本就不制定成文宪法，司法审查自然无从谈起了。这不是一种最佳状态，就和保留君主制不是最佳选择一样，但无伤大碍。英国虽然既非十全十美，亦非最富最强，不也活得挺好吗？

转型政体的经验更说明问题。司法审查表面上是冲着"多数人的暴政"来的，实际上是政治民主的孪生兄弟：转型前的威权甚至极权体制，二者都没有；民主转型之后，二者同时出现。1990 年初的东欧转型过程证明，民主没有确立的政体，也不会有司法审查制度；即便有个别例外，司法审查也发挥不了作用。台湾是一个很典型的例子。"大法官会议"制度就写在 1946 年《中华民国宪法》中，但发挥的作用一直极有限；1987 年民主转型后，大法官会议很快成为一个高效的司法审查机构，由此可见选举民主对于司法审查的奠基性作用。我以往做宪法讲座的时候，总有听众问我：中国什么时候能建立自己的司法审查制度？我总是回答：先用好我们自己手里的选票，把直选产生的县乡两级人大代表选好再说；否则，这个问题会永远问下去，因为你期望某个不对你负责、不在乎你意见的领导层对你做好事，天下哪有"免费午餐"呢？

因此，我要修正一下刚才的说法："良法""恶法"确实是宪法说了算，但其实没有宪法也无妨；只要有货真价实的选举，议会就是一个天然的"良法生产机"，绝大多数恶法都会被自动拒之门外。假如我不得不在宪法和选举之间二选一，那我会选后者而非前者。这话当然说得过于绝对——本来就是一个"假如"而已，但是并没有说错。我们当然要宪法，但这首先是因为宪法里规定了选举；和它规定的一切其它元素如合宪性审查机制相比，选举都重要得多。选举民主是一切良法善政的发生器。有了它，虽然说不上万事大吉，但至少不会有大碍；即便产生了个别恶法，民众智慧和民主机制的完善往往足以自我纠偏。没有它，则一切归零，"良法"无用，恶法丛生。

"恶法非法"是一个伪问题，如何鉴别并制止"恶法"才是真问题。与其在伪问题上纠缠不休，不如把注意焦点集中在如何用好自己的选票、如何让选举变得更加真实、如何防止民粹主义产生"恶法"这类真问题上。

贰、法治及其动力

如果从 1979 年开始算起，中国法治改革已历四载；即便从 1999 年司法改革算起，也已有二十多年，但中国法治的局限和障碍有目共睹。二十年前，还有人自信满满地发表法官、检察官和律师的"法律共同体宣言"。2015 年"709"之后，没有谁还会认为存在这样的"共同体"。在"司法独立"已成敏感词的大环境下，法官和检察官如何可能成为推动法治的独立力量呢？推动法治的重任必然落到律师肩上。

几年前，我对中国律师群体的质量并不乐观。今天也说不上"乐观"，但真正意义的"中国律师"这个群体却是存在的，这就够了！作为一个职业群体，中国律师确实已经长大成人，而且他们不是"吓大"的。"709 事件"没有把他们打垮，反而增强了我对中国律师的信心。近年来，中国律师的数量突飞猛进，竟已达 60 万之众。这么多律师当中，维权律师只是少数，被吊照的"死磕律师"更是极少数，但这也就够了。当然，他们会不时遭遇骚扰和各种不公，但社会舆论的导向是鲜明的，多数律师的是非判断也是不含糊的。

最后，法治的前提是合理的权力结构。在大权集于中央乃至一人的极权体制下，法治当然是没有可能的。在中国传统的实权君主体制下，也不可能实现真正的法治。要实现法治，必须首先像英国那样实现最高权力的虚化，但这恰恰是中国传统和当代思维所欠缺的。这也部分解释了为什么中国法治改革这么多年来困顿难行。

中国法治四十年
——进步与局限

中国经济改革是从 1978 年开始的，但法治改革是 1979 年正式启动。总结四十年改革开放，中国法治有三大成就、一大缺憾。一是立法方面成就很大。1978 年开始改革，仅仅一年时间全国人大就颁布了《刑法》和《刑事诉讼法》。1982 年颁布了现行宪法，后来又陆续通过了《民法》和《民事诉讼法》等基本法律，填补了十年"文革"留下的法律真空。这个体系肯定有缺陷，但基本结构确已形成。"文革"的时候是"无法无天"、无法可依，现在至少有法可依了。

二是在学理方面，各部门法学研究以及知识传播也是成就巨大。随着经济改革打开国门，大量的知识、信息、观念进入中国。这个趋势从未中断，直到现在还在继续。各个领域都是如此，法学自然也不例外。八十年代的时候，各个领域的知识都相当稀缺，人们也是求书若渴；今天，各个领域都已基本完成了知识积累，市面上的外国译著即不计其数——中国应该是世界上出版翻译最勤奋的国家，人力资源也多，尽管质量高的译作不多。这些知识每年通过本科生和研究生以及各种传播渠道扩散到社会。虽然制度实践方面的问题极大制约了法学研究，但是从宪法到各部门法，中国法学界的研究水平均有极大提高，至少和发展中国家相比是不差的。法学知识积累为法治改革打下了基础，是其必要而非充分条件。

三是社会和政府的法治观念比以前成熟了许多。法官、检察官、公务员、律师等群体的法律知识都达到了相当水平，普通公民的法治观念也有很大提高。政府部门的法律知识应该是不差的，法官、检察官都是法学本科甚至研究生毕业，知识结构远比老一代完善。不过道德良知似乎不仅没有质的提高，而且"精致利己主义"成了普遍现象。如果说"文革"及其之前二十年中国人为了主义而疯狂过，疯狂过后人人都变得犬儒了。即便明知上级干预是错误的、违法的，也不会冒险抵制。重庆李庄案，主审法官是法学博士毕业，判决书洋洋大洒上万字，写得像篇学术论文，说的都是歪门邪道。司法知识水平提高很大，但是政治抗压能力一点没有长进。

值得注意的是，律师群体作为一个相对独立的职业成长起来。他们受到了良好的法律训练，一部分人受到宪政与人权思维熏陶，成为敢于依法维权、推动法治的骨干。当然，这种"独立"只是相对的——相对于记者、学者、公务员等群体。近年来，不少活跃的维权律师都在年检中遭到刁难，有的甚至被吊销执照，有的甚至因言获罪。

一大缺憾是法治的基本目标并未实现。法律有了，法律知识和法治观念也不差，但宪法和法律并没有得到有效落实。换句话说，中国法治尚未实现"知行合一"；在"知"上没有什么大问题，但是没有把"知"变成"行"。实践中，无论是法学界、法官还是普通公民，都约束不了公权滥用。这是中国法治和法学界的一个普遍苦恼，具体原因在后面解释。

改革 40 年大概可以划分成两三个阶段。第一个阶段是头十年，从 1978 年开始——或者有人认为从 1976 年"四人帮"倒台开始——到 80 年代末。以 82 宪法的颁布为标志，这是中国法治改革的一个黄金时代。为什么说它是黄金时代？因为它具备成功改革最难得的要素——既得利益也想改。通常，既得利益和社会大众的需求是冲突的，所以是改革的绊脚石。但 80 年代，当时中国的既得利益者和社会大众难得地走在了一起。这是因为既得利益者自己在文革当中深受其害，他们此时要求法治、要求立宪。

82 宪法制定在改革初期，距离 1976 年"文革"结束、1978 年改革开始没几年光景，有些方面意识还比较落后。比如当时还没有

"法治"的概念，只有"法制"。"依法治国""法治国家"要到 1999 年修宪时才写进宪法。"人权"在当时也是"资产阶级"的概念，"国家尊重和保障人权"要到 2004 年才写进宪法。82 年的时候，还没有解决要"刀制"（法制）还是要"水治"（法治）的问题。国内常见的说法是"刀制"比较厉害，公检法就是用来制你的，英语中对应着 rule by law。秦国严刑峻法，显然是"刀制"，法家也就成了极权主义祖师爷。"水治"就比较柔和，比较人性化，布尔乔亚的似水温柔，一般翻译成 rule of law。这是完全误导的。法家也许是有极权主义因素（儒家也不是没有），但刀制水治不是法决定的，法是被决定的对象。重点是治（制）谁？谁来治（制）？这是政治问题而非法律问题。我们说话经常省略主语（或宾语），这是造成误解的根源。

既得利益主导立宪，必然是这种格局。一方面，既得利益者需要一部宪法，因为它看上去比较漂亮，要民主法治、维护公民权利，等等。但另一方面，一旦真要在日常生活中实施，就要动他的奶酪、损害既得利益，他就不情愿了。所以宪法有了，但没有宪政，因为宪政不是什么高大上的东西，就是宪法的实施。这个逻辑不仅适用于宪法，也适用于一般的法律。普通立法一般在政治上不敏感，但一旦触动了某一层的利益，司法就会受到干预，法条也就变成了一种装饰。所以有法，不等于就有法治。

这导致了中国的一个普遍现象，那就是恶法实施起来雷厉风行，良法却往往落实不下去。这背后的逻辑跟"有宪法无宪政"是一样的。良法是什么？无非就是对多数人、对老百姓比较好的法。但问题是，一旦要执行，很可能会损害既得利益。反过来，恶法是什么？无非是对少数人有利，对老百姓不利的法，而执政者也都是理性人，出于自己的利益，当然会实施得很有力。比如说征地，我常用它来举例来说明，说宪法完全没有得到落实是不准确的。宪法第十条关于土地二元公有制似乎就实施得十分"到位"。政府的逻辑是，城市土地"国家所有"，农村土地"集体所有"，城市化就是要把集体土地变成国有土地，当然就需要我征地。然后发生什么，就不用多说了。宪法第 33—36 条是良法，没有得到有效落实；第 10 条是恶法，却以其表面意义在全国各地得到很有效的"落实"。

任何国家的宪法都是一个杂烩，把很多立宪者认为重要的东西放在里面，其中绝大多数是良法，但也不排除少数恶法。具体实施哪些条款，要看执政者会不会对良法选择性失明。2018 年修宪写入"合宪性审查"，是一个亮点，但是具体审查什么、落实什么？目前还不能抱太大希望。1990 年代的时候，四川、广东等地倒是有过一些乡镇长直选试验，效果很好，但是被全国人大常委会以宪法的名义叫停了——宪法规定，乡镇长一律由地方人大间接选举，怎么能直选？没有政治改革，多数人对国家宪法和大政方针没有发言权，那么不仅良法实施不了，而且恶法大行其道。这样的法治完全可以是恶法之治。我们的各级规定当中是很有些恶法的，譬如劳动教养、收容遣送、强征血拆……其中有些被废除了，但也不是中央主动废除的，而是在全国舆论的压力下废除的。

我总是跟学生讲，就"法"论法，中国古代法制和西方现代法治没什么区别。和儒、道一样，中国古代法家也是一种早熟的思想，和当代西方法学的基础是一样的，人性的基本假定都是理性自私。比较一下韩非、商鞅的代表作美国大法官霍姆斯的经典《法律的道路》，可以看到中西法家对法的看法很相似。刚才我们提到，"刀制""水治"之争是很误导的。不是因为法本身有什么"刀"和"水"之分，本质区别在法之外，在法所生存的政治土壤完全不一样。这才导致了"刀"和"水"之分。儒家经常指责法家过于严苛。为什么秦朝的法那么严酷？归根结底，那是皇帝的法，是为了皇帝和极少数既得利益者服务的法。严酷的惩罚用不到他们自己身上，而是保护了他们的既得利益。为什么民主国家的法都温柔似水？那是因为民主国家的法要用到所有人身上，统治者也不能幸免。事实上，人民就是最终意义的"统治者"。民主的法是由选民通过自己的代表制定的，最后用在自己身上，所以不可能太严酷。如果代表立法对人民太严酷，那你是找死，下次就没人选你了。

记得《盐铁论》里有很经典的儒法辩论，儒家批评法家的各种苛捐杂税。托克维尔观察了美国民主之后说，这个问题在民主国家是不存在的。那里的人民生活都很舒服，不会有苛捐杂税。道理很简单：有两个候选人，一个人承诺的税比另一个人低，而提供的公共服务都差不多，那选民肯定选前者，对不对？这就是民主，这就是"水治"。它跟法本身没有什么关系，根本在于立法者、执法者是谁？他们是怎么产生的？对谁负责？

归根结底，法治的逻辑和政治的逻辑差不多。孟老夫子两千多年前就说过，"徒法不足以自行"，我们很多人连这个认识都没达到。一说起"法"，好像法就是一个抽象的存在，自己就能"治"。法当然是一个没有生命的东西，要有生命也是人赋予的。它是人制定的，为人服务的，也是要靠人去实施的。孙中山说过，政治是"众人之事"。法治表面上看是法律人的事情，最终也是"众人之事"。你看美国独立检察官调查总统"通俄门"，川普肯定恨得牙痒痒，早就想fire 穆勒，但是不可能，连共和党大佬都警告他这种念头很危险。按理说，独立检察官是司法部长任命的，司法部长又是总统任免；他要不听话，总统可以随时让他卷铺盖走人。你可以说，美国总统之所以不敢动邪念，是因为有国会两院制衡；他要是太不像话，可以弹劾。但国会为什么要弹劾呢？现在主审弹劾的参议院多数还是共和党把持，为什么共和党不会官官相护呢？最终，还不是因为这么做会得罪选民嘛？如果在这种大是大非问题上站错对，下次落选了，还谁护谁呢？

因此，我们说"法治"的时候，是缺主语、缺主体的——谁的法治？谁要法治？谁来法治？法治的力量最终来自于人民。没有人民做后盾，光靠自由派摇旗呐喊，力量还是太薄弱了。但这也恰恰是自由派精英的一个普遍误区，因为他们不相信大众。不错，"人民"其实就是大街上那些人。他们经过几十年洗脑之后，会说蠢话、做蠢事。但是除了他们，我们还能依靠谁呢？剩下的选择就是"上面"，希望有个"明君"好好教化民众，把中国带向法治。这种境界没有超越春秋战国的水平，儒、墨、法都是同样的思维。问题是"上面"是否靠得住？如果说美国"总统是靠不住的"，为什么我们的"领导"反而就靠得住呢？如果领导不错，法治就进步；领导不行，法治就退步——这哪里是法治呢？这是标准的人治啊！不相信民众，中国法治就缺了主体，法治改革就有气无力，自由派就陷入了孤立和自相矛盾，最后走向民主和法治的对立面。

换句话说，改革开放要保是保不住的，因为 92 南巡开启的改革新秩序中没有政治改革的选项。这是改革开放的基因缺陷，导致改革自身的成果不可维持。一旦主体缺位，改革必然变质；即便改革是良性的，也是一种朝不保夕的侥幸。要想保住改革成果，必须超越改革开放——超越 92 南巡，甚至超越 78 年的原初改革设想，把人民放进来。其实，也没有听上去那么可怕，无非就是落实 82 宪法，尤其是它自己规定的"根本制度"——人大制度，让人民真正选举县乡两级人大代表。

人大没有实质进步，司法改革也难以突破，体制内的"健康力量"就靠不住了。为什么说八十年代是改革黄金时代？就是因为体制内存在大量的改革"健康力量"。1989 年之后，体制内健康力量急剧萎缩，劣币驱逐良币成为常态。从 1999 年司法改革启动、2003 年胡温新政以及温家宝对政治改革的呼吁来看，体制内健康力量也不是一点没有，但已很微弱。与此同时，社会力量因为经济改革在不断成长。尤其是互联网发展以后，民众获得了知情和发声的渠道，社会舆论对政府产生了一定压力。有时候二者结合，还是能推动一些变革，比如废除了收容遣送、劳动教养、城市拆迁条例等一些恶法。

要说法治建设的另一个节点，这次动力主要是来自公民社会的成长。2003 年的"孙志刚事件"是一个标志，代表了民间力量借助互联网如虎添翼般的兴起。孙志刚事件不是一个孤立的事件，而是形成了一个"孙志刚模式"，那就是民间通过媒体尤其是互联网激发起来的舆论压力，迫使中央政府作出一些制度性调整。佘祥林（刑讯逼供）、聂树斌（死刑冤案）、唐慧（劳教）、唐福珍（拆迁自焚）等一系列不同领域的事件，其实都是孙志刚模式的翻版。公民牺牲自己的自由乃至生命，为制度进步打开一条血路。

但不容忽视，孙志刚模式也有致命的局限性，包括维权成本高、缺乏可预测性和可复制性等。孙志刚案的结果本身就是由很多偶然因素决定的，譬如当时正好发生"非典"，而胡温刚上台，需要一个执政亮点来摆脱国际舆论压力。后来唐福珍自焚跟孙志刚事件很像，也是发生在胡温时代，但改革阻力就要大得多，最后也只是改良而非废除了拆迁体制。在决定改或不改的过程中，执政者会有很多自己的考虑。没有真正的周期性选举，执政者的逻辑和社会的逻辑与需求是两回事，没法统一起来。所以孙志刚模式只是一种朝不保夕的维权模式，绝非民主机制的替代。近几年来中国法治全面倒退，可以印证一个基本论断：没有民主，也就不可能有真正意义的法治。

中国律师已经长大成人

感谢《律师文摘》主编孙国栋组织 2015 年会，实在不容易。现在不用说组织活动，连参加活动都不太容易。前几天《炎黄春秋》也组织了一个年会，刚才国栋还说到"敏感人物"问题，能来的就不"敏感"，像卫方和我都不是"敏感人物"。但《炎黄春秋》那次年会就有人打招呼，不让去。我有点弄不懂，怎么在这儿不是，到了《炎黄春秋》就成了"敏感"？刚刚才知道这个活动已经有连续三年没让办，原来还以为是自己落下了。这样的话，我想上次活动我也参加了，而且我记得很清除，那一位著名律师"哈儿"（浦志强）也去了。但是因为众所周知的原因，今天他却来不了。

刚才茅老师提了一个很好的问题，就是这个国家哪一个职业最安全？在我脑子里浮现出来的第一个答案就是律师，律师应该是最安全的，因为律师懂法，也懂得怎么规避法，所以一般情况下，律师不会犯法。但从这两年，尤其是 709 之后的趋势看，似乎律师成了这个国家最不安全的职业。这是为什么？这个现象值得我们深思。为什么本来最安全的职业反而变成了最不安全的职业，而且为什么不安全？不是说他们真正犯了什么法，而是他们说的一些话造成不安全。这从哈尔律师那儿体现得特别清楚，发表几篇微博就可能会构成犯罪。不光是针对个别律师，而且也针对某个律师事务所，刚刚一下子起诉了好几个律师。罪名也更可怕，动不动就成了"颠覆"或"煽动颠覆"国家政权，所里一些很年轻的律师助理也遭到这么严重的罪名起诉。当然，现在没有看到起诉书，不清除具体有什么证据，但我很难想象律师有能量"颠覆国家政权"。如果说国家实践"依法治国"的话，那么律师是助手、推手而非对手，怎么会"颠覆国家政权"呢？如果也是因为他们发表的言论，或者从事一些公民本来有权利从事的活动，比如说组织一些社会抗议来推动维权，那么这么严重的罪名起诉他们，我想今天在座的各位都会有一个基本共识，那就是这种现象是极不正常的。

显然，任何公民都有言论自由，律师也不例外。任何职业都有双重或者多重身份。律师首先是公民，当然享有公民受宪法保护的言论自由。只要他们没有在言论方面违背职业伦理或超越法律边界，就不能因为他们的律师身份，或者是因为他们要利用舆论产生社会影响，用言论对他们定罪。这个问题已经是中国法律人的基本共识，毋庸赘言。

不过，虽然维权律师所面临的环境很严峻，但是我对律师作为中国法治中坚力量的前景还是非常看好。这个估计和我三年前参加这个活动的估计是很不一样的。那一次我曾经提出，如果中国有 1% 的律师是比较敢言、敢为、有担当的，也就是用后来的话说是"死磕"律师的话，那么中国的法治就有希望。现在中国有 27 万律师。如果全国上下有 2000 多名律师敢于依法"死磕"的话，那么中国法治就很有希望。当时我说这个话的时候，我的潜台词是否定的，我认为律师群体还没有能够凝聚起来这么一个临界数量。但经过这么短短几年，至少我个人的看法发生了变化。经过了这么几轮相当严厉的打压之后，维权律师群体仍然还在那儿。当然，对于这么大一个群体，不仅在中国，在任何国家，肯定都是良莠不齐的。你要找律师的毛病，可以找出一大堆。但是这改变不了一个事实，那就是律师群体是整个中国法治进步最重要、最有力的一个群体。在这个方面，我认为学者要向律师学习。我不知道中国的学者有多少，我想肯定也是数以万计的（杨玉圣后来说有 35 万之多），但是能否找出来 1% 的学者是比较敢言的？我还不敢说。但是我们看到，律师群体的 1% 已经发展起来了——具体数字不明，但是我到处都能遇到正直、勇敢的律师，在公权违法打压下相互保护、前赴后继。在公权滥用面前，他们不会轻易屈服，我认为这是中国法治的最大希望。

　　律师群体之所以能够做到这样，当然和这个职业的性质有关。并不是说我们学者的素质不如律师，而是学者还是比较依附于这个体制。我们要靠这个体制吃饭，大学是我们的饭碗。我们的新闻媒体也是这样，记者和学者都不是那么的独立。但律师是一个相对独立的自雇性群体，所以在经济上首先做到相对独立。很多的维权律师甚至"死磕律师"原来是从事民商法诉讼的，在获得经济独立以后改变了方向。看来经济确实是"基础"，经济独立为他们的法律和政治上的独立性提供了基础。这也是为什么我们一定要对剥夺和歧视律师权利的管理制度说不，尤其是那个所谓的律师分级制度，它的目的就是要把中国律师给管起来。其实，律师行业长期实施的年审制度本身就涉嫌违法，他们可能还觉得这种管理力度还不够，还要再把律师分成三六九等，分成高级律师、非高级律师。可以肯定的是，在座的大多数律师都不会被归为"高级律师"的行列。如果说他们真的要实施这个制度的话，那么没有被评上"高级律师"的在座各位一定要运用全部的法律资源，来维护你们的宪法权利。我希望就这种法治倒退的制度不会被实施，我相信即便硬要实施也不会成功。

　　最后，我希望《律师文摘》越办越好，继续成为中国法律人的共同家园，让我们大家能够聚在一起"抱团取暖"，一起度过法治的严冬。谢谢！

律协改选风波凸显选举规则倒退

2015 年 11 月 1 日，北京律师协会宪法专业委员会改选主任、副主任。这个委员会有 28 名委员，当时有近 20 名委员出席换届，其中 11 人是上一届"老委员"。由于会长会议提出的候选人既非以往的宪法委员会委员，也从来没有参加过委员会的活动，老委员们不认同主任与副主任人选，提出的自荐候选人也遭拒绝，以至集体离席表示抗议。据说剩下的几名委员仍然继续投票，主持人宣布出席的两名候选人分别当选主任、副主任。

这样的选举结果显然是不能令人信服的，因为从出席换届的委员情况来看，多数委员是反对正式候选人人选的。如果条件允许，他们可以选举自己信任的主任、副主任，至少阻止他们不信任的候选人当选。现在当选的主任不仅只获得了少数委员的支持，而且很可能是多数委员所反对的人选。然而，按照《第十届北京市律师协会专业委员会主任、副主任选举办法》，此次选举却依然是有效的！如此离奇结果，只有一个解释，那就是这个"选举办法"太离奇了！

事实上，北京律协专业委员会的选举办法并不总是这么糟糕的，第九届选举办法就相当不错。其中第九条规定，专业委员会主任和副主任的选举要求到会委员达到全体委员的一半，才能进行选举。第十条规定，委员投票既可以投赞成票，也可以投反对票，也可以另选他人。第十三条规定，候选人获得票数过半的赞成票，始得当选。第十五条还要求监票人经全体委员过半数举手表决通过后，才能开始履职。

这些规定都很符合民主选举的常识，对不对？可是，第十届选举办法却把以上几条统统删掉了。换届选举是委员会最重要的活动——没有之一，因而一般都把一半以上的委员参会作为法定要求，但是新办法却对参会人数没有任何要求。有人说，这是因为律师平日忙。如果都真的这么忙，以至主任改选都不参加，那就不适合做委员了。新办法也没有规定委员可以投反对票或另选他人，而只是说你赞成就在选票上打勾，打叉或另选他人大概就算无效票了。最后，新办法也没有规定得票超过所投票数的一半才能当选，而只要求"得票多者当选"。

照这样的规定，律师集体退场就不难理解了，因为他们表达选择的权利已经被完全剥夺，在场成了多余的陪衬。哪怕参加投票的委员当中只有正式候选人一个人投了自己的票，其余所有人都投反对票，这位"孤家寡人"也会照样"当选"，因为现行选举办法不承认"反对"是一个可能的选项！当然，集体退场也是没用的，因为即便所有人都退了，就剩下候选人自己一个人，他也可以"依法"把自己"选"上去。只不过最后难免要弱弱地问一句，按照这样的"选举办法"操作出来的结果，还是"选举"吗？

操纵选举首先从内定候选人入手，各国概莫能外。尽管中国各级各类选举（譬如人大选举）的候选人大都是内定的，毕竟还保留选举他人等选项。北京律协专业委员会的改选办法却把候选人变成律协领导的"囊中之物"，完全排除了律师的自主参与和选择，而这一办法所针对的不只是有点"敏感"的宪法委员会，而是律协属下的所有专业委员会，其对律协自治的含义不言自明。如此不合理的"选举办法"引起律师反弹，也在情理之中。

"亡羊补牢，犹未为晚。"律师集体退场反映出律协改选办法明显违背了民主原则，理性的应对之策是尽快改革现行选举办法，或在实践中延用旧的选举办法，为律师的自主选择保留一定的空间。作为民主与法治意识最强的一个群体，律师主动维护自己的自治权利是值得庆贺的可喜现象。律协本来应该是律师的朋友而非"婆婆"，没有必要人为把自己放在和律师对立的位置上，造成相互拆台、两败俱伤的结果。

浦志强案审判考验宪法承诺

2015 年 12 月，北京市第二中级法院开庭审理了备受关注的浦志强案。从浦志强被逮捕之日算起，该案已经历 18 个月之久，而起诉罪名从四个减为两个——"煽动民族仇恨"和"寻衅滋事"，起诉书所用的证据——被告发表的微博言论——则从 30 多条减为 7 条。至此，浦志强案已经完全变成一桩纯粹的言论案，而浦案判决则将向世人昭示中国宪法第 35 条规定的言论自由是否有实际意义。

起诉书称被告利用新浪微博，借云南暴力恐怖袭击事件等，先后发布多条微博，利用信息网络挑拨民族关系，引发大量网民浏览后转发和评论，破坏民族团结，并针对社会热点事件等，以侮辱性语言对相关人员申某某等人肆意辱骂，引发大量网民浏览后转发和评论，造成恶劣社会影响，由此认定被告"利用信息网络，煽动民族仇恨，情节严重"，"公然辱骂他人，情节恶劣，破坏社会秩序。"

然而，查看浦志强涉嫌上述两项罪名的 7 条（或原来的 30 余条）微博之后，不难发现这两点指控并不能成立。这些微博的每一条都是公民言论的正常表达，受 1982 年宪法第 35 条的保护。如果法院判决指控成立，将严重侵犯浦志强作为公民的言论自由。

首先，关于"寻衅滋事"罪的网络适用，我已在 2015 年第 4 期《法学》杂志上发表的"刑法适用应遵循宪法的基本精神——以'寻衅滋事'的司法解释为例"中专门阐述。2013 年 5 月 27 日，最高法院与最高检察院联合发布《关于办理寻衅滋事刑事案件适用法律若干问题的解释》。根据其第 5 条对"公共场所"的解释，我在文章中特别指出：为防止"寻衅滋事"成为"口袋罪"，应严格界定"公共场所秩序严重混乱"等法律要件。只有当言论确实严重扰乱了现实公共场所的秩序，相关行为才可能构成"寻衅滋事"；而要构成"严重混乱"，言论所产生的危害必须是清楚和即刻发生的。

换言之，要证明浦志强的微博构成《刑法》第 293 条意义上的"寻衅滋事"，必须提出充分证据表明这些微博在实体"公共场所"产生了严重混乱，譬如大量人群因为这些微博而聚集在"车站、码头、机场、医院、商场、公园、影剧院、展览会、运动场或者其他公共场所"，只有网民在网络虚拟空间的争论或围观显然是不够的。

在起诉书列出的 7 条微博中，3 条是针对"寻衅滋事"这个罪名。这些微博的主要内容是嘲讽申纪兰等公众人物，或质疑共产党的地位不可替代的说法。其中有些言论虽然尖酸辛辣，但也说不上多么激进。网络上各种观点立场五花八门，不乏比此更为激进极端的言论。如果判决浦志强的言论构成"寻衅滋事"，而对更加激进的网络言论不闻不问，无疑构成了选择性执法和公权滥用。

最根本的是，浦志强的言论或许在网上引起围观和争议，却从未在实体公共场所产生任何清楚与现存的危害，显然不构成《刑法》第 293 条意义上的"寻衅滋事"。这些微博言论或在某些人看来不当，但都属于宪法第 35 条保护范围之内，政府和法院并非公民思想与言论是否"正确"的裁判者。

其次，关于涉嫌"煽动民族仇恨"的微博列举了 4 条，其中有针对藏区寺庙"九有"、禁止穆斯林戴面纱等宗教政策，以及针对昆明暴恐事件与宗教政策之间的关联，认为"疆独"势力是有关领导在治理新疆期间的不合理宗教政策造成。这些言论也许对、也许不对，但是显然不构成"煽动民族仇恨"。

《刑法》第 249 条规定了"煽动民族仇恨"罪，"情节严重"者可被判处三年以下有期徒刑。和网络"寻衅滋事"一样，"煽动民族仇恨"罪也必须在尊重宪法言论自由的大原则之下得到解释与界定。言论自由的宪法原则要求，只有当相关言论产生严重、清楚和即刻发生的现实危险时，才能依法受到禁止或惩罚。

当然，族群问题在中国是一个"敏感"问题，但问题越是敏感，就越需要开放言论、集思广益，找到问题的症结与解决之道。也只有开放言论，让汉族和维族等少数族群畅所欲言、自由交流，才能及时发现族群政策中存在的弊端，并增进族群之间的相互了解、信任与感情，去除隔阂、误解与仇恨。因此，言论自由是防止民族仇恨的根本之道。只有当充分证据表明言论确实存在煽动不同族群之间仇恨的效果，并有攻击政府、扰乱秩序、伤害或歧视族群等付诸行动的倾向，才能被界定为构成"煽动民族仇恨"罪。

以此标准衡量，浦志强的上述微博显然不构成任何意义的"煽动民族仇恨"。恰好相反，它们是一个汉族公民对少数族群政策的难能可贵的自省与反思。浦志强的表达方式可能是比较尖锐的，但是这些微博的意思却明白无误，无非是要政府和大汉族反思当前族群政策中可能存在的失误，并及时采取有效措施加以纠正。由此可见，他的用意不是"煽动民族仇恨"，而恰恰是通过政策调整来消弭族群仇恨、增进国家团结。如果压制和惩罚这类言论，那么其结果必然是加深族群隔膜和仇恨、损害族群团结和国家统一。

综上，浦志强的言论完全处于宪法第 35 条的保护范围之内，并不构成"寻衅滋事"或"煽动民族仇恨"。如果上述任何微博侵犯了个别人的隐私或名誉，可以由当事人提出法律诉讼，由法院裁判是否构成诽谤。但是诽谤和本案提出的寻衅滋事罪无关，在一般情况下也无需政府提山公诉。宪法是国家的最高法律，法院判案首先应当以宪法为准绳，尊重宪法第 35 条规定的言论自由，依宪判决浦志强无罪并立即还其人身自由。

中共总书记习近平在上任之初即提出："宪法的生命在于实施，宪法的权威也在于实施。"浦志强案是一个标准的宪法案例，北京二中院的判决将直接检验政府依宪治国的诚信。如果尊重公民的言论自由，那么不仅被告得以获得自由，而且政府形象和法院威信也将因为尊重宪法而得到大幅度提升；反之，则宪法承诺将再次落空，法院判决将因为藐视宪法而增添一个司法污点，而政府形象也将再度受到贬损。既如此，何不将浦志强案判成一个尊重言论自由、信守宪法承诺、彰显政府诚信、提高司法权威的良好先例？

"思之精神"与律师独立人格

　　我对思之先生的第一印象是谦和。初次接触，是我 2003 年来北大之后不久的一天。当时，法学院还没盖楼，就在北大出版社五层租用了几间"黑屋子"作为教师办公室。在办公室接到一个电话，对方是一位谦和的长者，自称是"张思之"。他以极为谦逊的语气，请我给他担任编委的《炎黄春秋》杂志撰稿。

　　我对思之先生的这个印象至今没有改变，而这正是他的人格魅力所在。章诒和大姐把思之先生的特点总结为三个"漂亮"：官司打得漂亮，人的样子漂亮，文章写得漂亮。我还要再加一条，那就是思之先生的行为举止优雅，有中庸内敛的儒者之风，堪称中国律师的人格典范。思之先生不仅对自己要求很严，而且对中国律师群体的期待很高，而从我和思之先生平日的交流来看，能听出他对中国律师的发展状态并不是百分百满意。作为一位谦和的长者，他不喜欢激进张扬的个性，尤其反感整日聚酒、不思进取的风气。他眼里的理想律师应该像他自己那样，养成内敛、刚毅、谦逊、好学的君子品性。这些品性代表了"思之精神"，也是律师独立人格的基本构成。

　　在当今中国，律师自身的独立人格建构是决定法治成败的关键因素。当然，这里总有一个鸡和蛋之间的关系。如果中国的法治环境更加自由宽松，律师发展本来可以更加顺利，但是反过来，律师自身的素质也直接决定了中国法治进步。制约中国法治的瓶颈固然是其制度环境，但是这句话等于什么都没说，因为法治现状正是我们所要改变的，而改变的力量不在法，而在人。我们不能期望改变掌握司法权力的法官、检察官，只有把希望寄托在广大律师身上。中国法治进步之所以动力不足，一个重要原因是律师作为一个整体的独立人格尚有待形成，因而"思之精神"对于推动当今中国法治进步有其独特价值。

近三十年来，中国律师队伍发展十分迅猛，总的势头无疑是好的，律师已经成为推动中国法治进步的中坚力量。其实在任何法治国家，律师都是维护法治的中坚力量。走进美国的最高法院，我们都会为它的庄重高雅感到震撼，但美国的法治大厦最终是由 120 多万名律师撑起来的。虽然这么庞大的律师群体南面良莠不齐，但是作为一个整体，他们是美国独立人格的代表。中国律师数量比美国少得多，理应体现出更高的道德诉求和精英素质。如果中国律师的人格独立能够接近美国律师的水平，将会决定性地改变中国法治生态。事实上，法治环境越恶劣，社会对律师的人格要求越高。美国律师只要维持既有的法治成就，我们则还要在风险和逆境中开拓自己的法治文明。

人格独立是任何文明国家的道德基础，而人格独立的基本底线是私人"外部性"(externality)的内部化。譬如随地吐痰、乱扔垃圾都是私人的"外部性"，一个文明人首先必须控制住自己的外部性。这是适当调整群己分界的起点。为什么我们走在日本的街道上感觉特别干净舒适？显然不是日本人没有垃圾，而是他们每个人都能妥善处理好自己的垃圾，不给外部世界增添污染。为什么我们大街上的垃圾箱三步一岗、五步一哨，却仍然污秽满地呢？惟一的原因只能是我们比较欠缺独立人格，没有控制好自己的外部性，把它们毫无顾忌地扔给了外部世界，结果是让自己生活在一个相互投毒的"互害社会"。这就是一个落后民族和优秀民族之间的差别。要树立独立人格，必须从实现私人外部性的内部化做起。

我这里不说太多虚的，就从中国的餐桌文明说起，谈谈思之先生对我的启示。思之先生是一个优雅的人，而这种优雅也体现在餐桌上。我把餐桌上的"思之精神"总结为三点：戒烟、慎酒、用公筷。在这三个很小的方面，中国还需要和国际文明接轨。餐桌是中国人交流、议事、谈生意的场所，这本无可厚非，但是中国的餐桌文明实在不敢恭维。烟酒是个老问题，其对个人健康的影响不用说了。我可以劝朋友戒烟戒酒，生活方式只能由他自己选择。但是餐桌是一个准公共场所，烟酒就不是纯粹私德问题了。很长一段时间，中国朝野餐桌上劝酒之风盛行，好像不喝到伤肝的份上就不足以表示诚意，而且对方还不能不喝，否则就不够"哥儿们"。现在这种风气似乎好了点，官场高层的餐桌用酒有所"西化"，白酒相对少了。民间的劝酒也不像以前那样强行，慢慢有了"不喝的自由"。和思之先生吃饭，从来感觉不到喝酒的压力；喝多喝少，他老人家从来不在乎。律师作为中国职业精英，不妨学习日本的习惯，一开始碰一下，然后要喝就自己喝，没必要每次自己想喝都要和别人碰。另外，出于对健康和理智的考虑，烈酒还是不喝或少喝。再高档的烈酒，其本质都是纯度酒精。世界上没有一个文明国家，是泡在酒精里发达起来的。

　　和酒相比，烟的外部性更大。虽然现在连国家法律都开始室内禁烟，但法律人不遵守的也不是什么稀罕事。当然，思之先生往那里一坐，没人敢现场抽烟，但是如果没有他那样重量级的坐镇，就不好说了。遇到不太自觉的，也不管同桌其他人（尤其是通常不吸烟的女士）怎么想，三五个人说着就掏出烟，在酒桌上抽起来。别人为了不打破"和谐"的氛围，也不好说什么。但是吸烟对别人的害处，其实比在餐桌上吐痰更大。如果你不会在餐桌上吐痰，那也就不要在房间里吸烟了。如果连几步路都不肯走，宁愿让同桌的朋友强忍二次吸烟，这样的行为不够朋友吧？

　　一个普遍忽视的问题是公筷。有人也许会说，一起吃饭何必这么见外，难道是嫌别人"不干净"吗？真还别说，这确实是个问题。欧美人和日本人吃饭一般一人一份，没有这个问题，但是中国人喜欢吃桌餐。和定式相比，桌餐有其优越性，每个人可以按照自己的偏好，品尝多种菜肴。然而，如果没有公筷，每个人都用自己的筷子把盘中餐搅得乱七八糟，桌餐的优势就变成劣势了。这样不仅不文明雅观，而且也不卫生健康，因为筷子上夹带着各自的"外部性"。

人体有一种细菌叫幽门螺杆菌，就是依托唾液传播的。一旦传染上，要消灭这种细菌很费事。吃饭看似很平凡的小事，但是既不把细菌传给别人，也不接受别人的细菌，难道不是人格独立的基本要求吗？

餐桌文明当然是一个全民普遍而非律师特有的问题，但既然律师是一个社会的精英，他们应该带头移风易俗，引领社会风尚的进步。回到思之先生。我之所以借他的名头拿吃饭说事，是想让律师都以他为榜样，追求优雅的生活与行为方式。当然，思之先生也不是十全十美、不可超越。如果说他也曾有缺点的话，那就是以前爱贪杯。近几年，身体出了点状况，把酒戒了。至少在我看来，他的人生更完美了。我理解，法治环境压抑，律师之间相互打打气、解解闷、多喝几杯，纯属正常。但是对于任重道远的中国律师来说，对烟酒不能不有所克制。我们每一个律师都应该像思之那样，追求更完美、更儒雅、更负责任的人生。

让"思之精神"继续激励中国律师前行！

"思之精神"给我们留下了什么

　　那是 2003 年春天的一个下午，我正在法学院租用出版社顶层的办公室里校对《宪法学导论》的样稿；突然接到一个陌生电话，对方自称是"张思之"。当时，我刚来北京没几个月，人头还不那么熟，但"张思之"这个大名是早有所闻，律师界如雷贯耳的大"牛"嘛！但电话里的声音却一点没"牛气"，他的诚恳谦和既让我感动，又让我存疑——真的是他吗？他专门找我也不为什么大事，就是请我给他担任编委的《炎黄春秋》杂志写稿子。我孤陋寡闻，"炎黄春秋"这个名字倒是第一次听说，当时也没太上心。两年后，孙国栋主办的《律师文摘》首次开年会，思之先生再次邀我做主题发言，我才第一次见到他真人，一位温文尔雅的谦谦君子。一听那记忆犹新的谦和之声，这下没错了！

　　这是我对思之先生的第一印象，也是最后的印象。那个电话过去近二十年了，昨天听到他去世的消息，我没有悲伤。他快 95 岁了，该经历的都经历过，人生没有太多遗憾，为什么要为他悲伤呢？我想逝者也不会太在意活着的人是否悲伤，他这样的人会更在意自己能否留在活人的记忆中，并在这个意义上继续活下去——尤其是以什么样的意义活着，光荣还是耻辱。对于一个足够长的人生，问题不是什么时间画上句号，而是以什么姿态画上这个句号。此时此刻，我替他感到的更多是欣慰，甚至有点为他"鼓盆而歌"的想法。

　　坊间对思之先生的评价早已刷屏了，绝大多数都很高，要把他定格在中国"最伟大的律师"和"律师界的良心"这个高位上。我当然不反对这些评价，但谦和的他一定会在"最伟大"之前加上"迄今为止"这个限定词，因为他的后半生一直在奖掖后进，希望能培养出律师界的新锐超越自己。"良心"则要看怎么理解——思之固然是有良心的律师，或者说中国律师界仍然有像他这样有良心的律师，但良知这个东西是"代表"不了的，它是我们每个人自己的。如果我们的良心被思之"代表"了，那我们自己的良心去哪儿了？是不是因为他太有良心，我们就可以对自己有没有良心无所谓一点？中国式悼念就是一场轰轰烈烈的运动，必须备极哀荣，"谥号"越多、越大越好，否则似乎就是对逝者"不敬"。在法治倒退、法律人备受摧折的今天，似乎也大有"树典型""提士气"的必要，而思之先生显然是最适合的人选。

但我倒认为，如果评价不是认真和真实的，那反而是真正的不敬。我也担心，轰轰烈烈的悼念过后，会留下什么？就好比一年前的一场盛宴，还有谁能说出个子丑寅卯来？把思之定位于一个可望不可及的高处，对于推动中国法治事业也未必有帮助，因为那个境界的他离我们太远了；平凡的法律人会觉得此生达不到，反而容易放弃。思之先生之所以让我感动，不是他办了多少个惊天大案、取得过多么了不得的业绩和成就——他自称是"一生都没有胜诉的败者"。在一个法治不彰的环境中，真正的律师怎么可能是一个"常胜将军"呢？思之先生屡战屡败、屡败屡战，正说明他是一个明知败诉风险但仍然拒绝勾兑的大律师。他之所以让我感动，正在于他从来是一个活得很真实的人。这也是我们今天纪念他的意义所在。

一个真实的人生注定是平凡的，一个真实并知道自己平凡的人必然是谦和的——没有谁是神，每个人最知道自己几斤几两，有什么必要又怎么好意思自吹自擂呢？和思之先生相识后的十多年里，每年都会有几次活动或聚会在一起；聚一次，加深一次他留在我心中的谦和形象。这种谦和是他人生观的自然流露，不是装出来的。我屡次邀请他来北大做讲座，他屡次谢绝，称自己"不是一个有学问的人"。2013 年，终于把他请到法学院报告厅。面对数百名学生，他坦承 1947 年没考取北大，还说"中国改革我没法讲，因为我的确学习、研究不够"。有些话当然是场面上的谦辞，但思之先生的谦虚是一个见过大世面的人发自内心的表达，每一个和他打过交道的人都会感同身受。他在讲座中的那种神情、语气和自信是装不出来的，表述也和他的为人一样平实：

我们一定要有我们的使命感，但不要把这个使命感看得那样高、那样神圣；实际上就是根据我的条件、我的可能、我能达到的最高成就，尽到最大的责任——这就是我的使命。我们作为律师扎扎实实、老老实实地把案子办好，那就是完成了我们的使命。

正因为他平凡，所以他离我们很近。思之也是一个喜欢热闹的人，平时没少和律师、朋友聚会吃喝。以前也爱贪杯，后来身体出了点状况，一度把酒戒了；好像过了九十，反而随心所欲，偶尔和探望他的朋友喝上两杯。他有常人的喜怒哀乐，有常人的美德、弱点和局限；他在法庭上慷慨陈词、纵横捭阖，但平日里肯定也有过恐惧和彷徨。在我看来，思之先生最大的智慧是知道"政治红线"在哪里；他自己不碰红线，也告诫后来人别去触碰红线，但在某些"少壮派"法律人眼里，这可能就成了一种世故和懦弱。他说自己是"两头真"——前三十年认真追求过，后四十年认真反思过，可见他不是先知先觉，既没有像林昭那样早早参悟政权的本质，参悟之后也没有像林昭那样用自己的自由和生命决绝地向体制挑战。这是我们常人达不到的境界，但我还是要说，和林昭相比，思之离我们更近、更亲切、更现实。

作为后来人，我们常常会认为嘲笑父辈们知识结构不全，或讥讽爷辈们对某些错误理念浑然不觉、执迷不悟，以至于荒废了大半辈子乃至整个生命。但诚实一点说，没有谁是先知先觉；没有理由认为，我们生活在他们那个年代会比他们做得更好。我们既不要搞个人崇拜，也不要苛责前人。任何人都受制于时代局限，唯一能要求的也就是那个"真"字。哪怕不幸中了某个时代的思想流毒，误信了某种错误的理念，那也必须是真诚的，而不是说什么、做什么都"精致利己"；只有这样，之后才会有真诚的反思、悔过乃至奋发。这就是孟子说的："人恒过，然后能改；困于心，衡于虑，而后作。"

对我来说，思之的可贵之处不在于先知先觉或"杀身成仁"，而是用他自己的话说："根据我的条件、我的可能，我能达到的最高成就，尽到最大的责任。"这一点他做到了，因而此生无憾。事实上，我认为正是思之的谦和中庸与相对保守成就了他，使他能在推动中国法治的道路上行之久远，用后四十年的奋起直追弥补了被荒废的前三十年。假如他选择林昭的方式，他会"死"得很早很快；或许他也会成为律师界的楷模，但肯定不能在迅速发展壮大的中国律师群体中发挥如此活生生的影响。我更愿意看到现在这个长寿、平安、快乐、不时还有点顽皮的张思之，并相信许多人会有此同感。

在 2016 年庆祝思之九十大寿的一篇纪念文中，我把"思之精神"理解为"内敛、刚毅、谦逊、好学的君子品性"。我认为思之先生对于我们今天的意义很直白：养成良好的品性，做好自己的事情；别再无病呻吟、醉生梦死，一会儿"躺平"、一会儿"润"；和林昭那个年代相比，中国今天已不知好多少倍；今天的中国，你完全可以一边推动人权法治——当然，思之建议别太猛，一边还喝着法国红酒，而不是蹲大牢。换言之，活在当下的我们已找不到任何颓废、悲观乃至自侮的借口。当然，未必每个人都有思之先生的机会、经历和能力，但是只要像他那么实实在在地去做，我们肯定也能取得成就——虽然不一定像他那么大的成就，但至少可以和他一样此生无憾。思之先生对于中国法治的最大贡献就是在他比较长的生命旅途中，持之以恒地在做自己认为值得做的事情。他的存在意义是向我们显示，这是每个法律人都能做到，因而也应该做到的。

当然，前提是要有思之所说的"使命"感。这是今天的一个大问题：物质生活高度发达了，精神却贫乏空虚，以至于许多大学生得了抑郁症。别以为"使命"让你沉重，它更让你充实乃至幸福；责任和负担不见的总是一件坏事，一个连责任都没有的人生才是可怜和痛苦的。老一辈反而没有这个问题，思之先生无疑是一个充满使命感的人，因而一生充实快乐。他没有走林昭的路，但他把这个小他五岁的妹妹作为自己的精神榜样。他的北大讲座没有忘记林昭，也没有忘记对林昭母校的学生提出自己的期许：

　　北大的学子需要什么？时代对北大学子要求什么？目前我们处在一个教育低迷、很不景气的时代。在这个时代里，作为北大的学子最应当考虑的，我认为是恢复光荣北大的优秀传统，而不是别的。蔡元培、胡适之的北大，傅斯年、马寅初的北大，应当说是中国教育的鲜艳旗帜。1938 年至 1945 年抗战八年，在那样的艰苦环境里，北大是多么出色，留给我们丰富的遗产……那时北大真的精彩，因为北大出精神，北大出思想，北大有传统，北大育人才。北大不仅有陈独秀，还有林昭啊！五四的北大、六四的北大、红楼的北大、新青年的北大，那样的传统留给我们的财富，真的能够让几个教育官僚毁掉吗？我们能咽下这口气吗？作为北大的学子，我们要不断地思考问题，通过各种不同的方式去纠正它、扭转它。前人的经验很丰富，我没有能力做总结，但我体会最深的是六个字：独立、自由、勤奋。

　　思之没有进北大，但"独立、自由、勤奋"这六个字，他做到了。孔子的得意门生颜渊说："舜，何人也？予，何人也？有为者亦若是。"思之不是圣人完人，他有常人的缺点和局限；但这也意味着他能做到的，我们也能做到。如果我们做不到，那么当我们自己临近生命终点的时候，这个句号会怎么画？九泉之下，又有何颜面去见他老爷子？思之究竟给我们留下了什么？这是值得每一个法律人乃至每一个"有为者"思考的问题。

　　行文至此，留声机里，伯恩斯坦 1989 年圣诞在布兰登堡门前指挥的"贝九"在雨中激扬落幕，掌声四起。看着页面上思之的照片，慈祥而坚毅的眼神里似乎透着一丝暗暗的忧伤，我也莫名有点控制不住自己。怎么会这样？明明说过没有遗憾的。这样的眼神，多年前我也见过。那是和曾在北大任教的老一代宪法学家吴撷英先生的一次午餐，北大的魏定仁教授也在场。告别的时候，身体不太好的他紧握着我的手，殷切地看着我说："全靠你（们）了。"我和吴老平生只见过这一面，过后没几年他就去世了，但我一直忘不掉他看着我的那个眼神。那不只是一种期待，仿佛也是学术生涯即将落幕之前的一种托付。

看到思之的眼神，我之所以有点难过，是因为我突然意识到，他的人生毕竟也是有遗憾的。我无法全部解释自己的感觉，只知道这一部分是来自情感的共鸣。思之先生比吴老还要大十岁，但长寿如他也没有看到中国法治的到来——法治改革确实一度高歌猛进，但体制未变，一夜之间就可以走回头路，而法律人似乎无能为力。中国的体制转型是一个巨大的十字架，我们每个人只能共同扛着它前行一小段。我曾把极权大国比喻为一块巨冰，缓慢融化需要时间；在这个漫长过程中，上一代会慢慢退出生命的舞台。思之、吴老属于人生中途国运巨变的一代，他们已经基本完成了自己的使命，这个十字架越来越多地落到我们这一代的肩上——如英年早逝的蔡定剑教授所说，"宪政民主是我们这代人的使命。"我们真的能不负重托、不辱使命吗？这个眼神既让我感动，也让我感到压力。

"士不可以不弘毅，任重而道远。以仁为己任，不亦重乎？死而后已，不亦远乎？"作为同路人，思之是我们的先行者；他负重前行数十年，已经走得够远。不论多重多远，"思之精神"都是激励我们继续前行的动力。

他的眼神和声音会一直留在我的记忆里，只是希望到我自己可以卸下重任的那一天，我会以另一种心情解读那个眼神。

安息吧，大律师！中国法治的到来是谁也挡不住的！

2022 年 6 月 25 日于北大陈明楼

什么样的人生是值得过的
——追思胡育律师

西哲苏格拉底说，"未经审验的人生是不值得过的。"大千世界芸芸众生，不论是平民百姓还是达官显贵，绝大多数人都度过了令人遗憾的一生，只有少数或许极少数例外。

去年 6 月底，我参加了中国律师界最年长的张思之大律师的葬礼。今年同样时间，我参加了最年轻的胡育律师的葬礼——事实上，他是我送别的所有人中最年轻的逝者。两人去世的时间也巧合，仅差两天。思之律师差几个月即享年 95 高龄，胡育则才 45 岁。两人的寿命相差近半个世纪，却有一个共同之处，那就是他们都拥有一个值得过的人生。

我认识胡育的时间并不长。中国律师界是一个"江湖"，法律人经常聚会，之前肯定照过面，但胡育一贯为人低调、说话不多，所以没有对他留下太深刻的印象。直到 2019 年 8 月，乔治城大学组织"中国改革论坛"研讨会，邀请了国内近十位学者参加，几位律师也随同参与，其中就有胡育。看着这位面目清秀、体型偏瘦的年轻人忙前忙后，帮着会议主办方招呼各位老师，不由对他心生感激。后来接触慢慢多起来，才了解到他从列车员到法科研究生和律师的传奇人生、他通晓古今的渊博知识、他以马拉松的方式跑遍各国的丰富爱好、他夫人带着孩子在美国苦读的不易经历……当然，字如其人，还有和他一样清秀的别具一格的毛笔字。

任何了解胡育的人都会有一个印象，那就是他那股百折不挠的"拼"劲儿。他的学术成长之路已经足够说明这一点。由于家境贫寒，他不得不从铁路工人做起。到他 24 岁拿本科文凭的时候，已经开了三年火车。一边工作一边自学，27 岁才迎来了人生转折点。那一年，他终于考取了有"中国法律人摇篮"之称的西南政法大学研究生，也成了他工作的大同铁路局半个世纪以来考上研究生的第一人。30 岁毕业，他来北京当律师，总算在而立之年完成了人生转型。

到此为止，胡育的轨迹只是一个穷则思变、不断逆袭人生的励志故事。像他这样吃苦长大的"穷孩子"来到大都市，去一个大律所代理几个挣钱的案子，娶妻生子、养家糊口就挺好。但这就不是胡育了，胡育是有思想和知识追求的。他从来不高调展示自己，但这样的人内心往往坚定强大。夫子曰："刚毅、木讷，近仁。"胡育就是这样的谦谦君子。他表面上很安静，有点木讷，口才并不特别出众。他的才华更多体现在经过深思熟虑的激扬文字上。芸芸众生当中，他不会顷刻之间引人注目，但他会在不断自省之后，就像从火车司机到法学博士的人生逆袭那样，安静、踏实、一步一个脚印地追求自己心中的理想。他不只是兢兢业业地把每一个案件做好，而且确实想通过代理个案改善决定个案的司法制度。他在绝症晚期坚持完成刑法学博士论文，并翻译出版介绍英国监狱史演变的《牢影》，即足以表明自己的心志。偶尔还要协助代理个法学博士的敏感案件，或在推特上发布其他人不敢发的敏感案件信息。在中国这样的环境下，像他这么正直、实在、不善钻营的人注定是挣不了什么大钱的。

但我想强调的是，即便在这样的环境下，胡育也还是"混"得不错的。司法制度不敢恭维，但是像他这样踏踏实实凭本事吃饭的人总不至于挨饿。事实上，听说他在北京也换了更大的房子，我还坐过他开的"豪车"。我当然不是提倡今天的青年律师去追求这些东西，而只是想用胡育这个例子强调，即便像他这么不懂"混"的人都能过得不错，你还担心什么呢？只要像他这样心无旁骛地追求一个值得追求的理想，该得到的迟早都会得到，没必要太着急。在一个健康社会，人品和利益并不矛盾。中国显然不是一个完全正常的社会，但至少在小圈子里，基本是非判断还是有的。在法律圈，只要你为法治做出实实在在的贡献，中国社会是不会埋没你的。所谓"日久见人心"，胡育的诚实可靠会给他增加人脉、扩大业务，这是再自然不过的事。至少在我接触的法律人中，没有人不喜欢这么一个干净、简单、纯粹的小伙子。他大概是我周围的人群中极个别没有负面评价的人。这样简单的人生有什么不好呢？那种平日费尽心机趋利钻营的人，即便一辈子战战兢兢直到平安落地，甚至死后备极哀荣，就一定好吗？胡育英年早逝，没来得及做那么多惊天动地的大事、办那么多惊天动地的大案，但葬礼上去了那么多不同年龄、不同职业、来自不同地方的人，足见社会对其精彩人生的认可。

如果说胡育有什么缺点的话，我能想到的唯一也就是他太不会"混"、太拼命、太追求完美。他喜欢挑战极限，不仅在学历和知识上，而且也在体力上。他不仅爱好书法、篆刻，而且痴迷马拉松，而每件事情都想做到极致。我个性比较保守，喜欢顺其自然，所以对马拉松这类极限运动本能地持保留态度。我的一个偏见是，任何一种让人很累的运动都未必对健康好。更何况国内不能保证良好的空气，在空气不好的天气长跑肯定有损健康。我也和他说过这个事，但根据他的自述，马拉松似乎确实改善了他的健康状态。我不知道这和他的病因是否存在关系，但是这么紧张的工作加上这么多耗费体力的爱好，有可能成为压倒他的最后一根稻草。他说自己从初中到上研究生，几乎没有休息过一天。我想他从研究生毕业到做律师、成家立业这些年，更不可能安心休息。

说到这里，我不禁心有戚戚焉，因为我自认为和胡育是同类，也属于那种不愿意混日子的性格。想想自己这三十多年，基本上也处于这种"连轴转"状态。现在自己的同类不幸离去，我们都要引以为戒。尤其今天"内卷"厉害，青年朋友面临的心理压力确实比50后、60后大得多。但我们仍然要持守中庸、张弛有度，既不能醉生梦死、碌碌无为，也不能太拼命。胡育没能看到中国法治的明天，我们不但要替他守候到那一天，而且要替他完成未完成之事，让明天变得更好。

20 年 12 月初，栗宪庭老师邀我和胡育去他的宋庄家里吃饭。胡育开车来接我，路上他很平静地告诉我他的病情。我吃惊之余，顿生内疚。饭桌上，胡育照常谈笑风生，吃完饭后还把我送了回来。他就是这么一个内心强大的人。作为一个"比较出色的病人"，他在治疗过程中体现出的超越常人的坚强和淡定是有目共睹的。他那个时候外表症状并不明显，我感觉他确实没有把绝症放在眼里。而且也没什么选择，该来的迟早会来，担惊受怕有什么用呢？在积极治疗的同时，该做什么还得做什么。这就是我们认识的胡育，他就是这么做的——把人生该做的事做完，至少告一段落，剩下的交给天命，所谓"尽人事，听天命"，居易俟命、不留遗憾。

我当时也希望他的坚强刚毅能战胜病魔，但现实又提醒我这种病凶多吉少。我对他的治疗无能为力，只能给他留点什么，哪怕是只给我留下点个人记忆。21 年夏，香港城大要出版三卷本《宪政中国——北大演讲录》。我请胡育封面题字，他可能正在住院治疗，一时没有回复。我不好打扰，又请栗老题字，栗老很快发来了方正遒劲的四个大字。但过了几天，胡育把他的字也发来了。我只好向栗老表示歉意，用了胡育的字，相信今后会有适当机会用栗老的字。今天每每拿起装帧大气的三卷本，看到封面上四个清秀、从容而尽显自信的字，心里不免掠过一丝欣慰。我相信，这四个字表达了胡育和我们的共同理想。

胡育的英年早逝固然令人扼腕痛惜，但这个遗憾更多属于我们活着的人，是我们失去了一个纯粹、正直、永远向上、自强不息的鲜活生命。至于胡育本人，我认为并没有太多遗憾。夫子云，"朝闻道，夕死可矣。"胡育至少从读研开始就想明白了世上许多事，此后一直在追求一个值得追求的目标、践行一个值得践行的理想。这样的人在这个国家实在太少了。这样的人生即便没有什么成就，也是值得过的，何况胡育生前所取得的成就是许多人即便多活三五十年也不会取得的，因为他很幸运，他有绝大多数人所没有的志向、毅力和单纯。

　　在这个意义上，思之律师无疑可以用"享年"二字，但胡育也完全可以用这两个字。他的人生虽然短暂，却同样是精彩、励志、有意义因而值得过的。我只是希望，他在天堂不用再那么拼命，悠哉一点，快乐奔跑。

法律人的道义责任
——追忆江平先生

大概是 2016 年某一天，耶鲁大学中国法中心主任葛维宝教授访问北大期间，特地要我代他向一位"巨人"(giant)转达问候。他说了不止一次："他是一位如此高大的巨人！"

江老师个头不算大，但他就是那位"巨人"。江老师去世，悼念的声浪经久不息。对他的人格魅力和学术影响的赞美铺天盖地，已无需多说。这种现象似乎只有在国家主要领导人去世时才会出现，所不同的是，这次人们的赞美是真诚的、发自内心的。

毋庸置疑，江老师获得了体制内和体制外人士的一致高度评价。这在当代几乎是绝无仅有的。我想体制内的人尊敬他，不只是因为他曾经在全国人大立法部门担任领导，主持过重大法律的起草工作，而且也因为他们确实敬佩江老师的高大人格。虽然他们自己达不到他的高度，但也不免被他的人格感召力所感染。

广义的"体制外"（不在体制内担任领导职务）人士尊敬他，首先因为他是"法大永远的校长"。他在三十四年前那个夏天的所作所为已经证明了一切。即便之后什么都不做，也足以让他进入"中国最伟大的校长"之列。他显然不只是法大的校长，而是为这个国家所有大学的校长树立了一个坚守道义底线的楷模。"以道事君，不可则止。"江前校长以行动实践了这条儒家底线原则。在以往，这也许未必是惊天动地的壮举，但近几十年来，迄今为止还没有一个校长能像他这样做到这一点。

我天性闭塞，很晚才认识江老师。大约 2005 年的一天，我去参加一个法学研讨会。到得晚了，坐在后排听江老师演讲。中气十足的演讲完毕，江老师意犹未尽地走下讲台。我匆忙和他打了个招呼，简单寒暄了几句。他那个时候已经七十好几，但走路的姿态可以用"风风火火"来形容，有一股所向披靡、万夫不当的气势，完全看不出一个老人的样子，更不用说还装着假肢呢——即便在前几个月为他祝寿的午宴上，我都没想起他的一条腿不方便；即便他去世之后，和他很近的学生们还在争论义肢是装在左腿还是右腿上！他从来是这么一位精神饱满而又风度优雅的儒者。

初识江老师，能感觉到他自然流露着孟子所说的"浩然之气"。坐在那里，身上更有一股"温而厉""不怒而威"的夫子之风。有一幅油画把他画得比较威严，但我倒不认为它全面体现了江老师的个性。一旦接近他，便很快发现他其实是很随和的，而且极具包容心、同情心。甚至偶尔会看到对江老师的个别非议，大意是他终究是一个"体制内"的人，对体制过于"温柔"，没有充分用自己的影响力对一些倒行逆施大声疾呼——尽管他不止一本书的书名就有"呐喊"二字。每个人都有自己的风格，这没法强人所难，江老师就不是一个动辄声色俱厉的人。他温和的一面使这个体制没有把他定位于"对立面"，但实际上他自己也一直被死死"盯着"，以至于哪怕为他组织一次生日聚会都越来越难。

我知道江老师特别忙，平时不忍叨扰他。但偶尔为情势所逼，不得不叨扰的时候还是一定会叨扰的，而每一次江老师都义无反顾地给予宝贵支援。2016 年，维权人士郭飞雄因抗议不公待遇，在狱中长时间绝食，身体状况急剧恶化。因为这件事已造成很大的国际影响，当时双方都有点下不了台。解铃还须系铃人，走出困局的关键在于监狱管理部门改变做法。我带着声援信，和另一位法律人登门拜访江老师，解释了体制内学者支持民间力量的必要性。江老师二话没说，立即同意联名支持。加上其他几位老先生和中年学者加持，这封信很快就发挥了作用。这只是江老师作为体制内学者为民间呐喊的一个例子。

江老师的逝去使得中国体制内外断了一根关键的纽带。集体制内外的荣誉于一身，他曾让中国看到改良的希望。近年来，这种希望越来越渺茫了。疫情前有一次聚会的时候，面对每况愈下的法治状况，他自己有点黯然地说：我们这代人是看不到这一天了。我相信，江老师这么说的时候，心里一定是不服的，但不可否认的是，像他这样的改革资源今后只会越来越稀缺。对于改良最重要的是，体制内需要有人像他这样心怀体制外的事；这样，体制外的人才能在不满的同时基本认可这个体制——至少体制内的某些人，至少对这个体制心存希望，内外产生的合力共同推动体制向前走。如果随着江老师这样有风骨、有底线的一代"君子"慢慢逝去，这个体制尽剩下一群只会趋炎附势、溜须拍马的"小人"，中国的法治改革何以为继呢？

当然，我不想以悲观的基调结束这篇追忆，这样无疑会辜负江老师对法律人的期待。每一代人都有自己的使命。江老师那代人已经为改革开放年代亟需的立法、法治以及法治教育做出了开创性贡献。其实假如当年按照他那代人的相对沉稳与保守的改革思路走下来，中国法治之路本来会更平顺一些。但历史没有假设，不论是否期待，"谁来推动法治"这个问题早已摆在我们面前，而这个问题的答案实际上超越了法治的范围。英年早逝的法大教授蔡定剑说过一句名言："宪政民主是我们这一代人的使命。"看来，历史还得再给一次机会，中国法治要向前走，我们还得把当年没走对的路走对了。

我相信，中国法治的前途是光明的，但道路必然是艰难曲折的，持之以恒地走下去需要江老师的大智大勇。他是每一个中国法律人的榜样。我们需要像他这样，不曲学阿世、不媚上欺下、不愤世嫉俗、不怨天尤人，立天下正位，行法治大道，守道义底线，"只向真理低头。"我也相信，江老师对中国法治和法律人是有信心的。他的精神将永远伴随我们，激励后学前行。

2011 年 5 月 23 日，北大法学院凯原楼开张不久，即迎来了它的高光时刻。那天晚上，江老师作为燕大校友做了题为"中国法治的困境与突破"的讲座，梁治平、贺卫方评论。讲座自然座无虚席，精彩纷呈。我把讲座结束后学生提问的最后一个专门给江老师的问题和他的解答留给大家，以此和大家共勉：

　　学生：江老师，你的中国梦是"法治天下"。我正是看到您的榜样，才坚定了自己的理想。但现在法律人陷入一种困境，法律和利益越来越挂钩，很多法律人的初衷好像不再纯粹了，律师有陷入刑事追责的陷阱等。总之，法治梦很可能丢失。您觉得年轻一代的法律人要如何继承您的中国梦？该怎么做？

　　江老师：我很无奈，无奈的情况下就是多呐喊一点吧。我最近两本书都带有呐喊的意思，一个是《我做的只能是呐喊》，还有一个我自己整理的学术论文集，叫《私法的呐喊》。我觉得法律人的初衷已经不能够很纯粹。这个应该这么说，因为法律并不是抽象的东西，法律既是谋生的工具，也是治国的工具。你谋生还是第一位的。但不能够为了谋生而忽视了法治的理念，这个是最重要的。有的人从事法律工作，但以逃避法律、规避法律为目的，这个是很可怕的。律师如果走到这一步尤其可怕。所以我是特别劝在座的诸位，不要忘了法律和医学是最古老的两门科学，一个是自然科学，一个是社会科学，但是这两个科学都要求一个人的道德情操必须特别高。因为最精通医术的医生有可能成为一个最会杀人的罪犯，因为他最懂得想法子杀死一个人而不被察觉。法律也是这样。如果用法律亵渎法律，那是很危险的。在这个意义上来说，我们要注意法律人的道义责任。

如何规范律师

2016年10月，司法部修改《律师事务所管理办法》，其中第50条要求律所"不得放任、纵容本所律师"从事六个方面的活动，不仅禁止律师违反法庭规则、扰乱法庭秩序，而且禁止律师对自己的案件发表某些社会评论，或通过媒体或当事人对法庭施加压力。新办法未经征求意见、突然公布后，引起了律师界较大反弹，部分律师要求审查新办法的合法性乃至合宪性。

在部门立法上，中国离法治国家的标准有较大差距。首先，法治国家的行政部门一般不能自行立法，而是需要议会的法律授权，且行政立法不得超越议会法律授权范围。其次，行政立法必须通过严格的公开听证程序广泛征求民意。最后，行政立法的合法性受到比较有效的司法控制，而不是由行政部门自己说了算。

迄今为止，中国在上述三个方面都存在一定欠缺。首先，除了《立法法》第八条明确规定的事项外，行政立法无需人大法律的先行授权。虽然《立法法》第65条要求"国务院根据宪法和法律，制定行政法规"，但是宪法第89条赋予国务院的权限如此宽泛，以至一般认为它享有相当独立的立法权。只要行政立法不抵触宪法、法律等上位法的相关规定，即被认为合法有效。其次，法律和行政法规并未明确规定行政立法程序，致使司法部得以在社会完全不知情的情况下，以"突然袭击"的方式颁布律所新规。最后，法院无权审查行政法规和规章的合法性，至多只能在"参照"（而非严格"依据"）规章等不明缝隙中悄悄打点"擦边球"。新修订的《行政诉讼法》允许法院对规章以下的规范性文件进行附带审查，但是对于规章级别的律所新规亦无可奈何。

即便如此，律所新规在程序上仍然是存在问题的。虽然中国的部门立法一般无需人大法律授权，但是《立法法》第八条对某些重要事项规定了中央立法集权，其中最相关的一条是"对公民政治权利的剥夺、限制人身自由的强制措施和处罚"。这样的立法必须先由全国人大或常委会授权，国务院才能制定行政法规，而第九条进一步排除了国务院在没有人大授权下先行立法的可能性。虽然《立法法》在实际操作过程中并不好用，但先前的收容遣送和劳教制度都是以违反其对"限制人身自由"的人大立法保留而废除的。律所新规第 50 条显然涉及多项"公民政治权利"，因为中国法意义上的"政治权利"不仅包括宪法第 34 条规定的选举权和被选举权，而且也包括第 35 条规定的言论、出版、集会、结社等基本自由。当然，第八条的原意可能是禁止行政立法规定剥夺政治权利的罪名，但其尊重政治权利的立法精神是显而易见的。我们是否应该在全国人大及其常委会没有授权乃至任何讨论的情况下，就允许国务院甚至其中的某个部门不征求任何民意而限制公民最基本的自由呢？

尽管《立法法》没有明确规定部门立法程序，但是第 67 条规定了国务院制定行政法规的程序："行政法规在起草过程中，应当广泛听取有关机关、组织、人民代表大会代表和社会公众的意见……行政法规草案应当向社会公布，征求意见。"这里的"起草"和"草案"应当不仅适用于法规制定，而且也适用于法规修订。否则，精心制作了一部体现广大民意的法规，却可以事后草草修改，塞进许多违背民意的恶规，那么第 67 条规定的程序又有何意义呢？如果律所管理办法是国务院颁布的行政法规，那么如此修订肯定违反《立法法》的程序要求。司法部是国务院下属的一个部门，难道不应该在立法过程中比照自己的上级机构必须遵循的民主程序吗？否则，国务院岂不可以通过不作为规避《立法法》第 67 条要求的程序，自己不立法，让各部委内部悄悄通过各种不征求民意的恶法？值得注意的是，程序越不公开透明，就越可能立恶法，不然为什么害怕民意呢？

更重要的是，《立法法》第 80 条明确规定了部门规章的立法权

限：国务院各部委

可以根据法律和国务院的行政法规、决定、命令，在本部门的权限范围内，制定规章。部门规章规定的事项应当属于执行法律或者国务院的行政法规、决定、命令的事项。没有法律或者国务院的行政法规、决定、命令的依据，部门规章不得设定减损公民、法人和其他组织权利或者增加其义务的规范，不得增加本部门的权力或者减少本部门的法定职责。

事实上，这一条可被理解为要求部门规章获得上位法授权，因而无权自行变更公民或法人的权利和义务。司法部的律所新规显然违背了这一禁令，因为其所依据的《律师法》并没有赋予律师事务所管制律师的任何权力和义务。在此前，律所和律师是地位平等的民事主体，根据民法上的自由自愿原则结合到一起；如果律师违背基本操守，或不能带来所约定的效益，或甚至律所反对律师的某些行为方式，二者当然可以按照自愿签订的合同解散关系。现在，律所却成了律师的"婆婆"；如果律师发表或做出新规第 50 条禁止的言行，律所就有义务对其进行制裁，否则就要面临自己违规受罚的风险。这是对律所和律师关系的重大变更，而司法部在没有《律师法》授权的情况下是无权做出的。

在实体上，新规第 50 条显然涉嫌违反宪法第 35 条规定的言论自由。在法庭之外，律师就是公民，享有一般公民所享有的基本权利，包括对自己的案件以及法官或检察官的作为进行评论。在法治国家，律师往往是批评公权最激烈的人群，因而也成为推动与守护法治最重要的力量。当然，言论自由不是无限的，律师言行也不得超越法律设定的边界。虽然法律也可能违宪，但一般来说，由民主立法程序通过的法律问题不大，中国人大制定的法律也不例外。譬如，如果真要按照《集会游行示威法》来做，律师也可以申请有关部门批准当事人在政府门前聚集喊冤的权利。如果不会实质性扰乱政府正常工作或社会秩序，当事人的集会要求即应得到批准。当然，在现实中，这类申请的结果只能是"你懂的"。在这种情况下，恐怕不能简单地将当事人或访民的聚集等同于"扰乱公共秩序、危害公共安全""聚众滋事"。即便某些言行可能对法院等政府部门产生了一定压力，但是只要它们没有枉法裁判，又有什么可怕的呢？

在法庭之内，律师当然需要尊重法庭秩序，因而其言行可以受到适当限制。律师确实应当尊重法官、检察官，但尊重是相互的，获得尊重的前提是遵守法律底线。毋庸讳言的是，中国法治仍处在相对较低的水平上，一个集中体现就是司法不够独立，很容易受到党政影响，而部分法官、检察官"积极配合"，不能坚守正义的基本底线。在这种情况下，律师"死磕"、通过退庭等方式表示抗议乃至表演某种"行为艺术"，都是维护而非破坏法治的努力，这样的律师理应受到嘉奖而非处罚。没有律师的抗争，公权枉法就会更加肆无忌惮。在成熟的法治国家，这一切当然都无需发生；只要律师依法力辩，独立的法院自然会作出公正判决，而中国的情况往往不是这么简单。但是现在却偏偏有那么一票人，在纵容公权滥用时高唱"中国特色"，在限制公民自由的时候又开始套用西方标准：你看美国法庭上律师多么温文尔雅，对法官稍有不逊就可构成"藐视法庭罪"……这样的规定搬到中国，只能进一步纵容法庭藐视法律。

退一万步讲，即便律师行为触碰了法律底线，现行法律就已经够用了，完全用不着某个政府部门再出台一个实体和程序上都有诸多疑点的规定，用边界不明、弹性极大的"松紧带"捆住律师和律所的手脚。这样做不是在维护法治，而是在破坏法治。最根本的，守护法治的力量不只是法官，也不只是律师，而是这个国家的人民。其实，要解决法官、检察官和律师之间的冲突并不难，只要依据现行法律公开审判即可。公开一切可以依法公开的证据，公开律师的辩护词、检察官的起诉书、法官的判决书，让人民自由地旁听、观摩、议论他们感兴趣的案件，是非自然就有公断。如果律师做得不对，那么他们自然会失去同行的尊重和职业的市场。

公道自在人心，法治是不可能在压制律师自由的环境中长大的。

请尊重律师的执业权利，别让冤案泛滥成灾

"李金星真是个难得的好律师。这些年帮了很多很多无助的蒙冤之人，有的已经平冤了，有的正在进行中。他努力推动的洗冤计划，老百姓当然喜闻乐见，但当政者却可能认为这是在与他们争民心，害怕出现平民英雄，从而把他当成'挑头扛旗'的人了。"

这是律师周泽对律师李金星（网名"伍雷"）的评价，许多律师同行都发表过类似的评价。这些年来，李金星律师深度参与辩护的案件既有聂树斌、念斌、陈满、金洪哲、陈国清、陈夏影、李淑莲这样耳熟能详的普通老百姓的冤案，也有像张大庆这样的蒙冤法官、陈建湘这样罹患精神疾病的国保警察，还有黎庆洪、杨炳文、谢留卿、姜玉东这样的企业家，甚至包括像安邦吴小晖这样的顶级工商阶层人士。虽然他本人很低调，但是在律师界却有帮助平反冤假错案"第一人"之称。和其他维权律师一样，近几年"伍雷"一直是有关部门重点"关注"的人物，步履艰难地履行着维权律师的职责。在各地"挑头扛旗"的律师被屡屡吊销执照的今天，李金星的命运是一个风向标。

然而，帮人平冤的律师似乎这次自己要蒙冤了。2019 年 8 月，山东省司法厅对李金星下达了行政处罚听证告知书，要吊销他的律师执照。之前，济南司法局曾对他作出过停业 1 年的处罚。上诉省司法厅后，逾期没有答复，法院已判决其违法不作为。第一次处罚的合法性尚且存疑，而司法厅正是违法拒绝审理复议的主体，但这个不作为主体却以李金星两年内再次违反《律师法》为由，下达了吊销执照的处罚。这样的处罚显然欠缺程序公正。正当程序应该是司法厅首先审理第一次处罚的合法性与合理性，只有确认之后才能下达第二次处罚。

　　当然，更严重的是处罚在实体上侵犯了律师的宪法与法律权利。律师靠执业谋生，吊销律师执照好比吊销驾驶员的驾照，是对律师最严厉的处罚，必然会对其一生造成重大影响并对个人和家庭生存带来困难。按《律师法》第 49 条规定，只有违法"情节严重的"，才能由省司法行政部门吊销其律师执照，但是对什么构成"情节严重"语焉不详。对此，司法部 2008 年制定、2016 年修改的《律师执业管理办法》有所补充。其第 38 条规定："律师应当依照法定程序履行职责，不得以下列不正当方式影响依法办理案件……（三）以串联组团、联署签名、发表公开信、组织网上聚集、声援等方式或者借个案研讨之名，制造舆论压力，攻击、诋毁司法机关和司法制度。"第 40 条还规定："律师对案件公开发表言论，应当依法、客观、公正、审慎，……不得利用网络、媒体挑动对党和政府的不满。"

　　山东省司法厅就是依据上述规定，认定"伍雷"发布的 6 条微博和微信构成了"情节严重"，主要有以下几条。2017 年 5 月 15 日，微博"伍雷去夹边沟"发布了"给山东省委书记写信后果很严重吗"一文，叙述了山东烟台访民李淑莲因上访长期遭非法拘禁并被殴打致死，冤死八年而无人过问，龙口区法庭拒不开庭，于是受害人女儿向新任山东省委书记写了一封语词恳切的公开信，包括李金星在内的多名律师参与联署。2018 年 5 月 18 日，"伍雷伸冤"发布了"福州第二看守所，律师变成猪坚强！"的微博，以图文表达律师会见权得不到落实的愤懑，但并没有攻击具体机构或个人。"伍雷"在"无辜者计划"微信群发布"欢迎广为转发：伍雷为全中国刑辩律师荣誉而战"，对福建福清公安针对律师的言论表示不满，并承诺代理福建的重大冤假错案。2019 年 1 月 14 日，李金星就精神病患者警察陈建湘开枪杀人案给最高法院院长写信，并用微博发布了"关于恳请最高法院刀下留人的紧急呼吁"。

　　我浏览了上面几条微博或微信，发现全部都是措辞温和的法言法语，没有任何人身攻击或哪怕是愤激之词。李金星呼吁最高法院院长"刀下留人"的公开信言辞恳切而感人，完全不像一个"死磕律师"平时的表达。如果让我写信给这个复核过贾敬龙死刑的最高法院和这位公开表态向司法独立"亮剑"的院长，很难想象自己的措辞也能像他那么温和。"无辜者计划"那条微信或有为自己做广告、揽生意之嫌，但这对于一位一线律师来说很正常，完全没有触碰任何法律底线。"伍雷伸冤"的那条微博可能因屡次见不到当事人而言辞稍微激烈，但也是以自嘲的方式为主，完全谈不上"挑动对党和政府的不满"。众所周知，虽然《律师法》规定了律师的会见权，但现实中律师会见权基本上得不到保障，看守所拒绝律师会见是家常便饭，而且十分任性。遇到这种情况，抗议相关部门的违法行为不只是律师的权利，而且是一位负责任律师应尽的义务。

言论自由不仅是律师和其他公民共享的宪法基本权利，而且对于律师履行本职工作而言必不可少。在一个司法不独立、公权很任意、律师会见权和辩护权得不到应有尊重的体制下，律师的言论自由尤其重要，否则就无法让冤假错案得到社会重视并在舆论压力下得到调查和纠正。大量冤案都是在盖子被揭开之后才得到查处和纠正的，其中包括李金星亲身参与的不少案件。如果律师的言论自由得不到基本保障，发表言论会面临处罚甚至吊照的威胁，那么许多冤假错案就得不到披露和纠正。当然，律师言论要遵守法律底线，不得泄露国家秘密、商业秘密或个人隐私等法律禁止公开的案件信息，也不得构成诽谤、侮辱或人身攻击，但这些底线是法律明确规定的。除此之外，律师发表言论并不因为其律师身份而比普通公民承担更多的法律义务。

尤其需要强调的是，行政部门无权通过制定法规或规章限制律师的言论自由。众所周知，言论自由是现行宪法第 35 条规定的公民基本权利；连全国人大或常委会制定的法律都不得侵犯这项权利，更不用说行政法规或部门规章。《立法法》第 8 条规定了全国人大或常委会的立法保留事项，其中包括对人身自由的强制性限制，而言论自由的宪法重要性显然一点不亚于人身自由。由此可见，即便要限制律师的言论自由，也必须经过全国人大或常委会制定的法律；任何部门规章都无权自行限制言论自由。司法部的《律师执业管理办法》第 38、40 条等规定明显限制了律师的言论自由，而这些限制是《律师法》中没有的，完全没有《律师法》或其它任何法律的明确授权，因而应当被认定为违法无效。

仅看这两条规定，即发现违宪违法疑点多多。第 38 条将"串联组团、联署签名、发表公开信、组织网上聚集、声援"乃至"个案研讨"都作为"不正当方式影响依法办理案件"。难道律师为了探讨个案法理并提高办案质量，邀请专家开个研讨会都不行吗？为什么律师联署、发公开信或网上声援一定会对办理案件产生"不正当"影响呢？如果访民李淑莲冤情属实，而山东有关部门出于显而易见的原因而拒不受理，律师联名公开信不正是解决冤假错案的最有效方式之一吗？律师发声的初衷和效果都是产生一定的社会影响，这是否就构成"制造舆论压力"？既然司法部门应当独立判案，现实当中要不是党政干预，司法其实并不在意汹涌民意，那为什么要害怕"舆论压力"呢？如何界定"攻击、诋毁司法机关和司法制度"或"利用网络、媒体挑动对党和政府的不满"？批评政法部门制造冤假错案、侵犯当事人和律师的基本权利或对平反不作为本是律师天职，如何防止对正常批评心怀不满的政法部门滥用此类部门规定，对敢言律师进行打击报复？

应当承认，在诸多方面仍不尽如人意的法治环境下，中国律师的权利保障对于防止和纠正冤案极为重要。但近年来，律师执业环境不断恶化，律师权利屡遭侵犯，竟然到了司法行政部门可以为区区几条微信微博就吊销律师执照的地步。这不仅是对律师权利的公然侵犯，而且也是制造大规模冤假错案的制度温床。若干年后，我们又会不得不回头纠正当前正在制造的冤案，而其中许多案件对当事人和社会造成的恶果早已不可挽回了。

即便不是为了律师本人，而只是为了减少一些冤案和将来可能的问责，请有关部门尊重李金星律师的执业权利，并停止适用侵犯律师言论自由等基本权利的违法部门规定。

如何防止警察性骚扰

2018 年夏，中国的"米兔运动"轰轰烈烈突然降临，不少"公知"大 V 和公益人士卷涉其中，公知圈内也对运动的方式和效果产生了激烈争议乃至撕裂。当时忽视的一个普遍问题是公权力的性骚扰。和警察等公权力相比，公知圈或公益圈的权力资源即便有，也十分有限。受害者尚可能实现私力自救，或诉诸网络舆论使侵害人声名扫地。然而，公权力的性骚扰就远没有那么简单了，因为权力关系的失衡被放大了许多倍。在职场内部，上级通过巨大的权力资源得以对其下属维持不正当性关系，即便下属不愿意也慑于其掌握的公权力资源而无可奈何；在监狱、看守所甚至一般公众场合，警察等一线政府工作人员则可能依仗手中掌握的强制权力，对普通平民实施性骚扰。2018 年发生在广州的一起警察针对女律师的恶性侮辱，即为其中的一个恶例。

9 月 20 日，广州律师孙世华女士接到通知前往荔湾公安分局的华林街派出所，办理一家老上访户的取保候审。当她要求主办案件的陈姓警员提供姓名警号时，陈警员用力将工作证甩向孙律师。后者本能地用手遮挡，竟立即被指控为"袭警"！随后遭到暴力围殴、掐脖，并以查验身上是否藏有"凶器"为由被强令脱衣搜身，致使其精神遭受严重伤害。事后看，针对孙律师的暴力侮辱很可能是事先设好的一个"局"，或许是要警告她不要代理老上访户等"敏感"案件，或许是报复她自己的"敏感"家庭背景——她丈夫是隋牧青，刚刚被广东司法厅吊销律师执照的知名维权律师。具体出于什么动机，局外人不得而知，但不论是哪种动机，针对孙律师的暴力侮辱显然是严重的公权滥用，不仅和正当合法的警察职能风马牛不相及，而且涉事警察个人已经触犯刑法。

　　事实上，广州警察针对女律师的侮辱已经不是普通的性骚扰，而是已经构成"强制猥亵"或以暴力胁迫"侮辱妇女"的犯罪。刑法第 237 条规定："以暴力、胁迫或者其他方法强制猥亵他人或者侮辱妇女的，处五年以下有期徒刑或者拘役。"这一条很适合对孙律师实施恶性侮辱的警察，其"暴力""胁迫""强制"等方式显然存在。就在这起事件当中，受到强制猥亵或侮辱的女性即不止孙律师一人，而是还有 2 名女上访人，其中一人因为用手机拍摄了现场视频而被强令脱衣搜身。可见某些警察对于玩弄公权、胁迫侮辱妇女已经习以为常。

　　由于公权力未能得到法律的有效约束，警察侵犯上访人、维权律师的基本权利等恶性事件屡见不鲜，其中对于女性的侵犯性质尤其恶劣。如何防止这个特定场景下的公权滥用？这是一个老话题，我也没有什么良方。唯一的办法就是让受害人像孙律师那样，勇敢地站出来揭露公权滥用的恶劣行径并追讨他们的法律责任。即便不能将恶警绳之以法，也要让他们声名扫地。我也希望"米兔"和女权运动的倡导者不只是满足于公益公知圈内的风花雪月，而是更多关注被公权力粗暴侮辱和骚扰的女性。

广州，请带头回归法治文明的底线

在我走过的有限的大江南北中，广州是我最喜欢的一座城市。除了天气炎热，这座城市几乎没有什么缺点。我喜欢它，主要是因为广州人的开放、务实、温和而充满活力，而这些优点归根结底是四十年改革给广东带来的。作为改革开放最早的桥头堡，这里成了中国最自由也最文明的地方。开放带来自由，自由让人平等相处、通情达理，而不会像传统计划经济的命令—服从模式那样让人变得蛮不讲理。慢慢地，人们会更习惯用情理和法律，而不是权力和关系去解决自己的问题，而公权力在相对发达的市民社会面前也会显得相对谦卑与克制。这就是我对广州的良好印象。

当然，一个自由的城市注定少不了是非，这本是十分正常的。2003 年春夏之交源于南方的"非典"，很可能是"吃出来的病"，但也正是当地的《南方都市报》首先揭开了"非典"的盖子；与此同时的"孙志刚事件"正发生在广州，也是南都报一篇"一位公民的非正常死亡"捅出了事件的真相。报社领导后来为良知和勇气付出了代价，但这并未对充满活力的"南方系"产生"寒蝉效应"。此后十余年，它是广州最大的"正资产"。"孙志刚事件"发生在广州，却并非广州之耻；悲剧哪里都有，但只有一个自由的城市才有足够的自我纠错能力，让悲剧不再重演。事件过后，人们并没有纠结于孙志刚之死是因为警察扣押了一位在广州合法暂住的大学生这样的细节，而是聚焦于遍布全国的收容遣送的制度之恶，并盛赞南方报系的报道不仅让类似的悲剧不在故地重演，而且帮助全国终结了一项施行多年的恶政，"孙志刚事件"也成了公民推动制度进步的一个里程碑。因为自由，广州变得更文明了。记得多年前还在辩论

"广州模式"和"重庆模式"的时候，我毫不犹豫地站在了广州这一边。

　　然而，时过境迁。近年来，广州似乎变得不那么自由，也不那么文明了。先是女律师孙世华披露，自己遭到了荔湾区警察强令脱衣检查的羞辱。虽然律师和警察各执一词，但是警方不仅一直拒绝公布事发当时的视频录像，而且还拘捕了当时在场的数位目击证人，不免让人心生狐疑。如果错在律师，为什么不公布视频呢？重庆大巴坠江事故发生后，曾有报道说大巴是为了躲避迎面而来的逆行小轿车，但是短短十几秒的视频公布，什么都清楚了。公布律师和警察交涉过程的视频有那么难吗？如果错在警察，证据"不便"公布，那么荔湾区警察的这一行为无疑是极不文明的。而在尚未证明自身行为合法性的情况下，荔湾区公安局又拟对孙律师下达处罚通知。

　　2018 年 11 月，又有"寻月小组"发布寻人启示称，北大毕业生岳昕和北医大毕业生顾佳悦已"失踪"两个多月，据说被控制在广州，顾佳悦还被"跨省追捕"了。两位毕业不久的女大学生失踪那么久，家人却没有得到任何正式通知，甚至全然不知被拘押在何处。还有中山大学硕士沈梦雨，据说也已失踪很久。如果这一切真的发生在广州，这样的行为不仅违法，而且显然也很不文明。

　　以上几位恰好都是女性，而对待女性的姿态是衡量一个国家、一座城市文明的尺度。胡适开玩笑说，"怕老婆"是民主国家的特征，但此言不虚。尊重女性不仅是一种风度，也是法治文明的底线。人民之所以设立国家，国家之所以供养警察，是要让他们维护文明、制止野蛮。如何区分文明与野蛮呢？也很简单，中国俗话说："君子动口不动手。"动手，那就是野蛮了；如果只是动口，则虽然可能说的不对，也仍然属于文明社会自由表达的范围。对于暴力行为，譬如重庆大巴上打骂司机的那位女士，国家理当依法以暴制暴；但是对于不同意见的自由表达，即便表达的方式有点激烈，只要没有行动或明显煽动暴力的言论，即不得动用警力强行控制。文明国家使用暴力必须具备正当理由。如果无端使用暴力，那么警察就不是在维护文明，而是在实施野蛮了，而一个不让人民自由说话、讲理的国家一定会培养出一个官吏横行霸道、百姓冷漠暴戾的野蛮民族。

和男性相比，女性显然更为柔弱，一般不会有什么暴力倾向（重庆大巴上的那位女士例外），因而也没有正当理由对她们实施任何国家暴力。以上几位女性都很勇敢，其中一位是为了老上访户维权，另外三位则是因为声援深圳佳士工人而失去自由。她们的政治立场或左或右，或未必明确，但这些都不重要。重要的是，没有任何证据表明她们有过任何暴力行为或煽动暴力的言论。按"无罪推定"原则，她们都在合法行使宪法赋予的公民权利，都应该受到国家的善待。至少，她们的自由和尊严不应该受到伤害。

就在大学生失踪的同时，据说深圳佳士数名维权工人已遭到刑事拘留。关于 2018 年 7 月发生的佳士维权事件，不同媒体有不同说法。有的说是工人因为待遇恶劣而要求组建工会，在此过程中遭到黑社会暴力打压；官方媒体则称，有些工人强行进入工厂并"冲击派出所"。如果确实发生了暴力行为，当然可以采取刑事措施，除非有关行为构成针对暴力侵害的正当防卫。但如果工人只是要求改善待遇、组建工会，那么他们显然不能因为行使宪法第 35 条规定的结社自由而受到刑事处分。在政府眼里，组建工会也许是一件可怕的事情，但实际上恰好相反。一个真正的工会不仅能有效维护工人的权益，而且能帮政府节省许多麻烦。工会多了，工人得以自我保护，工人待遇得到基本保障，当地的劳资矛盾得到及时解决，罢工、上访乃至跳楼就少了。多一点自由，就多一点文明，政府身在其中也会受益匪浅，应该不会不明白这个道理。

至于此次事件的组织者，也是众说纷纭。有的说是某些左派组织所为，官媒则称是"境外非法组织"策划。作为外地群众，我们不明此次事件的真相。但众所周知的是，"境外敌对势力"早已成了几乎所有政府违法的保护伞；不论公权力做错了什么，只要给对方贴上这个标签，一切问责统统摆平。政府不用反思道歉，更不用调查追责，全部精力都用在了抓出"幕后黑手"交差。这一招真管用，但凡是国内重大公共事件，就必然有"境外敌对势力"做推手，至少境外媒体都会关注报道嘛。可是，"阴谋论"或许能为地方官员免责，但真的能帮助地方解决问题吗？我们能不能思维简单一点，不要那么在意这个"势力"、那个"黑手"，只要问问自己在行使公权的过程中有没有超越法治底线；如果自己有错，再大再黑的"境外势力"也不能成为追究公权违法的挡箭牌。

我并不是说广州现在做得比其它地方差。和许多地方相比，广州警察或许还文明不少。但是和其在中国改革之初即留下的历史记忆相比，广州近期的某些做法似不符合公众对这所美好城市的期待。当然，在目前大环境下，广州或难独善其身，但是回归法治文明的底线、纠正自己的错误而非推诿于某些外部因素，完全是在地方政府力所能及的范围之内。文明的步伐终究是挡不住的。与其成为法治文明的绊脚石，不如在改革四十周年之际再带一次头，让广州率各地之先回到法治文明的轨道。这次不妨从尊重女性开始，把属于她们的自由、安全、尊严还给她们。

久违了，一个开放、自由、文明而尊重法治的广州！我们期盼你早日回归。

中国从来缺虚君

1911 年，宣统三年的那一天，清政府急火火颁布了《宪法重大信条十九条》，简称《十九信条》。几乎没有人关注过这部昙花一现的宪法性文件，也没有关注的理由——不到一个月，故宫的那对孤儿寡母就被袁大头出卖，这部没能救火的宪法也就成了末代王朝的随葬品，永久封尘于旧体制的残垣断壁之下。然而，《十九信条》却是中国立宪史上一件破天荒的大事，因为它第一次宣布："皇帝之权，以宪法规定者为限。"它的失败是中国的悲哀，甚或暗示了此后立宪屡次失败的根源。在政权强大的时候，是不需要因而通常也不会施行宪政的；只有在政权受到削弱之后，才是施行宪政的最佳实际。可惜的是，一个习惯于强政府的人民却不会容忍弱政府的存在。

就在此三年之前，满清刚通过了一部很牛逼的《钦定宪法大纲》。这是中国第一部成文宪法，它所昭示的却是抵制宪政的内在决心。这部宪法把重要的实际权力都给了皇上，而实权君主从来是宪政所要克服的最大障碍。其实，这部宪法根本没必要照日本《明治宪法》搬过来，钦定宪法的皇帝基本上就是传统中国皇帝。立宪形式是我们抄日本，但实质是他们抄我们——他们说是抄普鲁士，但是大秦一统天下的时候，普鲁士在哪里？满清真可怜，兵分几路派诸大臣留洋考察，想不到兜个大圈子回来，只是捣鼓出一部充分体现君权至上"中国特色"的宪法，加上些学不会的议会政治皮毛。

假如 1908 年，清政府颁布的不是《钦定宪法大纲》，而是《十九信条》，中国历史将从此改写，兴许会避免此后发生的许多革命、战争与流血，而满清皇族也可以如其所愿"万世一系、永永尊戴"。但是在一个权力高度失衡的集权制下，统治者是不会如此明智的。既有不受约束的最高权力在手，何必通过一纸宪法自废武功？即便最高统治者足够开明，他周围的皇族既得利益也不会答应。只有一次次内政外交失败不断削弱统治集团的威信和正当性，直至人心失尽、四面楚歌，不得不像 1215 年被英国贵族打败的约翰王那样委屈求和。然而，中国人是不会像英国贵族那样和他坐下来签订《大宪章》的，因为我们已经太习惯成王败寇这套丛林逻辑。历朝历代，中国皇帝从来是有实权、干实事；哪天失去了实权，那么他也就失去了维持地位的实力。

中国从来不缺明君、昏君或暴君，我们缺的是真正的虚君。明君、昏君、暴君看似天壤之别，其实有一个共同特点，那就是他们都有实权。没有实权，就做不了事，无论好事坏事，也就无所谓明君、昏君、暴君之别。今天有谁歌颂伊丽莎白女王"英明"吗？老太太就重大国事活动出来露个脸，无从谈起。当然，中国政治权力结构中一向有君相之分，明君一般不会大权独揽、什么都管，但什么都不管也是万万不行的。

中国人特别实在，而这种实在首先体现为君主的实权。背后的逻辑很简单：我们花这么多钱供着这么一位皇上，天天三宫六院，顿顿满汉全席，还得三跪九叩陪笑脸，最后这老儿竟然不干实事儿，你说这一切到底是为了什么？因此，中国自尧舜禹汤文武到崇祯光绪，历朝历代的明君都是克勤克勉、事必躬亲的"劳模"。能否行实权、干实事是评判一个君主的首要标准。如果一个皇帝天天上朝听政、夜夜批阅奏章，那么他基本上就是一个好皇帝。如果他只知游山玩水、不理朝政，那么他必然是一个挥霍国库的失职昏君。

这个逻辑没错，要不要供个皇帝也确实需要算账，但是这账只算对了一半。我们光惦记着让皇上干实事，却不管他干的是好事还是坏事。有权倒是能干事，但是弄不好，很可能干坏事而非好事；权力越大，干坏事的可能性越高，因为皇上也是人，也有私心。如果皇上什么权都有，那就表明你根本约束不住他；你说多了，他还能把你抓起来杀头。事实上，任何事物都会发生变化。无能即无辜，一旦赋予它能力即可能造成伤害。什么叫养虎为患呢？幼儿讨人喜欢，长大了就淘气；猫娇小可爱，虎可是要吃人的。我们光知道老虎有力气、能"办事"，但是能不知道它也会吃人吗？

你看无论是伊丽莎白女王还是日本天皇，总会觉得他们特别慈祥。为什么慈祥？原因只有一个：没有实权。没有实权，所以只能慈祥。中国皇帝个个看上去都有威仪，就是因为有实权，而且是至高无上的实权，故有威仪。有威仪，就不慈祥了；慈祥也是装的，专门做给你看的。你以为他慈祥，是你没看到他厉害的一面；他笑容一收，一个巴掌就能把你打入十八层地狱，还慈祥吗？但中国人偏偏喜爱实权皇帝。有实权好不好？有实权，才能做实事、做好事。但是他既然有能力为你做一件好事，就有能力做十件比那件好事严重十倍的坏事。

这就是权力运行的基本规律。这个世界上但凡有肉身的，都是食人间烟火、有七情六欲的凡人。你把权力给了他，这个权力究竟更可能为你所用还是为他自己所用？这个问题不能不想清楚。从每次权力交接都打破头的现象看，你应该知道，这种激烈的争斗不是为了获得为你服务的机会，一个弱势政权对国民的威胁更小。事实上，一旦最高权力变成象征性的虚君，也就没有谁会为这么一个不能满足野心的职位争得死去活来，王位继承马上变得和平顺利了，而且可以世世代代传下去。反之，只要最高统治者仍然掌握着实权，这个国家就不会太平。立宪就是要让宪法说了算，但现在一人大权在握，而宪法连他都搞不定，立宪还有什么意义呢？

这就是为什么除了《十九信条》，从《钦定宪法大纲》一直到现行宪法，一会儿袁大头，一会儿孙大炮，一会儿曹贿选……到头来统统都是竹篮打水。原因即在于我们不懂得一个基本道理，虚君是宪政的起点。君主要立宪，就必须准备做一个虚君，否则立宪就是一出骗人的假戏。一个至高无上的实权不论握在谁的手里，都是宪政的致命障碍。皇帝有雄心大志的，他本人就是宪政的障碍；皇帝碌碌无为，甘做傀儡的，则很容易被人利用，"拉虎皮、扯大旗"。日本 1920 年代就是如此，大正天皇不敏，被军国主义绑架，葬送了脆弱的日本议会民主。

对于中国而言，《十九信条》具有开天辟地的意义。这句话到今天仍不为过，因为迄今为止，我们从来没有哪部宪法规定过一个"虚君"，政治实践更不用说了。《十九信条》就做了这件事，皇帝第一次成了虚君。这里没有袁世凯、孙中山，更没有蒋介石、毛泽东……《十九信条》的皇帝差不多就是今天的国家主席，一个荣誉职位。他颁布法律、任命总理，但所有这一切都得按议会决定照办。议会通过的法律，他必须签署；议会没通过的法律，他当然更无权自行颁布。《十九信条》没有来得及规定公民权利，但它本来可以是中国的《大宪章》。沿着这条路走下去，中国就走上了英国的君主立宪之路，《权利法案》自然也就不远了。舍此无正路，只能在歧途上越走越远。

叁、从极权到分权

和英国与日本相反，中国传统上的"虚君"缺位不仅解释了法治的不可能性，而且也解释了极权体制的可能性。事实上，我们对一些重大事件的基本定性都是错的，譬如很多人会认为"文革"是极权体制的登峰造极。事实当然恰好相反，"文革"只是极权体制开始崩溃的回光返照。近乎纯粹的极权主义标本在北朝鲜，那里是不需要也看不到"文革"的。

大洋彼岸，欧美"白左"则似乎普遍存在另一种误解，忘记了"马列不分家"的中国常识，以为马克思是"好人"、列宁是"坏蛋"，"坏蛋"把本来一部好经"念歪了"。我对马克思并不全盘否定，但事实是，无论从他本人的性格还是逻辑出发点，都不可能实现法兰克福学派那样的"华丽转型"，把马克思主义和宪政民主无缝对接。"民间思想家"王康兄对俄罗斯素有研究，他对这个定位的肯定令我倍感欣慰。好久没有听到他深沉的歌声，我对他的怀念表达在一篇从未能发出的悼文中。

最后还需要澄清一个误解，那就是对"大一统"的反感成为许多人反对"大国"的理由，误以为国家规模越大，自由越少。美国联邦和后来的欧盟显然否定了这种错误认知。恰好相反，如麦迪逊在《联邦党文集》中精辟证明的，自由在大国会比在小国得到更稳妥的保障。不仅卢梭式的小型民主国家很可能造成"多数人暴政"，而且即便威权体制也是大国比小国更自由。对比一下中国和北朝鲜即一目了然，极权体制之所以在中国不如北朝鲜那么登峰造极，首先是因为它规模大、利益分化，不像小国那样容易被一个集团甚至一个人搞定。

　　换言之，中国从极权走向自由过程中，要改变的不是规模而是结构。除了能避免各种分离主义挑战之外，联邦大国的优势还在于比民主小国更能保护自由。在这个问题上，我仍然坚守改良主义的中庸立场。合理的纵向权力安排既不是维持"大一统"，也不是走向无政府主义，而是实现央地之间的平衡分权。疫情期间，我甚至向官方提出借鉴欧美联邦制经验，用合理分权来有效配置央地抗疫职能。当然，这样的建议只能不了了之，而不合理抗疫模式的结局只能是一场人为灾难。

极权主义的兴衰机理

2016 年是文革五十周年，好像国内外都没有对这个问题有太多深入的探讨。文革是极权主义的产物。要探讨文革，首先要探讨极权体系的基本结构和它的基本规律，以及通过什么样的方式解构。很多人都以为文革好像是极权到了一个登峰造极的阶段，其实这是不准确的，因为到文革那种状态，最基本的秩序都已经失控了，社会大乱，这就不是极权了，应该说连威权下的有序状态都没有达到。我对文革事件的定性是极权面临危机，差点崩溃。也许这种危机一开始并不是一个现实的危机，但是最高领袖感知到一种危机，以为自己的最高权威受到了挑战，所以发动一个极权国家所特有的资源，来修复或排解极权危机。文革就是这么一场运动。

真正的处于巅峰的极权国家是不可能有这种危机的。它是静悄悄的，大家都跟蜜蜂一样，自觉围着一个蜂王，奔着一个统一的目标，为"社会主义建设"拼命忙碌。顶多就是最高领袖在天安门城楼上秀一下，千百万红卫兵激动得热泪盈眶……这是极权国家的标志性状态，而不是全国大乱、出现各种造反派这种文革现象。

极权国家可以比喻为一种"权力零阻抗"状态，国家想管什么就管什么，想怎么管就怎么管；只要国家有一个指令下来，它就得到无条件的执行，社会是没有任何抵抗能力的。社会和个体的抵抗几近于零，不可能对公权力构成任何的阻力。国家权力畅行无阻、所向披靡，个人权利则被彻底剥夺，对国家行为没有任何抵抗力。不达到这样的状态，只要社会还存在零星的抵抗和阻碍，就不是纯粹的极权主义。

用我们自己语言来表达，孙中山等人的总结已经很准确，那就是三个一："一个主义，一个政党，一个领袖。"国家必须要达到这种状态，才是一种"权力零阻抗"的极权状态。首先，它必须是"一个主义"，因为目标只能有一个，而且这个目标一般是宏伟远大的。极权国家要求人民作出的牺牲是巨大的，所有的自由都被剥夺，最后连思想的自由都被剥夺，因为不剥夺思想的自由，就不可能达到零阻抗状态。只要人还有思想，就天生会根据自己的利益，根据各自的家庭背景、成长环境、利益立场而会有所差异，就不可能实现目标一致。这是极权国家和威权国家最本质的差别。只有一个意识形态，也就只能有一个政党。你要有两个政党，就有两个意识形态，意识形态就不可能统一。

要达成统一的意识形态，只能有一个政党，而且政党内部也只能有一个最高领袖。如果说有一个最高领袖，却还有一个领导团队，这些人和最高领袖的地位虽然不对等，但是有某种分权的关系，那么既不可能形成一种严格的意识形态，也不可能是严格的一党专政。因为最高领袖和其他领导干部之间会有一种权力上的竞争。这种竞争如果被允许存在的话，那么每个人都会想办法扩大自己的资源，一开始可能在党内——刘少奇、邓小平等资深元老可以联合起来，保护自己的党内地位和资源；最后，党内资源都不够用，就会用到党外的资源。如果走到这一步，基本上就是走英国《大宪章》和"光荣革命"的道路，贵族和国王之间进行斗争时，各自都要到体制外拉资源，英国的民主就不断扩大。

极权国家一定不能允许这种状况发生，所以一定要设法消除党内权力斗争。当然，一党统治本身就为党内形成一个独一无二的最高领袖提供了政治条件，因为他的竞争者所能获取的资源很有限。既然实行严格的一党专政，党内竞争者就不能到党外去争取自己的资源。而在党内，权力的分配格局一般从一开始来讲就是不均衡的；这种不均衡在一个竞争很有限的环境之下，只会往更加不均衡的方向发展。

因此，我们会发现，极权国家只要能够继续走下去，那么它最后都必然会发生严重的党内权力斗争，斗争的目的正是消除党内斗争的可能性，尽管这种权力斗争在我们看起来可能完全不必要。比如斯大林统治时期，他的地位是非常稳固的，尤其到三十年代，苏共党内没有谁可以像刘、邓抗衡毛那样挑战斯大林的地位，但他自己会把事情看的非常严重。到他那个地位，他每天、每晚都会想，他周围的这些人在不断地觊觎自己的权力，越亲近的人越危险，所以他一定要通过党内或者党外的权力斗争，把他们给斗掉，形成让他放心的稳固垄断地位。斯大林主要通过党内斗争清洗对手，到了我们这儿，文革就跑到党外去了，变成全社会的一场革命，因为毛觉得搞不定党内，所以要到党外去"发动群众"，来摧毁党的官僚机构和国家机器。文革的本质就是动用极权国家的社会资源来解决党内发生的权力危机。

从极权国家的形成过程来看，它的建构是极其不易的。在一般的国家，哪怕是像中国这样具有绝对王权政治基因的国家，也未必会走到这一步。除了先天政治基因之外，一般都是通过偶然事件，通常是比较重大的国家灾难，才会把一个国家助推到极权主义深渊。在历史解释当中，有一些因素是主观的，可能这些事儿本身没什么，却被说成是一件大事。比如我们的历史教科书长期宣传《凡尔赛条约》"卖国"；从我们今天的解读来看，可能并不是那么回事，但在当时乃至此后的很长，它被渲染成一件大事，以至改变了民族发展的轨道。但不管怎么说，我们发现无论是列宁主义政党还是希特勒这样的统治集团，其基本规律都是一开始有一个很小的、战斗力很强的、严格以一个领袖为核心的冲锋队，我们称之为"先锋队"。这个团体本身就有"一个主义，一个政党"——虽然是很小的非执政党，而在党内有高度的领袖崇拜。换言之，它就是一个极权主义政党，只是有待它夺取政权，把国家变成一个极权国家。

夺权过程通常要通过暴力革命或政变，但也不一定，它也可以通过民主的方式上台。像希特勒、布尔什维克当时都已经获得了相当的一个数量，百分之三四十甚至四五十的民众支持，但是他们其实最后都没有达到多数。他们之所以能够执政，就是通过一场政变，使自己成为执政党。当然，也未必一定要通过政变，比如说委内瑞拉，查韦斯就获得了百分之六十的多数支持。无论是一开始是个什么多数，百分之六十也好、四十五甚至不到也好，它的下一步是非常关键的，那就是要把自己变成百分之百。换言之，实行一党专政，消灭其他党派，从肉体上消灭异己分子，剥夺所有自由——人身的、财产的、言论的……再启动宣传机器，对剩下的全体人进行洗脑。如果这些事情都做成的话，那么这就是一个到了巅峰状态的极权国家。

巅峰状态极权国家是通过洗脑来治国的，我想没有哪个国家真正达到这种状态，但是如果能够达到的话，国家是不用说一句话，你就会很自觉地按照国家的意图去做，每个人的个人意志都不会偏离国家意志。当然，这种状态是很难达到的，也许从来没有真正实现过。通常一个国家要经过巨大的牺牲，才能接近这种状态，基本达到以后要维持也是极其困难的，因为我们人天生都有利益、都有立场，而且某种意义上，人仍然有"善"的基因——不要误解，我对人性的企求不高，但即便如此也不能简单地说人就是"恶"的。当我们被迫不能说真话，必须要说谎、拍马逢迎，而我知道这就是为了自己的利益，我不得不这么做，我心里会感到不舒服。这就是人的善性在发挥作用。作为进化的动物，人都是有自尊的。人的天性是不同意，而不是顺着别人强加给自己的"选择"。要迫使所有人同意，极权国家无时不刻都处于一种反人性的高压状态。要形成和维持这种反人性的高压非常不容易，需要社会各个阶层的配合。即便成功了，要是哪个阶层不配合，那么"权力零阻抗"状态就被打破了，国家权力——更准确的说，最高领袖的个人意志——传达和实施都会面临阻力，因而这种状态注定是昙花一现。

极权主义也分左和右。某种意义上，二战前后德国、意大利、日本这样的国家都算不上严格意义的极权国家。在研究极权主义的专著中，比较有影响的除了阿伦特的《极权主义的起源》之外，还有弗雷德里克与布热津斯基合著的《极权专政与独裁政体》。他们把极权和普通威权的区分落实在三点：意识形态、秘密警察治国，还有一个是对社会和经济的全面控制。我认为其中最关键的一点是意识形态，经济控制在某种程度上是意识形态所附带的。我们看到，德国和意大利这两个要素基本上都没有，它当然有些合作主义、集体主义，但没有像共产国家这样，大规模充公土地、厂房、住宅等私有财产。在意识形态上，它们也没有要把某一套东西让人民都无条件接受。一开始，极权国家这个概念是为他们打造的。二战结束以后，斗争的矛头发生转移了，就被用在苏联等共产国家。

这种状态之所以维持不下去，首先垮的就是意识形态，因为我们都知道太假了，现实和宣传之间落差太大了。当然，我们这里讲都是韦伯式"理想类型"，真正的极权百分百谁都没有达到，中国也没有达到。即使是在极权最高峰的时候，也还不是百分之百。当这个意识形态的控制慢慢衰落，革命的热情过去以后，就进入了所谓的"后极权"状态。后极权状态有不同的定义，比较合适的理解就是强调"后"，也就是说它越过了巅峰状态。它从建构到顶峰，现在已经在走下坡路。极权统治有三大法宝：宣传洗脑、一党专政、恐怖治国。当意识形态开始衰落以后，洗脑不管用了，那么它就进入到恐怖治国阶段。他说的这一套都是谎言，但是民众还必须按照这个去说、去做；这么做并不是真的相信它，而是出于每个人的切身利益。在不同的阶层，无论你是草根，还是某一个层次的干部，高层领导更不例外，你都有利益去维护这套话语体系。这套话语体系道义上不管用，管用的是秘密警察造成的恐怖治国。

到了后极权状态，三大法宝虽然都不那么灵光了，却依然存在。洗脑治国效力已经大打折扣，包括媒体都不愿意跟着他这么去做，但是也没办法，你只能配合，而在配合过程当中，它还是有一定实际效力的。有担当、不合作的只是这个国家的少数甚至极少数，大部分人民还是生活在某种洗脑状态之下。除非发生征地、拆迁等突发事件可以使他们有所警醒之外，平时如果没事就处于这种麻木状态。洗脑还是会发挥一定作用。

　　一党专政以及在党内维持一个领袖，在后极权阶段都会面临困难，因为后极权之所以"后"，就是因为原先那些开国元勋们都都退场了，接任的二代三代统治天然合法性越来越弱。统治如何能够维系下去？这个问题取决于一系列因素。道德资源和统治正当性究竟有多么重要？还是说恐怖治国就能够维持相当长一段时间？你我都知道怎么回事，你是我的下属，你就得听我的；我之所以坐在这个位置上，不是因为我有什么地方比你行，而是你不听话，我就用国家机器堂而皇之地整你——纯粹的利益交换、理性控制的状态能把这种统治维系多久？党内能否再回到或维持个人崇拜的状态？

　　这些问题的答案会部分取决于所谓的"国民性"。这个概念可能会引起争论，但我觉得问题还是存在的。如果"这一届人民不行"，那么党内极权会维持得更长久一些。至少是在经过了无神论那么长时间统治以后，每一个中国人基本上都是一个狭义理性人。如果大家都还是很吃这一套，这样就会使得我们每个人都处于一种"囚徒困境"。你要站出来，为某种良知、原则、立场说话，为什么？这样做是有风险的，所以从上到下都极少有人选择这样做。现在上面几乎完全没有，至少全体失声了。好在民间还是比较活跃，即便一片肃杀，还是会有人坚守下去。

　　不管怎么说，极权统治还是会遭遇越来越大的危机，恐怖治国越来越难以为继，反抗极权的代价也越来越小。不仅党内个人崇拜难以维持下去，在党外也面临同样的问题。最后，极权蜕变为普通的威权。有的国家在这个转型过程当中，走得比较顺利。像苏联东欧基本就是这样，从极权慢慢的走到威权，再从普通的威权转向某种宪政民主。

　　但是在这个过程中，也不排除有的国家会走一些弯路。如果它突然醒来了，发现这样走下去不行，要"亡党亡国"，就会要往回走。这样就出现了所谓的"新极权主义"。什么是"后"，什么是"新"？这些概念近来争议比较大，我认为主要是一个方向问题。"后"是指极权的衰弱和退化，从威权 3.0 向普通威权 1.0 版平缓过渡。"新"

则是在"后"的过程中往回走，走到了威权 2.0 版，发现不行，再试图走回到 3。实际上它走不回去，走不回去就可能停留在某个点上，譬如 2.5 版的威权。极权三大法宝慢慢失灵了，效用在减退；有人要拧紧螺丝，重新把它们有效利用起来，这就是新极权。

我认为，新极权是不可能走回极权巅峰的。新极权不可能真正达到目标，但是要区分极权和威权转型之间一个比较关键的差异：极权是极难维系的，但威权（或后极权）是一个相对稳定的状态，从某个版本的威权走向民主也很难。也就是说，极权是必然要退化到某种形式的威权，可能是 1.0，可能是 2.0，也可能是 2.5，但是能否从威权真正走出来？这就不一定，因为威权体制要发生民主转型，公民社会要有相当强大的力量，而极权国家长期统治以后，尽管意识形态不管用了，但它最大的一个作用就是极大杀伤了公民社会，无论是独立主体意识、思想与行动的自由，还是维权的勇气和资源，都几乎从零开始。

能否从现在所处的大家都比较担忧的状态中走出来？最根本的还是取决于两种力量的斗争。如果说公民的力量能够压倒极权的力量，那我们就能够走出来。也许极权的衰落是必然的，但问题是衰落到什么时侯？如果我们每个人都是狭义理性的"囚徒"，那么确实有可能衰落到整个国家的物质硬件难以维持文明生存的时候。那个时候不仅是什么"国破山河在"，很可能山河都没有了。人们关心的首要问题已不再是走不走得出来，而是怎么逃亡和生存。悲观一点看，这种情况也不是没有可能发生。因此，我们千万不要因为极权肯定会衰亡，就放心做一个"囚徒"，等着别人冒风险来改变这个体制。如果我们自己不作为，这个体制是可以带着所有人一起衰亡的。

从马克思到列宁

　　2018 年 5 月，马克思生辰 200 周年之际，中国向其德国故乡特里尔赠送了近五米高的铜像，据说一度在当地引起争议，但仍有 40%以上的居民欢迎铜像。如果铜像只是被作为当地的一个"红色旅游"景点，用来增加特里尔的世界知名度和（很可能主要来自中国游客的）旅游收入，那也可以理解。不过从我在德国这几个月得到的印象，铜像的意义似乎不止于此。在欧洲乃至英美，虽然人们对马克思主义所主张的暴力革命不再情有独钟，但仍有不少人对作为思想家的马克思个人怀有难以割舍的情结，似乎一旦放下马克思，左派就失去了抗衡资本主义私有制及其不平等的社会和理论资源。毕竟，让西欧深受其害的并非马克思主义革命，而是纳粹独裁，而当时社会主义者本身就是首当其冲的受害者。毕竟，马克思主义是可以被改造的；战后"后马"学派的兴起可以证明，马克思的学说是可以"断尾求生"、抛弃暴力革命与专政理论、和自由民主的政治体制并行不悖的。毕竟，连马克思自己都对别人生搬硬造的"马克思主义"嗤之以鼻，他的思想是可以和以他命名的"主义"切割干净的；暴力革命是列宁他们的事情，作为思想家的马克思并不能为此承担责任。如果实在要找一个"替罪羊"，那也很简单，他的亲密战友恩格斯就是一个现成的选择——毕竟，他和马克思一起发表了激进的《共产党宣言》，也是不遗余力把马克思主义理论转化为实践的积极推手……

　　腾讯网 2018 年发表的一篇西方学者研究马克思的观点，即代表了切割（或拯救）马克思的一种努力。事实上，马克思不断被人和他自己"切割"。一种常见的说法是区分"青年马克思"和"晚年马克思"：青年马克思主张暴力革命，到了晚年则对激进立场有所反思和保留。譬如腾讯网报道的那位专家认为，1850 年之后，马克思开始意识到暴力革命、夺取政权对于解决资本主义内在的经济矛盾无济于事，因而陷入了无解的困惑；也许晚年马克思不再坚持暴力革命，而更接近顺应自然、让资本主义在其内在矛盾的煎熬中自生自灭的道家态度。很遗憾，这到目前为止纯粹是猜测。据说有大量难以辨识的后期手稿，会还原一个更加全面的马克思学说；看来在这些研究发表之前，我们只能耐心等待。我的法国好友张伦教授 5 月发表的"自由的马克思，专制的马克思"，也提醒人们注意"官方"和"民间"的两个马克思版本。不过在马克思的学说中，我实在没有看到什么"自由"。1872 年，他在阿姆斯特丹召开的国际工人大会上发表了简短的"自由演讲"，但是除了大概被后来安上的这个标题之外，全文里一次都没有提到"自由"。这篇演讲确实提到了英美或荷兰"通过和平手段实现目标"的可能性，但他马上补充说："我们必须承认，在欧洲大陆的绝大多数国家，我们的革命杠杆必须是暴力；为了建立劳动者的统治，我们总有一天要诉诸暴力。"此时，已经 54 岁的马克思不仅没有放弃暴力革命主张，而且还承诺自己要为社会理想奋斗终生，直至"无产阶级在全世界实现统治"。

这听上去和列宁的说法差不多，但是今天马克思所得到的同情远比列宁、斯大林等"马克思主义"的实践者更多。毕竟，马克思只是思想家，思想在多大程度上要为行动及其产生的后果负责？尤其在一个理论和实践南辕北辙的国家，人们很容易认为马克思乃至马克思主义的名号都被政治权力"绑架"了。不过这并没有完全回答我的问题：为什么是马克思？近代历史上思想家那么多，为什么卢梭、马克思等人的理论那么容易被人"绑架"，而我们从来不见洛克、孟德斯鸠乃至密尔的学说遭到类似的误解和利用？或许列宁歪曲利用了马克思理论，但马克思的理论框架及其终极诉求本身是否也要对这种曲解负责呢？事实上，马克思之所以在当今世界范围还有这么大的影响力，主要并非是由于他的理论贡献。今天的主流经济学显然没有谁言必称《资本论》，即便是偏左的社会学者引用他原著的也不多见；皮卡迪的《二十一世纪资本论》从老《资本论》获得启示，分析框架和方法却没有什么共同之处。马克思的影响力恰恰来自列宁，来自列宁等人将其理论付诸政治实践并一度成功建立了新的政治经济模式。没有二十世纪的政治实践，"马克思"这个名字会和其他"过气"的 19 世纪政治经济学家一样安静地躺在图书馆的书架上。虽然"马列主义"的提法在今天未免显得俗套，切割二者之间的关系并不如想当然的那么简单。

　　如果让我来切割，我会把他的经济社会和政治理论切割开来。马克思无疑是一个很有深度的社会学家和政治经济学家，他对资本主义私有制的内在矛盾（生产的社会化和"生产资料"的私人占有）有着深刻的揭示和批判——自由主义倾向于忽视这一贡献，但这不仅是一个回避现实的错误，而且这一错误会使得资本这个本来难解的问题变得更加无解，进而让更多的人把马克思主义当作惟一可行的终极解决方案。另一方面，马克思对解决资本主义经济问题的政治理论是极不成熟的——几乎可以说没有，而这并不奇怪，因为在经济决定论的框架中，作为"上层建筑"的政治只是"经济基础"的附庸；即便不是完全微不足道，也至多只能在经济条件发展成熟的前提下发挥"临门一脚"的阶段性助推作用。这就是经济决定论的基本逻辑，也决定了这一理论的政治取向：纵然人的"主观能动性"可以发挥有限的"反作用"，但例外毕竟只是例外，被决定者显然不能改变——遑论解决——只有决定性因素（生产力）自身才能解决的问题。

　　也不奇怪的是，马克思政治理论的空白被列宁填补了。当然，许多自封的马克思主义者都想填补这一空白；列宁的独特贡献《国家与革命》正是要批驳普列汉诺夫、考茨基、伯恩斯坦等布尔什维克的主要政敌把马克思主义"庸俗化"的各种"机会主义"——用现在的话说，就是经过"改良"的更加"人性化"的马克思主义，用列宁的话说就是温文尔雅的"小资产阶级社会主义"，[1] 进而将马克思政治理论定位在战斗力十足的"阶级斗争"与"无产阶级专政"上。这本小书频繁引用马恩原话，就是要论证"马克思一贯坚持阶级斗争理论，并把它贯彻到政权学说、国家学说之中"；[2] "马克思一生都在反对这种小资产阶级社会主义"，后者幻想以阶级妥协替代阶级斗争。事实上，看你怎么解释"斗争"；如果"斗争"只是可以妥协的利益冲突，那么资本主义自由民主也承认"斗争"是无所不在的，民主政治与法律的目的正是要通过和平方式化解"斗争"。因此，列宁是对的：只承认阶级斗争是不够的，因为那是资产阶级也承认的；"只有承认阶级斗争，同时也承认无产阶级专政的人，才是马克思主义者。"[3] 换言之，暴力革命和专政是不可避免的必要手段——这才是"真正的"马克思主义者和"庸俗小资产者"的本质区别。他引述恩格斯的话说："革命无疑是天下最有权威的东西。革命就是一部分人用枪炮、刺刀，即用非常权威的手段迫使另一部分人服从自己的意志。而获得胜利的政党往往不得不用自己的武器使反动派感到畏惧，来维持自己的统治。"[4]

虽然这在今天听起来确实有点恐怖，但其实就是那个时代列宁主义的现实，只不过在一个恢复了一点理性的国家，恐怖总是需要理由的，只有必要的恐怖才能为人所接受。列宁必须论证，像伯恩斯坦在德国推行的"社会民主"完全是骗人的把戏：

（资本主义民主共和国）始终只限于资本主义剥削的狭小范围，因而它实质上始终只是供少数人、有产阶级、富人享受的民主制。资本主义社会的自由始终与古希腊共和国只供奴隶主享受的自由大致相同。由于资本主义剥削的条件，现代雇佣奴隶被贫困压得"无暇过问民主""无暇过问政治"，以至大多数居民在通常的和平

1　第 45-46、92-108 页。
2　第 20 页。
3　第 29 页。
4　第 54 页。

局面下被排斥在社会政治生活之外。

完全虚伪和骗人的资本主义民主制绝不像一般自由主义的教授和小资产阶级的机会主义者想象的那样，简单、直接、平稳地朝着"日益彻底的民主制"发展。不是的。向前发展——即向共产主义发展——必须经过无产阶级专政，决不能走别的道路，因为再没有其他人也没有其它道路能够粉碎剥削者资本家的反抗……而无产阶级专政——即被压迫者先锋队组织成为统治阶级来镇压压迫者——不能仅限于扩大民主制……还要对压迫者、剥削者、资本家采取一系列剥夺自由的措施。为了使人类从雇佣奴隶制下解放出来，我们必须镇压这些人，必须用强力粉碎他们的反抗——显然，凡是实行镇压和使用强力的地方，也就没有自由、没有民主。[5]

对于曾经在社会主义国家生活过的人来说，这些话语不仅似曾相识，而且一度是不折不扣的事实。今天听起来，它们确实过分极端了，"论证"也显得滑稽可笑，但也不能完全斥之为胡说八道，甚至不能说是列宁强加在马恩头上的"私货"。如果我没有记错的话，马克思在 1860—70 年代听说德国成立了"社会民主党"之后，在给恩格斯的信中愤然表示：这是一个多么令人恶心的名字！毕竟，选举政治不可避免是金钱政治；无论用什么法律规范，都不可能肃清资本的政治影响，除非回到古希腊抓阄时代。何况马克思年代的选民资格普遍受到财产限制，真正的"公民"很长时间里确实只是"少数人""有产阶级"。诚然，美国早在 1830 年代就基本上取消了财产资格，但即便如此，排除妇女和黑奴之后仍然是少数人的民主。欧洲则更晚，即便英国也只是从 1832 年改革才开始实质性扩大选举权。即便成了"公民"，也不意味着真正的"选民"；毋庸置疑，政治参与和阶级或财富是显著相关的。如果劳苦大众真的像恩格斯"英国工人阶级状况"里写得那么可怜悲惨，只能日复一日、年复一年停留于生命的"简单再生产"，那么他们确实"无暇过问政

5　第 76-78 页。

治"。假如资本家们只顾穷凶极恶剥削，把国家当作"阶级镇压的特殊权力组织"，[6] 拒绝放开普选权，那么列宁的论证就成立了，"无产者"除了暴力革命之外真的没有出路。但众所周知，本来应该适用马克思经济学的发达资本主义国家并没有"一路走到黑"。到了"十月革命"时代，这些国家的选举限制基本上消失了。既然"无产者"人多势众，那么更有效的策略似乎不是暴力革命，而是组织工人积极参政，用选票和平"夺取政权"。这大概也是为什么列宁那么痛恨伯恩斯坦，因为德国社民党的历史发展早已宣判，伯恩斯坦赢了。

列宁对暴力革命的必然性论证之所以没有成立，是因为他操之过急地假设了资本主义后来没有实现的"必然趋势"，譬如资本家必然是贪得无厌的，即便不断敲响的"丧钟"仍然改变不了其剥削的本性，只能不由自主地继续用国家机器无情压迫日益壮大的无产者，直到眼看着自己被后者从物理上消灭……当然，即便从理性经济人这样过于简单的视角看，这种把精明善变的"资产阶级"假设成"一根筋"的人性观也是十分幼稚的，但它确实是马克思经济决定论的题中之义。因为在经济决定论中，人是不重要的，自由和善意是不重要的，资本家的贪婪也是不重要的，重要的是特定生产力决定下的生产关系所铸就的一切。事实上，资本家个人是无辜的，甚至不乏恩格斯那样的"好人"；是资本主义体制造就了资本家不可救药的群体性贪婪，也注定了和平改良之路的走不通。马克思的使命正是发现经济决定个人行为的社会规律，进而让人类在不可抗拒的经济规律所设定的框架内行使自由。这是对马克思经济理论最具同情心的解释，但即便这种解释也只能容纳"被决定的自由"———个不存在的自我矛盾，以至他的最终结论是，要获得真正的自由，只有打破他自己发现的"历史规律"所设定的制度框架。他在"历史上的社会和经济"一文中说：

---

6 《国家与革命》第 20 页。

　　人有自由选择这样或那样的社会形态吗？当然没有。假设特定的人类生产力的发展状态，你就会得到特定的贸易和消费形态；假设特定的生产、贸易和消费形态，你就会得到相应的社会构造，相应的家庭、秩序或阶级组织——简言之，相应的市民社会。假设特定的市民社会，你就会得到特定的政治状态，后者只是市民社会的正式表达。

　　毋庸置疑，个人的社会作用是渺小的，个人的自由愿望可能被社会现实击得粉碎，但马克思的经济决定论夸大了个人的无能为力，因而没有给政治和社会留下任何发挥作用的独立空间。《资本论》第一卷在凡是谈到政治和自由的地方，都充满了鄙夷。资本主义社会被"自由、平等、财产和边沁（功利主义）"统治着，这一切当然都是笑话。[7] 资本主义生产力的自由发展只是为"人剥削人的自由"创造了条件。[8] 《哥达纲领批判》引述他的论敌哥达号召"德国工人的政党通过一切手段争取自由国家和社会主义……消除一切社会和政治不平等"，接着便十分不屑地嘲笑"普选权、直接立法、大众主权、人民武装这些建立在承认所谓人民主权至上的精致小巧的便宜货"；"'全体人民选举人民代表和国家统治者的普世权利'——在现有意义上，全体人民这样的词语只能是梦呓。"[9]有人可能会认为我只是摘出了马克思平时难免愤世嫉俗的一些话，但这些语录确实是其经济决定论的逻辑延伸和其整体世界观的自然流露。经济决定论制造了一个极为消极的国家观和内在矛盾的人性观，由此衍生出一个终极意义的无政府极乐世界。这使得马克思的社会正义观的基调是无政府主义的：国家只是维持经济剥削的工具，而至少在自由主义看来，这样的国家根本不是"国家"，而是比原始丛林状态更糟的"动物庄园"；对于马克思来说，真正的自由只能在没有阶级压迫的无政府状态实现，因而从古至今，根本就没有

7　第 343 页。
8　第 441 页。
9　第 534、538 页。

"国家"——自由正义的国家，可能有的或者是统治阶级压迫、或者是无阶级"自由"。

经济决定论的一个总结论是，自由国家是不可能的。在本质上，国家就是维持阶级剥削的工具；在资本主义国家，自由只能是被强迫接受合法剥削的"自由"。至于为何如此，大概是因为私有制和市场经济造就了无所不在、不可节制的资本掠夺动机，任何体制都改不了资本家的剥削本性；恰好相反，国家是被资产阶级用来维持其压迫秩序的机器。换言之，资本的原罪是体制决定的；要改变万恶的剥削制度，只有推翻"人吃人"的制度，任何政治上的修修补补和阶级调和都是徒劳的。即便是被许多自由派人士津津乐道的"雾月十八与路易波拿巴"也没有改变这个基本论断，所谓代表全体人民的议会其实只是体现资产阶级意志的工具："在议会，国家把公意变成法律；换言之，它把统治阶级的的法律变成公意"；[10] "巴黎无产者的要求（被当作）必须终止的乌托邦无言乱语。对于国民制宪大会的这一宣言，巴黎无产者的回应是六月起义。"[11] 在马克思看来，这只是再一次证明了"资产阶级共和是一个阶级对另一个阶级的无限制专制"。[12] 《国家与革命》更是断言，资本主义国家是"一个阶级镇压另一个阶级、少数人镇压多数人的特别机器"；"为了达到剥削者少数始终压迫被剥削者多数的目的，就必然要采取穷凶极恶的残酷镇压手段，就必然会造成无数流血惨案。"[13]

要获得真正的自由，只有彻底消灭阶级、消灭国家。当然，如果资本家足够聪明，他们应当自动顺应历史规律、放弃抵抗并加入无产阶级行列——但显然别幻想他们会那么做，任何既得利益都不可能自行退出历史舞台；尽管马克思认为英美等民主政治相对发达的资本主义国家也许可以和平演变，但它们只是例外而非规则。因

10　第 606 页。

11　第 601 页。

12　第 602 页。

13　第 79 页。

此，暴力革命和一段时间的无产阶级专政就不可避免了。马恩列的原话都充分表达了这个逻辑，譬如马克思在 1851 年的"法兰西阶级斗争"中说："社会主义就是不断革命的宣言，无产阶级专政是取消一切阶级差别的必要过渡阶段。"《国家与革命》引述恩格斯给贝贝尔的信中说："无产阶级需要国家不是为了自由，而是为了镇压自己的敌人；到了有可能来谈自由的时候，国家就不存在了。"[14] 换言之，只有国家消失，进入彻底的无政府状态，才谈得上自由；在此之前，根本没资格谈什么自由。在这个意义上，无产阶级专政的国家也是不自由的，至少对于被镇压的资产阶级来说是如此，但那是短暂的"必要的恶"——谁让他们那么不可救药，不能主动拥抱每个人都获得解放和自由的极乐世界呢？列宁很现实地看到："在资本主义向共产主义过渡的时候，镇压还是必要的，但这已经是被剥削者多数对剥削者少数的镇压。"[15]

　　如果说剥削者资本家的人性是不可救药的恶，那么被剥削者无产阶级的人性则是毫无保留的善，否则就很难解释马恩对他们所同情的无产者及其建立的政权和未来的无阶级、无国家社会那么满怀信心，以至从来没有听说他们担忧过无产者犯罪、无产阶级政权违法之类的事情。回到马克思在阿姆斯特丹的"自由演讲"："工人总有一天要夺取政治权力，才能建立新的劳动组织；如果他不想像老基督徒们那样忽视和鄙视政治而失去人间天堂的话，他就必须推翻维持旧制度的旧政治。"这里的关键词是"人间天堂"——马克思认为这个带有弥赛亚情结的目标不仅是可能实现的，而且是可以通过在过渡时期的极权政治来实现的；至善的无产阶级会心无旁骛地在专政之后放弃专政，带领人类走向无国家的共产主义。消灭国家及其阶级压迫不只是走向大同的必要条件，而且也是充分条件。至于国家消灭之后犯罪怎么办，列宁的解释是没有剥削，也就没有抗议、

14　第 78 页。
15　第 79 页。

起义或镇压，人们就会自觉遵守"公共生活规则"——那个时候"法律"已经不存在了："只有共产主义才能为完全不需要国家创造条件，因为那时已经没有人需要加以镇压。"更准确地说，是没有必要对整个阶级进行"系统斗争"；"个别人的捣乱"还是会有的，但那已经不需要什么特别的镇压机关，"武装的人民自己"就能胜任。至于万一"武装的人民自己"里面出了捣乱分子岂不是更危险，就不是列宁要考虑的问题了；只要罪恶的剥削阶级消失，以前的被剥削阶级就会神奇地制造并维持一个"天下为公"的极乐世界。

我显然不是说，马克思要为他之后发生的一切负责，而只是说列宁或许并没有多么严重地"误读"马克思的理论，暴力革命和无产阶级专政或许是经济决定论最为自然的归属。当然，马克思的理论不是不可以合理"改良"；经济很重要，但是真的有必要那么"决定"吗。"后马"学者一直在努力重新诠释马克思，尽量使他的学说和自由民主的"历史终结"并行不悖。不过那样解读的话，又会剩下多少真正属于马克思自己的？我承认，马克思的经济社会结构分析仍然具有生命力，但是从这个学说中实在找不到自由民主政治的基因。如果只是说经济平等构成了政治自由的基本前提，为什么一定要马克思，而不是譬如墨子或边沁呢？尽管后者的学说也可以指向一种相当彻底的共产主义（墨子的"尚同"和边沁的全视角监狱改革方案是很不错的候选），但是毕竟他们的学说不是决定论的，其道德伦理基础也有足够资源，可以和平等、民主、自由等现代理念无障碍对接。这么设问并不是要抹杀马克思的思想贡献。他无疑极为关注社会公正，也正是这种关注使他一直坚持研究和写作，并使他的理论特别容易受社会底层接受。我完全能理解为什么草根尤其是年轻人会感受到马克思或马克思主义的亲和力——他们更有理想和战斗性、对社会不公更敏感、也更容易成为职场上非理性竞争的受挫者。但是如果马列主义之间的逻辑关联并非子虚乌有的话，尤其是如果马克思主义的影响力很大程度上来自列宁主义的成功，那么我们至少要知道自己信仰的究竟是什么。

不灭的烛光
——悼念王康先生

　　王康兄一生传奇，才华横溢。他不仅擅长绘画、书法、赋诗，而且还喜欢唱歌。如今，却再也听不到他那悠扬而刚毅的歌声了。微信里，只剩下"老康秉烛"的豁朗而富有磁性的留言。

　　我和老康其实 2019 年 11 月才开始通信，认识不到半年。当然，他的大名如雷贯耳，我景仰已久。2019 年夏天在华府研讨，本想去看他，但那时他已去休斯顿治病；2020 年 4—5 月本想假道休斯顿探望，无奈疫情作祟，未能成行。上天对我们开了个玩笑，直到他仙逝，也从未能谋面。用他自己的话说："哈哈，我们的交往按照世俗的看法也可以说很浅，但实际上呢，你我是神交啊！"

　　老康对俄罗斯和东欧文化素有研究，对于苏东极权体制的罪恶洞察深刻；以前看过不止一个他的访谈节目，不时爆出惊人洞见。和他微信交流，也常受他的启发，让我这个东欧文化的门外汉长了不少见识。受悲天悯人的东正教文化影响，老康早年有点"左"，对极权体制的弥赛亚情结不够警惕，但是后来无疑洞穿了苏东极权体制的本质和源头。

　　2018 年，马克思 200 周年纪念的时候，我正在柏林高等研究院访问，遇到不少"白左"学者。他们人都是挺 nice 的，在宪政民主的大立场上并没有太大问题，也不喜欢列宁、斯大林等独裁者，却对马克思情有独钟。于是，我在 FT 中文网发了一篇评论："从马克思到列宁"，论述了二人之间的相互依存关系。2020 年 3 月，我发给老康分享，以下照录他的留言回复，和大家共享：

　　千帆啊，你这篇两年前的旧文，我通读了。确实，马列这两个人是分不开的。俄国接受马克思主义和马克思主义在俄国变为一种政治制度、社会经济结构，是两厢情愿。里面有很多错综复杂的历史观念，和个人各种选择的后果。你这篇文章特别谈到经济决定论的暴力倾向。无论这种理论本身还是后来的道德神圣感，都是子虚乌有的，起源于一些荒唐的出发点，更是一种非常邪恶的理论。

确实，没有马克思主义或者第一、第二国际在欧洲折腾的四五十年时间，也就没有后来列宁和他的同党们在俄国的那些社会大实验。反过来也一样，没有列宁和托洛茨基、斯大林等等那些布尔什维克的领袖们把俄国翻了个转，然后建立这种所谓的"新型的无产阶级专政"，实际上是他们个人领袖独裁、一党专政这么一个制度，那么马克思也就是 19 世纪欧洲各种异端、各种激进主义理论中的一种，早就放在图书馆的某个角落里面去了。

这个马列主义，呵呵，现在过去了 100 多年。你文章里面提到，我们这些亲身经历（至少我们的父辈大部分同胞经历）了马列主义一旦变为社会制度，变为一种大的社会试验过程的那种痛苦。千帆啊，西方的后马、所有的左派在他们存在的意义上，在理论演变的过程当中和对后果的认识上，都远远不及前苏联、东欧包括中国学者们的深刻体验。

当然，这种体验不能替代理论本身的思维。我们确实缺少这么一种对马列主义的既是理性又是感性、既是历史也是现实的多种维度的综合性批判……这种工作实在为中国、为世界所必需。

老康对"后马"、西左的评论是入木三分的。和他们交流，时常发现他们对"中国模式"的由衷羡慕；他们指望我这个从中国来的也是中国体制的辩护人，结果当然是大失所望了。我想，假如有老康这位对苏东体制的罪恶了如指掌的方家在场，肯定会比我有说服力得多，他的激情、雄辩、睿智、真挚一定会打动甚至改变许多人。如果假以时日，他自己就是提供这种集理性与感性、历史与现实为一体的"综合性批判"的最好人选。

　　老康既是极权体制的不遗余力批判者，也是充满家国情怀的
"爱国者"。他对儒家文化的不离不弃跃然纸上，他对民国的情有
独钟更是成就了"浩气长流"的鸿篇巨制。就其本身而言，儒家文
化和民国体制固然都存在局限性，但仅此显然不能否定它们是当今
中国宪政转型的地地道道的"本土资源"。如今，随着国内大环境的
倒退和对现体制憎恶的加剧，越来越多的自由派把传统文化当作替
罪羊，似乎儒家文化成了当代极权体制的罪魁祸首。这到底哪是哪
儿？后来人走错了路，或无力回归正道，却把责任推到两千多年前
的祖宗身上，这样的民族有希望吗？在这个问题上，老康和我心有
灵犀、颇多共识。他特别期待我能融合中西传统、弘扬儒家文化，
令我觉得任重道远，唯恐辜负他的期待而时有惴惴之感。

　　老康在生死问题上大彻大悟，他面对病魔的豁达乐观令我十分
敬佩。就在病情恶化之际，他还写诗和病魔对话，体现了一位智者
的从容无畏：

　　　無人窺探你的容顏，骨骼和淋巴任你攀沿

　　　你無往不勝，如同幽靈飾演

　　　我與你三年共處，朝夕不散

　　　最猙獰的象形文字，你何其傲慢！

　　　你從地獄逃竄，無需放簽

　　　待我戳破你的魔障，一縷青煙

　　　歡樂頌如陽光月色，份外燦爛……

　　老康归西，我失去了一位思想上的同道和知己，这个民族失去
了一位特立独行的"民间思想家"，一位兼具思想与行动领袖气质
的民间艺术家，一位富有人格魅力和宗教情怀的使徒。他临终前皈
依基督，可以说是其长期浸淫于宗教文化的命中注定的归属。他在
尘世的生命虽已结束，但他向往自由、百折不挠的精神是不可磨灭
的。老康秉守的思想烛光将和他挚爱却只能遥望的故土同在，照亮
不幸的同胞在幽暗中摸索前行。

我为什么主张大国宪政

　　整个 2015 年，不断有"五毛"攻击我"汉奸""卖国"。对于这些涉嫌诽谤的人身攻击，我自然保留法律追究的权利，但仍有必要表明个人在国家问题上的基本立场，而这个问题不只限于我这样的个案，而是中国自由主义面临的普遍问题。按常人的想象，自由主义主张"人权高于主权"，似乎对领土主权不那么在意，只要人民有自由、社会有法治就行了。虽然后面这句话没有错，自由主义确实把人的权利和尊严看得比土地本身更重要，但前面这句是对（至少我这个版本的）自由主义的曲解，而这种曲解也给各种貌似"爱国"的"五毛"攻击提供了口实。

　　事实恰好相反，真正的自由主义者不仅重视领土主权，而且希望国土越大越好。理由自然和专制君主对土地和财富的贪得无厌不一样。自由主义者之所以希望建立泱泱大国，恰恰是因为大国更有利于保障人民的自由和权利——不是说小国就一定保护不了自由，而是小国的利益和观念结构都比较单一，因而更容易出现少数人或多数人的暴政。相比之下，大国人多地广，利益结构十分复杂，语言文化、风格习俗也会更加多元化，人民的视野更加宽阔，性情会更加包容。如果能够保障充分的地方自治，还有多种治理模式可供攀比、竞争、选择。

　　孟德斯鸠断言，像中国这样的泱泱大国只能搞中央集权的君主专制；对于这样的国家，民主政治的代价太高。中国数千年历史似乎也印证了孟德斯鸠"大国专制、小国民主"的铁律，但即便是专制，大国专制和小国专制仍然有程度之别。虽然在孟德斯鸠那个年代，大国只适合专制统治，但是和小国相比，大国对于彻头彻尾的专制来说也是难度很大的挑战。尤其在交通和信息不发达的传统社会，高度的中央集权在大国是不可行的。虽然"普天之下，莫非王土"，皇权在理论上至高无上、无边无际，但不管皇帝愿不愿意，"皇权不下县"都是一个无奈的现实，地方乡绅自治是中央集权面对大国现实所不得不做出的制度性妥协。当然，地方也可能出十恶不赦的"土皇帝"，但地方又不是一个绝对的"独立王国"，地方自治一定程度上受制于皇权约束。百姓受了冤屈，至少还可以上访告状。大国专制的不彻底性为传统中国保留了有限的地方多元和社会自由。

两百多年前，美国立宪者之所以选择了建立一个宪政大国，首要理由正是保障自由。当时，刚独立不久的 13 州既可以选择中央集权专制，也可以选择小国寡民的民主。前者当然不是一个严肃的选项，大众民主已是大势所趋，但是后者却不乏《独立宣言》起草人杰弗逊这样的强大支持者。他们主张 13 州各自为政，建立卢梭式的小国民主。然而，多数立宪者并没有采纳这个选项，因为小国民主容易产生"多数人暴政"。麦迪逊在《联邦党文集》第十篇把这个道理讲得十分清楚：

社会越小，特殊党派和利益的数量就越少；不同的党派和利益数量越少，相同党派形成多数的机遇就越频繁。且形成多数的个体人数越少、范围越窄，他们协作并实现压制计划就越容易。扩大范围，你将带入更多样化的党派和利益，进而减少全体的多数具备同样动机去侵犯其他公民权利的可能性。

派系首领的影响可以在其特定的州内煽风点火，但不能把大火漫延到其它各州。一个宗教派别可能在邦联的一部分演变成政治派系，但散布于各地的多种宗派必将保护国家政体免受那个宗派的危害……所有这些狂热可以侵扰某个特定的联邦成员，但不能同样容易地弥漫整个联邦，就像天花可能侵染某个特定的县或区，但不能感染整个州一样。

因此，美国通过发明联邦制，建立了一个宪政大国。这一项制度发明首先打破了"孟德斯鸠定律"，在大国范围内实行民主。大国民主之所以可行，也正是因为联邦和各州分权，绝大部分事务都由州承担了，联邦需要做的事情相对很少。即便在罗斯福新政极大扩张了联邦职能之后，这个基本图景并未改变。2015 年，我对美国诉讼做了一个统计，发现联邦诉讼在数量上不到全部的千分之四，99%以上的诉讼发生在各州。民法和刑法等基本法律都是州法，这些法律才关系到平民百姓的基本生活。在这种状态下，联邦政权再专制也不可怕。

事实上，联邦是美国自由的保护者。这种保护还不只是麦迪逊当时想象的消极无为的"自然保护"——利益多元带来的相互牵制，而是联邦司法在适用宪法过程中对人民基本权利的主动保护。虽然1803 年的"马伯里诉麦迪逊"首创了司法审查制度，并宣判一部联邦立法"违宪"，但是后来绝大部分时候，司法审查这个武器被用来针对州法而非联邦法律，有效地控制了各地的"多数人暴政"。一个典型的例子是 1973 年的"德州堕胎案"(Roe v. Wade)，德州禁止孕妇堕胎，孕妇就去联邦法院告状，最后判决州法违背了联邦宪法第十四修正案的"正当程序"条款。这有点像中国的"上访"，向中央告地方政府，但美国式维权是一个宪法化、法治化的过程。联邦并不能主动干预各地的民主政治，只是联邦司法有权依据宪法撤销各地侵犯基本权利的立法或行政措施，进而确定个人自由的宪法底线。

因此，按照自由主义逻辑，国家越大越好。当然，这种逻辑的前提是国家实行民主政体，美国立宪者所要防范的也是民主体制可能产生的"多数人暴政"。尤其要注意的是，美国联邦是经过自由民主的协商过程"谈出来"的，而不是靠武力打出来的。既然不能靠武力，就只有靠自身制度的优越性，让优越的制度及其产生的秩序与繁荣吸引各方归附。换言之，在国家的形成和扩张过程中，只能用"胡萝卜"，不能动用"大棒"，武力兼并的时代已经一去不复返了。无论是美国的西部扩张还是欧盟的"东扩"，都是和平谈出来的。事实上，后者的谈判过程主要是欧盟对申请国提条件，并审验这些国家的政治、经济和法律体制是否合格，而绝不是把它们强拉硬扯进来。当然，也只有把自己的制度搞好，才能维持国内安定和长久统一。

自由主义不仅不反对国家统一，而且赞成领土扩张，唯独我们想要的统一必须是真正意义的统一，扩张必须是建立在人民自愿、自决、自治基础上的扩张。现在，中国连自己国内统一都没有完全实现。什么是国家？在依法治国的原则下，国家就是法律，国家统一就是法律的统一。但是看看国内各地各级的各种规定，把人民按户籍、地域、性别、年龄、政治身份等各种不相关因素分为三六九等，我们的统一体现在什么地方？中国的当务之急是完善制度、实施宪法，实现真正的国内统一，然后才有扩张国土的制度资本。拒绝实施宪法，人民的基本权利不断受到侵犯，最后必然民怨沸腾，连基本的内部稳定都保不住，还谈得上什么主权统一？如此直白的道理，究竟谁在爱国、谁在卖国，不是一清二楚吗？

让我纳闷的是，许多"五毛"的家境似乎并不好，很大程度上是因为宪法没有落实而造成制度性歧视的受害者，却不断以恶毒语言攻击宪政。实施宪法、施行宪政，决定了每一个人的生存环境，也关系到你们自己和家人的长远利益。这是任何小恩小惠都换不来的，究竟有什么让你们如此和宪政过不去呢？

自由主义的道德观和国家观

以前年年期许，年年落空，所以 2016 年有点思想矛盾，犹豫还要不要来，因为似乎期许得越多，得到的越少。记得 2015 年章润教授的期许就是"免于恐惧的自由"，但一年过后，这种恐惧不仅没有消失，反而加剧了。现在动辄到处抓人，光是律师就抓了不少。哪天我们不再有期许，也许反而会好起来。反正现在我对这个国家已经没有什么期许。当然，我说的这个"国家"是打引号的，是"他们"的国家。他们是他们，咱们是咱们。最近网上流传"赵家人"这个称呼，体现了民间意识的变化。对于"赵家人"，我们是没有什么期许的；他们也许有他们的期许，但不会接受我们的期许。事实上，我们的不安全感首先是来自于他们，他们是这个国家不安全的源头。我们还向他们期许，不是很奇怪吗？

当然，期许还是要有的，但与其期许他们，不如期许我们自己。我们要有自己的期许。与其期许别人，不如把我们自己的事做好。国内自由派确实有不少问题没有解决，导致自由派内部不团结，人为削弱了自己的力量。相比之下，中国左派却显得很团结，同一拨人整天聚集在一起。自由派则天生的一盘散沙，甚至温和派和激进派之间经常有一些摩擦，譬如 2015 年柴静视频就引发了自由派内部的对骂。我觉得，自由派自己可以在一些事情上做得更好一点，避免一些无谓的争端和误解，也减少一些授人以柄的口实。首先，不妨从自由主义的基本概念说起。自由主义究竟意味着什么？自由派有没有、有什么价值观、道德观、国家观？

前段时间在微信上，一些青年学者和律师反对"德治"这个概念。大概是一个中央文件提到了德治，他们很反感。其实，"德治"这个概念虽然弄不好会出问题，但也不宜简单反对，尤其不能给社会造成一个印象，好像自由派和法律人都是反德治的，也就是反道德的，都是"道德虚无主义"者。如果社会造成这种误解，和自由派不谨慎的表达也有关系。不少法律人都钟情于法治，却敌视德治，认为德治就是人治。事实上，德治和法治当然是完全可以兼容的——不仅兼容，而且相辅相成、缺一不可。美国法律界极重视职业道德，对违反职业伦理的行为采取"零容忍"，就是因为没有基本的德治，法治其实是不可能的。这也是为什么历代法家运动均以失败告终的根源，在此不赘述。

当然，法律人的主要担心不在"德"，而在"治"，害怕德治变成政府以德治民的工具。只要概念清楚，这个担心其实是没有必要的。"法治"不也有同样问题吗？法治究竟是依法治民，还是依法治政府？不论政府自己怎么样，我们公民当然是坚持第二种理解。人民自然也要守法，但"法治"的重心绝不在人民守法，而是政府守法；即便治民意义上，"法治"的意义也体现在政府必须依法。"德治"为什么不能同样理解呢？以德治国既可以体现为一种社会哲学，也可以指政府治国方略。我支持前一种，反对后一种理解。人民可以用道德要求自己、他人和政府，但政府没有权力用道德要求或教育人民。即便都是"治"，德治和法治也都应该被理解为治政府，而非治人民。

今天在中国追求法治、追求自由，其实就是最大的道德；中国法治不彰，权力和自由时而受到公权侵犯，也是因为人民缺乏道德勇气。也许和法治相比，德治并非当务之急，因为德治的境界比法治更高；现在政府连依法治国都没做到，谈何德治？然而，没有起码的道德，法治也是不可能实现的。政府没有道德底线，根本不会把违法当回事；人民没有道德底线，也不会有勇气去推动法治。今日中国的讽刺是一群没有道德底线的人在大谈"德治"，而一群有道德良知、有勇气担当、不怕风险、不惜牺牲个人利益却总在反对"德治"。这不正常，也没必要。

事实上，德治并不损害自由主义，而是完全可以帮助自由主义，因为在一个没有道德底线的国家，人民总是游走于法律边缘，一旦跌落法律底线就由国家出面惩治。这样，纠正社会问题的力量只能来自国家，自由主义也就蜕变成法治主义，进而蜕变成国家主义，于是就自相矛盾了。如果人民有道德，那么他们自己就能管理得很好，国家得作用自然就小了。在这个意义上，我很认同天则所同仁的努力，儒家和自由主义学说确实可以衔接起来，尤其是主张人性善的孟子学派。既然人性善，人人可以自我管理，国家就不需要行使那么大的权力。这样的学说可以为自由主义提供人性基础。

由此可见，自由主义显然不等于道德虚无主义。孟子儒学生成的自由主义有很高的道德要求。正是因为人性善，把你当好人对待，也就自然用好人的标准来要求你。当然，自由主义变种很多。如果在人性善这个方向再进一步，如果人性善不只是一种潜力，而是一个事实，像道家主张的那样，小国寡民完全可以自治，无需政府管制，那么这个版本的自由主义就接近无政府主义了。但这是自由主义的极端，一般意义的自由主义只是主张小政府，而非无政府。

不论哪种倾向的自由主义，自由主义道德观都共享某些特征。首先，自由主义可能只坚持某种底线道德，可能会用社会秩序与繁荣等实用主义标准来设计道德规则，一般不会教条地为了道德而道德，但自由主义者对于道德的态度应该是坦率、诚实和认真的——因为他用不着"装"。有的左派会装高大上，要牺牲自己、"为全人类的事业奋斗终生"，但是言行不一就成了伪君子。正因为自由主义只是坚持底线道德，譬如尽量不说谎、不做违心的事、不配合公权作恶，一般人都能接受这些道德底线，而且为了社会福利必须践行这些底线，因而自由主义的道德观是真诚的。当然，也有号称自由主义的人认为人性恶，所以破罐子破摔，言行没有道德底线，但那些只是小人而已，和自由主义没有关系。

其次，自由主义的道德观应该主要是针对自己的。道德伦理是指导自己行为的准则，而不是要求或谴责别人的工具。儒家也讲求朋友之间相互"责善"，但即便如此，也是在充分"反身而诚"之后，不能不诚实反省自己就对别人挥舞道德大棒。最后，尤其重要的是，道德问题是纯粹的社会问题，不是法律问题，不允许国家干预。和法治不同，德治只能是"软约束"。人民之间可以通过说理、训诫等方式相互责善，也可以用道德标准要求和批评政府，但是任何人不得借用公权力作为武器来解决道德问题，国家没有权力对公民进行道德教育和管束。事实上，道德教育的对象仅限于未成年人和监狱囚犯，任何正常的成年人都无需接受其他人的道德说教。

最后这一点是政治自由主义不可弃守的基本底线。真正的道德观念只有在自由交流的环境下建立起来，绝不可能通过国家强制和灌输来实现。这也是我对当今某些新儒家的担心所在，2016 年初又有报道，中央政治局在学儒家思想，似乎又要让新儒家们欣欣然。我们千万不要认为这是在帮助儒家。恰好相反，政府帮助对于任何思想的正常发展都是有害。就好比国企靠政府输血，反而害了它；一开始不用和民营企业平等竞争，后来就不能平等竞争，因为完全失去竞争力了。真正的思想学说是用不着政府扶持的。如果我是儒家的话，当然我会一方面坚守自己的信仰，另一方面我也会旗帜鲜明地主张宗教、信仰和思想自由；这样不仅对别人好，其实长期而言也是对自己好。千万不要和以前的儒家那样，希望政府来认可它的正统地位，然后独尊儒术，这样就重蹈覆辙了。

除了道德观之外，自由主义也应该有自己的国家观。现在"五毛"经常骂自由派，好像自由派都是"汉奸""卖国"，都不在乎国家主权，领土多一点少一点都无所谓。前段时间我已经写过一篇评论，驳斥了这种抹黑。国家观和道德观类似，左派们也有许多假大空。国家主义"放眼国际"，不看国内矛盾的根源，连法律统一、平等对待自己的国民都做不到，可见这种"主权统一"是何其虚妄。自由主义不是无政府主义，国家当然很重要，唯独我们追求的主权是属于人民的主权，我们追求的统一是建立在法律平等基础上的真正的统一。

其实，自由主义不仅重视国家，尤其重视如何保证国家是"我们人民"的，而不是"赵家人"的，而且主张在此基础上建立大国，越大越好。美国联邦 1788 年建国的时候，就清楚体现这一思想。当然，这里的前提是民主国家。"孟德斯鸠定律"曾经预言，像中国这么大的国家只能搞专制，不能搞民主，因为民主成本太高，技术上不可行。只有小国才能实行民主，但是美国人不愿意建立小国民主，因为那样容易产生"多数人暴政"。就像中国村选举那样，规模小、利益结构单一，容易出现"大姓统治"等问题。美国为此发明了联邦制，打破了"孟德斯鸠定律"，证明大国也可以搞民主，而且大国民主是真正的自由民主，因为国家越大，利益越多元，"多数人的暴政"越难发生。联邦大国能有效防止任何一个宗派把自己的意志凌驾于民族之上，因而最有利于保护个人自由。

我一般不称自己是一个自由主义者，就是因为它比较容易引起误解。我对自己的定位是立宪主义，因为宪法包含了自由、民主、法治等各种要素。它们之间可能有张力，宪政就是一种权衡。权衡过后，许多问题就成了伪问题。今天自由主义阵营内部还有许多内耗，还为许多伪问题争论不休，譬如民主优先还是法治优先，就是一个典型的伪命题。我们应该把精力集中起来讨论更有意义的问题，真正能够解决中国现实困境的问题。自由派应当理直气壮地提出自己的道德观和国家观，真诚地坚守自己的道德底线，坚持自己的大国立宪主义。我们重视主权统一，甚至也支持领土扩张，只是我们所说的主权是人民的主权，统一是法治的统一，扩张是自由、自主、自决的扩张，不是靠武力把别人的土地抢过来，而是要让自己优越的制度把别人吸引过来，让各方心悦诚服地归附我们。我们现在离这个目标当然还差得太远，所以首先要"修炼内功"，把自己的国家搞好。

如果新年有所期许的话，就让我们一如既往地推动中国成为一个自由、民主、法治的文明大国。

欧盟立宪的谈判历程与启示

从大国宪政的视角来看，英国脱欧并非明智选择。虽然英伦和欧陆历史上一直有隔阂，但恰恰是不同的制度与文化能给欧盟这样的超国家实体保障更多的自由和多样性。更何况欧盟远非"一刀切"，而是给成员国以远比美国各州更大的自由度。英国在欧盟本身就是一个特殊存在，譬如并没有加入申根地区和欧元区。在这种框架下，分而不离其实是更好的选择。事实上，脱欧三年之后，多数英国人似乎开始后悔这个匆忙的决定，英国脱欧无论对于欧盟还是英国来说都是一个损失。和美国联邦类似，二战之后建构的共同体秩序都为欧洲自由与和平作出了巨大贡献。

如果说在 1788 年制订联邦宪法之后，北美大陆在近两个世纪内经历了相对稳定的政治与经济发展，那么欧洲大陆则在半个世纪以前还是分裂与战争的发源地。不论对战胜国还是战败国而言，本世纪的两次世界大战给欧洲各国人民都带来了严重创伤。第二次大战结束后，欧洲的主要民主国家决心记取历史教训，力图在彼此之间形成广泛的政治、经济和军事联盟。1951 年，为了防止西德重新武装后重蹈纳粹专政的覆辙，法国、西德、意大利、荷兰、比利时和卢森堡六国在巴黎签订条约，建立了"欧洲煤钢共同体"(European Coal and Steel Community，简称 ECSC 或 "煤钢条约")，以相互控制战备物资的生产。1957 年，六国又在罗马签订了 "欧洲经济共同体" (European Economic Community，简称 EEC)。和 "欧洲原子能共同体" (European Atomic Energy Community，简称 Euratom)两项条约。以 "经济共同体" 为主，这三项重要条约形成了 "欧洲共同体" (European Community，简称 EC)的基本构架。欧洲经济共同体条约的 "前言" 指出：各成员国决心在欧洲人民中间奠定更为紧密的基础；通过采取共同行动以取消分裂欧洲之壁垒，并保证各国的经济和社会之进步；肯定其基本努力之目标，乃是不断改善其人民的生活和工作条件；承认现存障碍之取消必然要求采取一致行动，以保障稳定增长、平衡贸易和公平竞争；亟需加强其经济之统一，并通过减少不同区域的差异及发展落后地区以保证其和谐发展；期望通过共同贸易之政策，为逐步取消对国际贸易之限制而作出贡献；肯定联合欧洲之团结，并根据联合国宪章之原则保证其繁荣与发展；因而决心集中资源、保护并加强和平与自由，并号召欧洲其它国家中共享这一理想的人民加入这一努力；由此决定建立欧洲经济共同体。

需要注意，和美国的联邦政府不同，共同体并非是由"欧洲人民"直接创造并直接在各国人民之上行使权力的实体。严格说来，共同体条约是由"各成员国"之间达成的一项国际公约，因而其权力与义务仅限于签约的成员国。因此，共同体组织看起来更像松散的邦联而非联邦体制。这也部分解释了共同体机构和美国联邦政府之间在组织上的差异。但在实际上，正如其前言所述，共同体的目的是在全欧洲范围内建立起类似北美大陆的共同市场(Common Market)。为此，共同体条约和法律对成员国之间的贸易限制、市场竞争、农业政策、社会福利和环境保护等各方面都作了有关规定。如下所述，有些政策的协调程度甚至超过了美国。相对于各成员国的国家法律，共同体法律不但地位最高(Supremacy)，而且其最重要的条款在各成员国具备直接效力(Direct Effect)。因此，欧洲最高法院(European Court of Justice)一直强调，共同体条约既非国家法律，亦不同于普通的国际公约，而是别具一格的"共同体法律"(Community Law)。

1992 年，部长理事会在荷兰的马斯特里克特(Masstricht)制订了《欧洲联盟条约》{Treaty of European Union，简称 TEU。}，对共同体条约作出多处根本性修正。《欧洲联盟条约》确定了合并各国的经济和财政体制的方针，并提出了建立"经济与金融联盟"
{Economic and Monetary Union，简称 EMU。}的具体日程。到 20 世
纪末，共同体应完成"经济与金融联盟"的最后阶段，并建立起"欧
洲中央银行系统"{European System of Central Banks，简称 ESCB。}，
以协调各国的金融政策，进而采取统一的欧洲货币单位(ECU)。条
约前言指出：各成员国决心在建立欧洲共同体的欧洲一体化过程中
开创新阶段；牢记结束欧洲大陆之分裂的重要意义，并为建造未来
欧洲而奠定坚实的基础；肯定它们对自由、民主、人权和法治原则
之尊敬；期望加深各国人民之团结，同时尊重其历史、文化和传统；
期望进一步提高政府机构的民主和有效运行，从而使之能在统一的
制度构架中更好地完成委托于它们的任务；决心加强并协调其经
济，并建立经济与金融联盟，包括根据本条约所规定的统一与稳定
之货币；在取得内部市场、加强内聚力和环境保护的基础上，决心
促进其人民的经济和社会进步，并贯彻政策以保证经济一体化伴随
其它领域的平行进展而同步进行；决心在各成员国公民中建立共同
的公民权；决心贯彻共同的外交和安全政策——包括最终形成共同
防御政策，以及时产生共同防御，从而巩固欧洲统一及其独立，促
进欧洲与世界的和平、安全与进步；重申其目标是增进个人的自由
流动，同时在本条约中包括司法和内务条款以保证其人民的安全；
决心继续在欧洲人民中创造一个更为紧密的联盟，并根据辅助原
则，使决策过程尽可能接近公民层面；为促进欧洲一体化而采取进
一步措施，[各成员国]决定建立欧洲联盟。

　　可以预料，如此重大的政治与法律变革必然会受到某些成员国
的阻力。因此，和社会立法类似，条约设计了"双重欧洲"的构想，
允许英国等某些成员国暂不接受某些条款的约束。1992 年，爱尔兰
通过了《欧洲联盟条约》。同年，法国选民以微弱多数通过了条约。
然而，丹麦选民起初反对条约的现行文本。为此，在爱丁堡召开的
欧洲首脑会议首次作出具有国际法约束力的决定，澄清了对欧洲公
民权、经济和金融联盟、共同防御政策、司法和内务合作、及地方

选举权的解释，并明确允许丹麦和英国选择退出经济和金融联盟的第三阶段。欧洲首脑会议还强调了保证各国自治的"辅助原则"；这不仅有助于共同体立法机构形成系统考虑这一原则的习惯，而且直接导致了欧委会撤回少量带有争议的立法建议。此后，丹麦在第二次表决时才批准了条约。在获得其它各成员国的批准后，《欧洲联盟条约》开始生效。

进入 21 世纪，共同体面临最大的"东扩"，准备增加 12 个成员国。但和以前的扩张不同，新旧成员国在政治、经济和文化传统上都存在着较大差异，因而加入前的准备过程尤其艰难漫长。欧盟采取了有条件政策，要求候选国首先显著改革其法律制度，在此之前它们对共同体的法律和政策的影响微乎其微。1993 年，欧洲政务会规定了"哥本哈根标准"(Copenhagen criteria)，对申请加入共同体的后来国家规定了前所未有的严格要求。从 1997 年开始，欧委会每年都对这些国家的进展发表年度报告。在 2001 年底的欧洲政务会上，12 个候选国中的 10 个被认为可能具备必要条件，它们是塞浦路斯、爱沙尼亚、匈牙利、拉托维亚、立陶宛、马耳他、波兰、斯洛伐克、捷克和斯洛文尼亚。剩下保加利亚和罗马尼亚，被要求"再接再厉"，于次年进入全面谈判。希腊和土耳其原来对塞浦路斯北部有领土争议，因而谈判一度复杂化，但由于土耳其本身可能在符合政治与人权标准的前提下加入共同体，这一问题最终获得解决。2004 年 5 月 1 日，中东欧和波罗的海沿岸十个国家正式成为共同体成员。至此，欧洲联盟的成员国增加到 25 个，形成了人口 4.5 亿、面积 400 万平方公里、国内总产值达 10 万亿欧元的新联盟。

和美国一样，欧洲一体化也是通过和平谈判完成的。虽然由于制度、文化、语言及利益冲突等原因，谈判过程艰难曲折，但是欧洲各国并没有大一统观念。何时分、何时合、统合到什么程度、各国保留多少自主权，都是在成员国之间通过自由谈判并自愿达成协议的过程中决定的。自愿组合的政治实体很难形成，但是只有这样的政治结构才能稳定、长久并走向繁荣。

中国回到城乡隔离时代？

　　反观中国，虽然规模和欧盟及美国类似，但是在宪政得以实现之前，大国秩序远未发挥出自由保障作用。不仅中央与地方政令屡屡限制国民自由，而且地方和地方之间也存在形形色色的歧视乃至隔离。事实上，虽然中国号称是主权统一的中央集权大国，法治统一秩序并未形成，一个例子就是长期实施的城乡二元体制。

　　2017 年 11 月，北京大兴一把大火不仅夺走了 19 条生命，也在短短几天内把几十万"低端人口"赶到冰天雪地的回家路上。事故发生后，市政府对城乡结合部等"低端人口"聚集地区实施了地毯式清查，强制关闭了大量合法修建和出租的公寓。日常的安全检查和环境治理本是政府的应尽职责，事故的发生本身已表明政府失职，未曾想政府不仅不反思自身在的治理缺失，却借此"契机"大规模清理"低端人口"、加速落实首都"核心功能"。如果说 2008 年奥运期间，一句"首都欢迎您"表达了改革三十年的开放共识，暗地里却已经开启了驱赶各种"剩余人口"的临时政策，那么随着"核心功能"等概念的强化，人口清理似已成为既定国策。

　　这种政策的远景是按"功能"将各种城市和农村分为三六九等，其中有的是政治中心、文化中心、教育中心、商业金融中心、科技创新中心……有的则集中承担工业制造、能源生产、钢铁冶炼等不那么高大上的功能，有的就只能作为粮食生产基地，说白了就是城市的粮袋、菜篮、肉仓。围绕这一思路论证的各种课题可以很时新、令人很憧憬，但经过计划年代的人都应感觉似曾相识。本质上，这就是一种新的城乡隔离，在一个表面统一的国家内部建立诸多"国中之国"，在其中生活的个人也按其履行的经济社会功能而被赋予相应的等级。

　　遥想当年，户籍制度、收容遣送等一系列恶法都是城乡隔离大战略下生成的计划体制产物。城里待遇好，农民自然源源不断要进城，由此产生了清理驱返并把他们牢牢绑在自己该呆的地方好好种田的制度性需求。到"三年自然灾害"闹饥荒的时候，种粮却吃不上粮的农民大规模逃荒要饭；地方官怕事情泄露丢了乌纱帽，派民兵卡住出村要道，把隔离落实到田间地头，让许多农民饿死在自己家里。相比之下，城里人虽不种粮，却几乎没听说有人饿死的。那个年代，虽然城市居民特权不大，也很穷、也吃不饱，有的地方甚至出现了浮肿病，却还是搭了城市特权的便车，那一点点特权即足以决定人的生死。这些事情现在听起来很夸张，但要说遥远也并非如此遥远，因为户籍等旧制度还在。

　　1978 年开始改革，农村相继恢复"包产到户"，中国从此告别了粮食危机，饿死人的事情极少有了。改革的主旋律是开放，农地向农民开放，城市向农村开放。城乡二元体制一直存在，户籍制度从未取消，迁徙自由也未写入 82 宪法，但事实上的迁徙自由、择业自由和居住自由逐渐成为中国社会的共识。只要有一份相对稳定的工作，获得合法"暂住"的权利并非难事。2003 年孙志刚事件发生后，很快取消了收容遣送制度，算是对改革共识的迟到承认。

　　当然，既然户籍制度还在，许多城市特权和户籍捆绑在一起，平等待遇是不可以有的。众所周知，农民工干的是最苦最脏的活，拿的是最低的工资，甚至这样的工资都可能被长期拖欠。哪怕你做到了高级白领，月薪相当于北京"土著"的年薪，只要没有本地户籍，你的孩子照样是"随迁子女"，读完高中照样要回原籍高考，现在甚至到中考就要被学校劝退。有老外一语道破本质：中国的户籍就是护照！其实和欧盟等区域共同体相比，户籍还不如护照，因为成员国的国民们虽然持有不同护照，但不仅迁徙是自由的，而且求职谋生的机会和待遇是平等的，否则可以起诉。然而，在城乡二元体制造成的长期封闭之后，农村早已留不住年轻人，发展机会都在城市；即便来城里受剥削，也比呆在老家留守一亩三分地要强。毕竟，城市为他们提供了就业和居住的机会；即便这种机会再不平等，也被默认和接受了。

因此，近四十年之后，中国变成了一个半开放社会。要步入发达文明的行业，只有再往前进一步，从半开放走向全面开放，从不平等走向机会和待遇平等，从事实上的自由进化到受制度保障的自由。然而，近年来的趋势却恰好相反。仿佛经过三十年高速发展的"原始积累"以后，中国获得了足够的底气和自信，有资本换一种方式走回头路了。原来敞开的城市大门正在选择性关闭，为城市繁荣奉献过青春和血汗的"低端人口"成了不受欢迎的人；首都赋予自己独一无二的"核心功能"，大城市和小城市、城市和农村、近郊和偏远乡村迟早也会如法炮制，按照被动或自我赋予的"功能"定位决定欢迎哪些人、排斥哪些人……我们再一次看到了一份光鲜耀眼的宏伟蓝图，其实它只是把五十年代的旧图纸绘成彩色而已。如果连事实上的迁徙和就业自由都没有了，那将是改革开放的根本倒退。

计划体制让掌握重权的计划者满怀激情和雄心，但是它不会成功。它之所以不成功，首先还不在于它侵犯了这项权利、那个自由，而在于它违背人性。人在本质上是自由的，人追求幸福的动力是任何制度都挡不住的。当然，自由并非无限；人可以被管制，但不可以被计划，更不可以被隔离。过去几十年的经验和教训，无非总结为这一条人性基本规律。这是为什么任何计划体制无论如何理性设计、小心求证，终究逃不过失败的宿命，社会也将再次为此付出惨重代价。迄今为止，这个世界上没有一个国家是靠歧视、隔离或压抑追求美好生活的自由而走向富强的，中国也不会例外。

十九大报告说得不错，当今中国"社会主要矛盾已经转化为人民日益增长的美好生活需要和不充分、不平衡发展之间的矛盾"。依我看，充分与平衡的发展即意味着自由和平等的发展。从大兴火灾之后发生的大规模人口清理来看，政府采取的措施和这一目标恰好背道而驰。中国要获得健康发展，再也不能走城乡隔离的老路了。

如何对付外来病毒？ 美国联邦制的启示

当代中国的"地方割据"莫过于新冠病毒肆虐期间的各地"封城"、封路、封小区。武汉等湖北多地"封城"，"武汉"几成"病毒"标志，全国弥漫着"闻汉色变"的恐慌。各地对武汉人、湖北人避之唯恐不及，外地酒店普遍拒绝持武汉或湖北身份证的客人入住。湖北邻省的农村普遍采取堵路、封村的办法，严防外地人员进入，洛阳则对湖北牌照车辆执行"劝返"。已经出省的湖北人或来自湖北的返乡人员普遍遭到隔离乃至驱逐的待遇，不少社区公布了针对湖北返乡人员的举报电话，有的甚至不让返乡人员进门，有的则用木板或金属管封死返乡人员的住处，或在住户门口贴封条、挂横幅，明示这些住户的武汉接触史。灾难面前，地域歧视正在以防控病毒的名义大行其道。

由于新冠肺炎病毒的高传染性，不难理解各地居民和政府的恐慌。虽然突如其来的封城决定严重影响了武汉等地市民的日常生活和基本自由，这样的决定在法治国家应当通过合法程序宣布地方紧急状态才能得以实施，我也未必反对封城，因为我们毕竟无从知道疫情的真实严重程度。从官方公布的数据看，虽然存在武汉人到了外地或外地人经过武汉得病的报道，但是人数似乎很少，武汉人在外地传播给外地人的事例更少。然而，从一些现场报道来看，不能排除武汉等地感染病毒乃至死亡的人数远超出官方数据的可能，封城有可能是控制病毒传染的不得已之举。我的问题是，武汉封城和各地对湖北人的封堵给人的第一感觉是"各家自扫门前雪""自己的问题自己解决"；现在武汉人成了"问题人口"，一定比例的武汉人是病毒携带者，不要在全国到处乱跑去"祸害"其它地方的人。似乎在许多人看来，封城的目的是让疫区"自生自灭"。这不禁让我联想起美国联邦最高法院一项关于废品处理的判决。

　　就在中国改革元年——1978 年的"废品倾倒案"(Philadelphia v. New Jersy)，美国东部小州新泽西的法律禁止任何在州外产生或收集的固态与液态废品进入州内的废品处理场。州内的私人废品处理商和与之签约的几个外州城市提出挑战，认为这项法律违反了联邦宪法第 1 条第 3 款中的"州际贸易"条款。在法庭上，新泽西州给出的辩护理由是，按照现有速度，本州的废品处理场地将在几年内被耗尽，而开发新的场地将引起环境问题。新泽西州最高法院认为州法促进了重要的健康与环境目标，而对州际贸易的实际影响微乎其微，因而肯定了州法的合宪性。然而，联邦最高法院判决州法违宪，因为废品也是属于州际贸易的"商品"，而各州无权仅根据地方需要，即禁止私人运输和销售其所占有的贸易商品。既然新泽西州法在文字上已明确体现出地方保护主义，法院判决这项法律在"本质上无效"。当然，新泽西州保护健康与环境的目的是合法的，但它采取的手段使之隔绝于全国经济市场之外，因而违反了宪法的贸易条款。

　　我在课堂上讨论这个案例的时候，许多同学都想不通：难道自家还不能拒绝别人家的垃圾埋到自家后院？美国联邦制不是很重视地方自治的吗？地方怎么连这点自主权都没有？是的，联邦制确实非常重视地方自治，联邦宪法实质上是地方自治的宪法化。美国各州不仅选举产生自己的州长和议会、制定自己的法律，而且还制定自己的宪法、决定自己的制度——当然，不能实行帝制、奴隶制。联邦宪法第十修正案还明确规定，州有"剩余立法权"：凡是联邦宪法没有授权给联邦立法的权力，都属于各州；如果联邦在属于州权领域立法，一律违宪无效。然而，各州自主权再大，也不是"独立王国"，也不能没有章法。联邦制的基本宗旨是，中央和地方的权力关系不是命令和服从，而是法律和法律之间的关系。如果州法行使了宪法禁止其行使的权力，也同样违宪无效。联邦宪法第 1 条第 3 款中的"州际贸易"条款本意是授权联邦调控超越一州范围的贸易，但是最高法院从中读出了禁止各州自我保护、相互歧视的意思。

简言之，州际贸易条款所否定的正是"以邻为壑""各家自扫门前雪"的思维。不错，各州确实对于本州事务享有完全的自主权，但是一旦涉及州外的人和事，那就不能忘记联邦是一个法律统一的国家。一件商品进入全国市场之后，各州只能任其自由流通，而不能将其拒之门外。联邦最高法院在这个领域判决了大量案例，一个总的原则是：各州既不能把"好东西"保留在州内，也不能拒绝接收来自州外的"坏东西"。垃圾废品是坏东西，但也是全国流通的"商品"，只不过价值为负。这些"商品"来到新泽西，想必不是空手白来，而是和新泽西签订了合同、支付了补偿。如果新泽西地少，自己填埋垃圾都成问题，那完全可以把自己的垃圾通过全国的垃圾市场运往别处，或抬高本地废品处理的成本，让周边的垃圾流向成本更低的地方，最终让市场实现资源的最优配置。总之，最高法院的判决下来，至今已四十余年，新泽西美丽依旧，并没有变成一个污秽不堪的垃圾城。

遇到灾难，各州更不能关起门来"独善其身"。1929 年的大萧条对美国经济创伤至深，各州对于稳定州内经济焦头烂额、自顾不暇。大萧条时期，一些州牛奶严重过剩、价格过低。为了稳定州内牛奶市场价格，纽约州制订了《牛奶控制法》，授权"牛奶控制委员会"规定最低牛奶价格，并禁止在州内销售以低价买来的外州牛奶。在 1935 年的"牛奶价格案"(Baldwin v. G.A.F. Seelig, Inc.)，联邦最高法院一致判决州法无效。纽约州对州际贸易商品规定最低价格，在效果上等同于关税建立的"敌视性贸易障碍"，而这在美国联邦体制下是绝对不允许的。纽约州不得为了促进本州奶农的经济福利，而拒绝接受来自外州的商业竞争。如果法院对这类"州权"广开大门，那么民族团结将迅速寿终正寝。卡多佐大法官在判决中精辟指出："联邦宪法基于的理论是，各州人民必须沉浮与共，并在长远看来，繁荣和拯救在于联合而非分裂。"

由此可见，联邦制同时有自治和集中两面。一方面，地方对于保护本地的健康、安全、卫生等公共利益确实享有很大的自主权；另一方面，地方不能自我保护"过头"，歧视外来人口或物资。地方画地为牢、为所欲为的，不叫联邦，叫"地方割据"。国内有些别有用心的势力污名化联邦制，把联邦和分裂划等号。事实当然恰好相反：正是在充分保护地方民主自治的基础上，大国联邦才能更实质性地维护统一；反而在一个央地权力关系处于丛林状态的大一统体制，最容易发生地方割据。1月23日武汉封城之后，各地对湖北人围追堵截的众生相已然验证了这一点。

当然，病毒带有传染性，不能等同于牛奶或废品，封城作为疫情控制措施或有一定合理性。但人们的正常预期是，在一个中央高度集权的单一制国家，全国的医疗资源能马上集中投入疫区。然而，十多天过去，这一切并没有发生，武汉等地依旧面临缺医少药、没有床位、众多疑似患者只能回家等待、甚至医护人员都得不到有效防护的困境，极易酿成地方性人道主义危机。放眼全国，北京、上海等地则虽有感染，却远没有达到医疗资源紧缺的地步，大量可被用于救援疫区的物资出于种种原因被闲置和浪费，即便运送到疫区的大量物资也因为救援途径的官方垄断而没有被及时分配到救援一线。也许上海人会说，上海的资源要留给本地人享用，说不定今后上海的感染人数还会增加呢？问题是，武汉等地现在就靠这批资源救命，总不能见死不救？生命是等价的，我们不能因为自己今后可能面临风险，就扣留自己的同胞赖以生存的关键资源，更何况这种风险只是虚无缥缈的臆测。

我并不主张马上解除封城——尽管逃生是人的本能和自然权利。但是如果武汉等地的药物、病床、口罩、防护服等基本物资持续处于短缺状态，湖北本地以及来自外地的有限医疗资源不足以解决迫在眉睫的人道危机，那么中央有义务以安全的运输方式将武汉等地的病毒感染者分流到北京、上海等医疗资源相对丰厚的省市，让他们得到有效的医治，而这些地方必须配合、不得拒绝。这也许会给这些地方尤其是其医务人员带来一点风险，但这是一个统一国家所必须兑现的基本承诺。官方宣传每天都把"国家统一"放在无以复加的至高位置，但是如果一方有难即八方推诿，"统一"又体现在何处呢？

真正的统一只有建立在社会契约的基础上。事实上，"联邦"(*foedus*)的原意即是"盟约"。最根本的盟约不只是地方和地方或地方和中央的约定，而是人民之间的约定。国家犹如一个大保险公司：今天我有灾，你来支援我；明天你有难，我来救助你。如果我这次有事，你不来，那么下次你有事的时候，就自己等死吧——这分明是一个各自为战、人人自危的互害丛林，哪有一点"国家"的样子？真正的国家是一群正派人之间的基本约定：我尊重你的权利——至少生命权，以换取你对我的生命和权利的尊重。没有这个基本契约，你我都是"国家"之下朝不保夕的奴隶。

武汉肺炎是一场灾难，但也可以是这个民族获得重生的一次机会。虽然武汉人携带病毒的比例高于其他人，他们应当得到其它地方的合理与公平对待；我们要共同对付的是病毒，而不是武汉人或湖北人。对于脱离疫区不到 14 天的人员，需要进行必要的隔离和检测，但是不能以此作为地域歧视或各种过度防控的借口。对于有必要临时封锁的疫情严重地区，必须让救援物资源源不断地自由流向最需要的救援前线；如果患者数量已经超出湖北当地的医疗承载限度，各地都有义务以安全的方式接纳和救治湖北患者。

卡多佐大法官在 1935 年的判决中指出："联邦宪法基于的理论是，各州人民必须沉浮与共，并在长远看来，繁荣和拯救在于联合而非分裂。"归根结底，国家应该是一个自治互助、权利共享的共同体。我们是否生活在这样的国家，不仅取决于掌权者如何处置这次危机，也取决于我们自己的行为和态度。

关于依宪执政应对危机的几点建议

当前，新冠肺炎病毒肆虐全国，武汉等多地深受其害，令每个人揪心。虽然各地采取紧急措施严防死守，但是疫情仍然未得到有效控制，外界甚至对疫情的严重程度并不真正知情。随着春节后返工潮的来临，各地疫情可能面临新一轮高发期。面临如此严峻的疫情防控压力，各地均出现了一些过度防疫现象，对人民日常生活产生了严重影响，甚至侵犯了公民的人身自由和财产权等宪法权利，却未必能对防控病毒传播发挥多大作用。虽然疫情危急，但是依宪治国的方寸不能乱，否则反而欲速不达。以下，我谨从宪法和法治视角，对当下疫情防控措施中的问题与不足提出以下三方面建议。

一、尊重言论自由

首先，1982 年宪法第 35 条保障公民的言论自由，但是在现实中，这一条至关重要的宪法权利却屡屡得不到有效保障，进而造成严重的社会后果。2003 年非典爆发，已经对言论与出版自由的重要性给我们上了沉重一课，但是非典教训并没有被记取，以至性质类似的灾难 17 后以更大规模再度爆发。毋庸置疑，武汉肺炎的凶猛蔓延是压制言论自由、剥夺公民知情权的直接后果。2019 年底，李文亮等八名武汉医生出于职业操守和良知，在微信群里披露了疫情，结果遭到了警方的违法"训诫"，造成了知情者对疫情噤若寒蝉，武汉市民生活在完全不知情、无防护的状态下。假如当时不压制上述言论，社会能尽早知晓病毒的严重性并主动采取相应防护措施，那么病毒就不会蔓延到今天这种严重态势。

目前，各级各地的普遍思维是严打"谣言"，似乎打击谣言总没有错，而且罪名从"寻衅滋事"到"危害国家安全"，不断上纲上线，变得越来越严重可怕，直接造成各地警察权力的严重滥用。这种思维不符合宪法第 35 条。首先，如李文亮事件显示，"谣言"可能是并不"遥远的预言"；地方公权力打压言论，往往并非是因为言论本身是造谣，而恰恰是有关言论揭露了当地领导不愿告人的真相。其次，也如李文亮事件显示，即便某些言论并非 100%真实，但仍然包含了真实有用的信息，譬如武汉肺炎并非 SARS 病毒的简单翻版，但是在性质和特征上存在很大的相似性，因为信息不完全准确而以"谣言"之名加以惩治，造成噤若寒蝉、万马齐喑的局面，同样剥夺了社会知情权。最后，即便言论完全是子虚乌有的谣言，一般也不可怕，并不会产生严重后果。俗话说，"谣言止于真相"；言论自由才是真相的最可靠保障，而绝大多数谣言会在自由交流的环境下自生自灭，至多只需要政府出面澄清，完全不需要动用警力进行威吓。譬如网上刚刚流传武汉病毒研究所一位研究员的"实名举报"，但是这名研究员的实名澄清即足以清除谣言，并未产生任何社会后果。只有在很可能产生迫在眉睫、不可挽回的重大社会后果的情况下，政府才有权力依法惩治谣言。

疫情并不可怕，真正可怕的是社会对疫情的不知情。和疫情的早期防控一样，疫情爆发之后的防控仍然离不开言论自由和公民知情权保障。然而，疫情蔓延至今，各地对言论的管控有增无减，致使社会对疫情的真实情况仍然不知情。譬如在武汉的"公民记者"陈秋实和方斌相继失联，而武汉的实际感染和死亡人数仍然不可信；在湖北省和武汉市主要领导换人的次日，武汉确症感染人数突增近万人，让社会对之前那么多天发布数据的真实性产生疑问。事实上，压制言论自由不只是剥夺了社会的知情权，往往也剥夺了中央的知情权。尽管有大数据等当代科技先进手段，中国那么大、地方那么多，而集权体制下的地方官员都有造假冲动，一个中央难以知晓地方真实情况。武汉真实感染人数直接决定了当下对策的有效性与合理性，雷神山、火神山等突击建造的医院是否够用、治疗条件是否合格？武汉等地哪些医院紧缺资源、医护人员自身防护措施是否到位、资源缺口到底多大？如果放开言论管制，让记者自由调查、新闻自由报道，这些问题都不难找到答案。但是在严密的言论管控下，这些基本问题却反而没有了答案。一个不知情的社会很难监督政府理性决策，很难保证疫情应对政策不出重大差错。

二、善待公民社会

改革开放四十年，中国公民社会得到了长足发展，社会自治和管理能力显著提高。这本来是中国进步的重大标志，部分体现于危机防控能力的显著增强。2008 年汶川地震期间，民间救援就发挥了重要作用。但近年来，公民社会被当作政权稳定的威胁而受到严厉管制和打压，致使社会救援在此次疫情控制中表现乏力。尤其是湖北红十字会等效率低下的官方机构垄断了救援途径，致使救援物资迟迟到达不了急需救援的地方。一旦公民社会遭到扼杀，社会自救能力急剧下降，而中国规模如此之大，一个中央政府难免捉襟见肘、挂一漏万。因此，一个社会健康稳定的前提必然是公民社会的自由发展。

虽然一个健康活跃的公民社会必然会积极监督政府行为，但是理性的执政者应该看到，公民社会终究是执政党的朋友。只有在公民社会的有效监督下，执政党才能防止自身腐败和公权滥用，实现长治久安；也只有活跃的公民社会才能实现社区自治、主动化解危机，帮助执政党排忧解难。执政党应当尊重宪法第 35 条赋予公民的言论自由与结社自由，善待公民社会的积极分子。他们当中有的人对政府作为常持批评态度，少数人甚至言辞相当激烈，但他们都是有爱心、有激情、有能量的人。如果执政党能对这部分人宽容大度，必然能换来其真心认同，社会公益事业也如虎添翼。如此，则社会良性治理就不难实现了。

在现阶段，亟需激发公民社会的力量，停止对公民社会的过度管控和打压，允许公民自由结社、互利互助，打破救援渠道的官方垄断，让非政府组织直接介入武汉等疫情严重地区的救援，通过社会和市场渠道调配救援物资，让武汉等地市民直接而及时得到全社会的友情救助。

三、规范央地职能

此次疫情首发武汉、蔓延全国，需要中央和各地按各自的宪法权限妥善配合、协调处理。然而，由于央地关系长期没有得到法治化，中央和地方相互越权的现象屡屡发生。此次疫情防控过程中，中共中央直接替换了湖北省长，而没有按宪法规定走湖北省人大的任免程序，属于中央越权行为。另外，据传武汉市政府很早即上报疫情，但中央一直没有"授权"其公开通报；这属于央地权限配置不当，造成贻误疫情防控战机。在法治国家，地方享有保护当地居民健康、卫生、安全等公共利益的自主权；如果确定发现疫情，有权也有义务向社会公布真实情况，而无需中央批准。央地关系不能被片面理解为中央领导一切、指挥地方，而是要按照宪法和法律规定的权限行使各自的宪法职能。中央需要带头遵守自己的宪法权限，才能对各地方政府产生榜样示范作用。

武汉"封城"之后，目前最大的问题是造成各地恐慌、过度防疫，纷纷采取类似的封城、封路、封小区乃至封户措施，严重影响了人民的人身自由和生活便利。有的地方禁止返乡或返工人员进入，或要求没有当地身份证或自住房的缴纳数十万高额"保证金"，各种措施简单粗暴、不一而足。事实上，地方封城措施已经等同于宣布紧急状态，却从未经过宪法规定的紧急状态宣布程序，而地方也没有自行宣布紧急状态的宪法权力，采取这些措施的程序和主体显然违宪。

如我在"如何对付外来病毒"一文中论证，这些地方保护主义措施严重破坏了国家法治统一，中央应当明令禁止。武汉封城的性质是地方自律措施，以防当地的众多病毒感染者蔓延全国。湖北之外的各地疫情则显然没有如此危重，其封城封路的逻辑不是控制病毒扩散，而是"各家自扫门前雪"，防止潜在的病毒携带者进入自己的城市或小区；至于这些人被排斥在外命运如何，则不是自己关心的事情。一个法治统一国家不能允许这样的地方保护主义逻辑存在，各地不得拒斥正常的外来人口流动，除非有确凿证据表明这些人是病毒感染的高危人群。在各地感染率仍然很低的情况下，各种封闭措施显然不符合上述条件。即便是为了控制疫情扩散，它们也构成过度防疫、违背比例原则，其对疫情控制带来的好处和人民失去的自由和便利相比严重不成比例，而疫情防控完全可以通过普及体温测试、定点排查高危人口等成本更低的措施实现。

最后，武汉等地封城固然控制了疫情，但是如我之前强调的，封城不能变成弃城。虽然中央与各地投入了大量人力与物力资源，但是武汉等地的药物、口罩尤其是病床等医疗资源仍然严重供不应求。匆忙建成的火神山定点医院据说发生漏雨、质量堪忧，湖北本地以及来自外地的有限医疗资源似乎不足以应对仍然不断扩大的疫情。如果这种状态短期内得不到改变，那么中央有义务以安全的运输方式将武汉等地的病毒感染者分流到北京、上海等医疗资源相对丰厚的省市，让他们得到有效的医治，而这些地方必须配合、不得拒绝。

综上，我强烈建议中央政府依宪执政，以宪法和法治精神应对此次武汉肺炎危机：（1）充分尊重公民的言论自由，保障社会知情权；（2）善待公民社会，积极利用社会与市场资源来应对疫情危机；（3）规范央地职能，在遵守宪法权限基础上禁止各地的过度防疫和地域歧视措施。各地对于脱离疫区不到 14 天的人员，需要进行必要的隔离和检测，但是不能以此作为地域歧视或各种过度防控的借口。对有必要临时封锁的疫情严重地区，必须让救援物资不断地自由流向最需要的救援前线；如果患者数量已经超出湖北当地的医疗承载限度，各地都有义务以安全的方式接纳和救治湖北患者。

强制集中隔离违背比例原则与平等原则

中国擅长"集中力量办大事"，但是"大事"既可以是好事，也可以是坏事。是好是坏，要看利弊得失的权衡结果。但在我们这里，往往"一俊遮百丑"，好事的大光环遮掩了众多小黑点。新冠肺炎爆发后，中国动用举国之力，各地纷纷封城、封户，在相对较短时间内控制了疫情。这固然是"中国模式"的"伟大成就"，但是全国人民的基本自由也付出了巨大牺牲，似乎并没有引起足够重视，由此对商业活动和私人财产等带来的次生损失更是无法估算。虽然武汉等地封城出于特殊原因而有其必要性，绝大多数地方的封城、封村、封户措施无疑是过度防疫。日本、韩国、香港与台湾地区的防疫经验表明，只要根据国情特点处置得当，更宽松的管制措施也能有效控制疫情。相对宽松的管制措施或许会多几例确证病例，但是这个代价和严格封户、强制隔离让那么多人付出的自由和财产代价相比微不足道。换言之，国内许多地方的严格防疫措施并不符合比例原则；与更加合理宽松的防疫措施相比，我们为实现同样的防疫收益付出了太多不必要的成本。

过度严格的防疫措施仍在延续，一个例子是境外归国人员的强制集中自费隔离。疫情扩散到欧美后，欧美学校纷纷关门放假，许多留学人员回国，确实给京沪防疫带来很大压力。加强管控、减少航班甚至一段时间内禁止外国人入境，其必要性均可以理解。然而，为了确保"万无一失"，京沪机场再次实施过度防疫，不仅要求归国人员自费集中隔离，而且还将他们飞往其它城市、等检疫发现没有问题后再飞回京沪。这样也许能确保个别输入病例得到有效检测，但是如何权衡由此对广大归国人员的自由和财产损失所带来的成本？是否可能通过限制更小的措施基本实现同样的防疫效果？强制集中自费隔离措施是否符合国内法律和国际规则？这些问题似乎迄今无人过问。

归国人员的强制集中隔离不仅违反比例原则，让绝大多数健康的归国人员单方面承受了不必要的防疫代价，而且也违背了平等原则与国际规则。2005 年的《国际卫生条例》是包括世卫组织所有会员国在内的 196 个国家达成的一项协议，体现了各国为实现全球卫生安全所作出的共同努力，中国在其中发挥了重要作用，理应成为严格实施条例的典范。《国际卫生条例》所容许的防疫措施集中体现了比例原则，明确禁止不必要的强制性防疫措施，尤其禁止让旅客为自己不能选择的强制措施买单。事实上，不仅世界上没有一个国家对境外旅客进行强制集中自费隔离的做法，而且中国国内也不是这么做的。对于国内普通公民，各地也至多是采取居家隔离的方式；对于疑似感染的病人，当然可以强制集中隔离，但是住院治疗也是免费的。

一、比例原则

作为立法与行政法治的基本原则，比例原则要求立法与行政行为不仅以公共利益为目的，而且构成实现公共利益的必要与适当之手段，且其产生的成本不得超过其所带来的收益。在全球疫情汹涌之际，防疫当然是至高无上的公共利益，但是实现公共利益的手段必须符合比例原则，且不能让个人为公共利益承受不成比例的负担。如果不符合比例原则，那么即便抗疫成功，也不是值得炫耀的成就，因为人民为此付出了本来不必付出的巨大代价。毋庸置疑，防疫措施直接限制了公民自由和权利，由此产生的代价必须被考虑在关于防疫措施的成本收益权衡之内。

关于防止传染病扩散的比例原则，具体可参见 1984 年由联合国经济及社会理事会下属人权委员会通过的《锡拉库扎原则》（Siracusa Principles）。该原则援引《公民权利和政治权利国际公约》

的规定指出，对人权的限制必须符合合法性、基于证据的必要性、相称性和渐进性等标准。如果相关国家需要采取措施防止疾病或伤害，公共卫生可以作为限制某些权利的理由，而采取检疫、隔离等措施，但他们必须是"绝对必要的"，并符合以下条件：对紧迫的公众或社会需要（如健康）作出反应，追求合法的目标（如防止传染病的传播），为达到限制的目的而有所必要，采用限制最少的方法，并依法执行限制。

对于从疫区回来的境外归国人员，强制性的集中隔离是否符合比例原则？无疑，这一措施是针对紧迫的公共需要所做出的反应，其追求的目标显然合法。问题在于，它是否为达到目的而必须采取的"必要"手段？是否还存在限制更少的方法也能同样达到目的？与此相关的一个问题是，如果实施强制集中隔离，是否应由境外归国人员自己承担由此产生的费用？

强制集中隔离显然不符合比例原则的必要性要求。归国人员中确有个别人可能感染病毒，因而需要进行隔离和治疗，但是对于绝大多数健康的归国人员来说，自行居家隔离加上有效的检测和报告系统也完全可以实现甄别其中个别病毒携带者并防止其传染的效果。尤其是对于有单独住处、隔离期间不和家人同住的人，为何不能居家隔离？自行居家隔离固然存在某些人不够自觉的问题，但是以目前的检控手段及其尚可被强化的潜力来看，产生的安全威胁是极个别的，而归国人员的自由和财产所承受的损失却是极普遍的。更何况如果明确要求瞒报者对其行为产生的严重后果承担民事乃至刑事法律责任，让瞒报行为得不偿失，完全可以将自行居家隔离的道德风险降至最低。

另外，既然是强制而非自愿集中隔离，为何要求自费？如果公共利益确实要求集中隔离，以至一个大概率没有感染病毒的个人不能自行选择，那么这个费用应该由国家与社会集体承担。要求本身无健康问题的个人为集体福利承担不可比例的成本，显然违背了基本公正原则。事实上，也正是因为有关部门简单将防疫产生的成本负担甩给归国人员，不需要权衡强制集中隔离所带来的成本收益，因而才出台了强制集中隔离的过度防疫措施。

至于是否有必要禁止所有国际航线经停北京机场，所有飞往北京的航班都要先停周边机场、检疫没问题的再返回北京？这似乎是更没有必要的人为折腾。尤其是现在已经极大压缩了归国航班次数，一个国家每周只能保留一个航班飞往中国，经停北京的航班和归国人员人数已经大幅度减少，适当检疫完全处于北京市的能力范围之内。既然如此，这样的措施有何必要性？收益多少？成本几何？有关部门有义务根据不断变化的实际情况，及时检验防疫措施的必要性并权衡其成本收益，否则很容易构成过度防疫，对归国人员施加不必要的沉重负担。

二、《国际卫生条例》的规定

《国际卫生条例》基于比例原则，明确规定了防疫可以和不得采取的措施。其中第 23 条第 1 与第 2 款具体规定了对旅行者的防疫措施：

缔约国出于公共卫生目的，可要求在到达或离开时对旅行者（1）了解有关该旅行者旅行目的地的情况，以便与其取得联系；（2）了解有关该旅行者旅行路线，以确认到达前是否在受染地区或其附近进行过旅行或可能接触感染或污染，以及检查旅行者的健康文件(如果按本条例需要此类文件)；和/或（3）进行能够实现公共卫生目标的干扰性最小的非创伤性医学检查。

如通过本条第 1 款规定的措施或通过其它手段取得的证据表明存在公共卫生危害，尤其针对嫌疑或受染旅行者，缔约国可在个别情况个别处理的基础上，按本条例采取能够实现防范疾病国际传播的公共卫生目标的干扰性和创伤性最小的医学检查等额外卫生措施。

上述规定不仅没有授权缔约国对旅行者进行强制集中隔离，而且明确禁止不分青红皂白对全体旅行者进行强制集中隔离。根据第 23 条第 1 款，缔约国可以做的是要求旅行者提供信息和相关健康文件，至多"进行能够实现公共卫生目标的干扰性最小的非创伤性医学检查"，而如上论证，集中强制隔离并不属于"干扰性最小"的检查措施。第 2 款仅允许缔约国针对有嫌疑或受感染旅行者"在个别情况个别处理的基础上"采取"额外卫生措施"，而并未允许针对全体旅行者——尤其是经过体温等初步检测后没有发现问题的旅行者——采取额外措施。由此可见，强制集中隔离不符合《国际卫生条例》第 23 条授权采取的防疫措施。

《国际卫生条例》第 40 条第 1 款还明确规定了针对旅行者的卫生措施收费：

> 缔约国根据本条例对以下公共卫生保护措施不得收取费用：(1) 根据本条例进行的医学检查，或缔约国为确定被检查旅行者健康状况而可能要求进行的任何补充检查……(3)要求对旅行者进行的适当隔离或检疫……

虽然第 2 款规定，"缔约国可对除本条第 1 款中提及的卫生措施之外的其它卫生措施——包括主要有益于旅行者的措施——收取费用"，但是"隔离或检疫"措施已属于第 1 款中明确提及的卫生措施，因而不属于第 2 款规定的可收费项目。由此可见，《国际卫生条例》并不允许对隔离或检疫措施收取费用，而就我所知，无论是欧美还是日韩，至少没有一个发达国家对有症状的病人进行隔离和检测收取费用。

三、平等原则

最后，对境外归国人员实施强制集中隔离显然违背了宪法第 33 条规定的平等原则。即便对于国内实施严格封户的地方，无症状居民也只是居家隔离，而非强制集中隔离。尤其在疫情发展的高峰时期，居家隔离其实存在一定的风险，因为无症状感染者可能将病毒传染给同住的家庭成员；事实上，这种风险至今仍未消除，而国内没有任何一个地方对无症状居民实施过普遍的强制集中隔离。当然，鉴于居民人数众多，这种措施并无现实可行性，但是法律原则的效力并不取决于其现实可行性。即便可以对某个地方的居民全体实行强制集中隔离，这种措施也显而易见不符合比例原则，缺乏可行性（成本太高）只是其违背比例原则的一个体现。另外，对于没有实施封城或已经解封的地方，国内也从未对地区之间流通的人员实施过集中隔离，譬如北京对外地进京人员也只是实行 14 天的居家隔离措施。

对境外归国人员统一实施集中隔离具备现实"可行性"（尽管从机场爆满的场面来看也是压力巨大，以至实施去外地检测飞回北京的措施，而这样又会产生新的感染风险和时间成本等问题），但是这类强制措施和对国内居民实施集中隔离一样违背比例原则，而区分境内境外构成了对归国人员的任意歧视。境内境外有何实质区别？即便欧美等国目前仍然处于病毒高发期，但是从有关报道来看，境外感染比例并不显著高于境内（两边统计口径不一，国内对无症状感染并不实行普遍检测），除了中俄边境集中爆发的个案之外，输入病例迄今寥寥无几，可见并不能将境外归国人员作为一个特殊的高风险人群。在经过初步检测没有发现问题之后，必须将他们和国内居民同等对待，在实施 14 天的居家隔离期间加强检测和报告措施。对于故意隐瞒病情者，完全可以追究其民事赔偿乃至刑事责任，仅此即足以防止境外输入病毒的道德风险。

事实上，平等原则是普遍适用的。即便对外国人，一般也不能进行歧视，更何况几乎所有境外归国人员都是本国公民，多数归国人员也是属于学习或工作期满正常回国的情况。尽管某些人可能是想"蹭"国内相对安全的环境和免费治疗待遇（不少人很可能是被不实宣传所误导），但是无论如何，获得本国公民的平等待遇是宪法赋予他们的基本权利。显然，在国外学习或工作不是任何意义上的个人"过错"，不应受到没有法律依据、违背平等原则、对于有效防疫没有必要的"处罚"，而对归国人员普遍进行强制集中自费隔离，给人的感觉就是一种相当任性的处罚甚至羞辱。

基于以上埋由，对境外归国人员统一实施强制性自费集中隔离显然构成过度防御，有违比例原则与平等原则。我建议有关决策部门重新考虑这项措施的必要性与合法性，并谨慎权衡其所带来的成本收益。和统一集中隔离相比，更为适当的措施是对初步检测没有发现问题的归国人员实行居家隔离，并完善其健康情况的检查和申报制度。

肆、选票的意义

　　无论是法治还是自由保障，一切的起点都是选举民主。没有中央民主，国家法律就可能沦为暴政工具。没有地方民主，就不可能有真正的地方自治和央地法治，也不可能抵御过度防疫这样的中央任性；恰好相反，疫情三年，我们看到的是各级地方对清零政策层层加码。选票至关重要，但目前在中国可说的实在不多。2019 年 11 月的香港区议会选举一度给香港民主带来希望，但是这个希望在 2021 年立法会选举的严控之下彻底破灭了。

　　只有个别既有远见又有胆气的"君子"才知道选票是改变中国的钥匙，并身体力行地为基层民主做准备。绝大多数人仍然停留在"选举被操控、投票无意义"之类的肤浅短视，想必令同样短视的当局喜不自禁。这种浅见和"宪法未落实、行宪无意义"一样，都是循环论证的自相矛盾。如果当局不落实宪法，难道不正意味着你要坚持践行宪法吗？如果当局操控选举，不正说明选举重要，所以你要出来积极参选投票吗？

政治制度决定民族机遇

　　"中国的机期遇结束了吗？"这个题目很大。我们经常高谈阔论"机遇""战略""挑战"这些高大上的概念。久而久之，我能嗅出一种投机取巧的味道。一会儿"机遇"来了，一会儿"机遇"走了，治国犹如走钢丝。在这个国家，我们有太多莫名其妙的乐观、悲观、忧虑、张狂。一会儿"美利坚的末日"到了，一会儿欧洲债务陷入了万劫不复的危机……就好像 1848 年有人断言"资本主义的丧钟已经敲响"，但是 170 年过去，人家还不是活得好好的。

　　我们看譬如美国对日常公共问题的讨论，是看不到这样的话语的。为什么？因为人家的宪政民主制度摆在那儿，治国不会像过山车那样左右摇晃。民主国家有机遇，也有挑战——任何国家都有挑战，这很正常。但是成熟的民主国家不会有危机，因为他们不会等到国内问题堆积如山、酿成危机以后，再去关注、处理和调整政策。自由民主制度通常会选择最适合的人去决定这个国家的基本政策，也就决定了这样的国家一般不会失去机遇。当然，我们也可以问，美国怎么选出了特朗普这么不靠谱的人做总统？不过像他这样有争议的人毕竟是例外。即便民主制度也不能保证每次都选出最好的人，但是哪怕这个人不靠谱，制度足够靠谱，也是没有太大问题的。譬如特朗普当局出台的"禁穆令"已经被法院搁置，即足以表明宪政制度的纠错力量。

　　当然，宪政制度能使国内稳定，未必能保证不受外力的突然冲击，这是例外。譬如美国的两座世贸大楼被恐怖袭击撞了，但即便如此，也不意味着美国的"末日"就来了。小国或弱国更容易受到国际因素的影响，而且这种影响可能是决定性的。有的国家比较幸运，正是在这种影响下走上了宪政民主之路。譬如日本战败，在我们看来是"亡国"了，肯定会有很多人如丧考妣，但是日本其实捡了一个大便宜。盟军总司令麦克阿瑟当时在纸条上写下国民主权、人权保障、和平主义三大立宪原则，逼迫日本通过一部民主宪法。日本战后 70 年间，我们看到它经济发展的很好，却没有看到它之所以能够维持稳定的高速发展，没有重蹈军国主义法西斯的覆辙，正是因为 1946 年"和平宪法"奠定了一个自由民主的政治基础。

作为一个稳定的大国，中国就很难有这样的幸运了。其实，在过去一百多年间，中国已经在苏联和日本军国主义的不良影响下失去了太多的历史性机遇，导致中国没有走上宪政民主之路。无论是清末的宪政改良、民初国民党和袁世凯的权争，还是后来的国共合作，都有可能让中国走向宪政民主道路，但是都阴差阳错失去了。那时候中国非常不稳定，不幸受了国际上的不良影响。现在稳定了，似乎又有了拒绝良好影响的资本。改革三十多年，中国经济和政府实力都空前强大了，欧美则因为恐怖主义、国内矛盾和经济低迷等因素自顾不暇。对于国际社会在人权、民主和法治方面的某些正当要求，我们可以置之不理。他们当然也不会坚持，因为这些改革归根结底是为了中国人自己好，别人何苦要得罪中国政府？其实，别的国家即使想帮中国也帮不上，因为中国太大了。能改变中国的，只有中国人自己，别的谁都靠不住。现在国际形势对中国空前有利。这么多年，欧美宪政民主为主流的国际社会对中国是和平友好的，不像百年前那样存在重大的国际威胁。如果还是成天把矛头指向外部世界，那就是在故意掩盖国内的基本问题。我们应当好好把握这个机会，认真向宪政国家学习，把自己的制度改造好。

制度是决定性的，不仅决定了国家政策，甚至决定了我们的语境和概念。"中国的机遇期"？这个概念很大。最近 30 年来，中国获得了发展机遇，但是不是所有人都认为它是一个机遇？我想不一定，下岗工人不一定认为是"机遇"，失地农民也不一定认为是"机遇"，而他们的人数不少。还有，这个机遇是长期的，还是短期的？经济增长速度很高，即便降到了 6.5%，仍然是相当高的。但是如果这种"发展"牺牲了我们的生态环境、透支了我们的自然资源，导致空气、水、土壤没一项是安全的，用短期的"发展"去牺牲民族的长期利益，这还是不是一种"机遇"？如果言论不自由，你甚至不能敞开谈这个问题。当然，这个国家的知识精英很可能也是中国式"发展"的既得利益者，所以我们看到的满屏都是"机遇"，但这样的"机遇"有多大意义？

有什么样的制度，更是直接决定了我们有什么样的政策。如果我们的邻居中有一个流氓，不断去骚扰另外一家邻居，结果这一家建了一堵墙，不让流氓随便侵入，而我们不去骂这个流氓，反而骂这个建墙的邻居——这是什么思维？我们的外交政策是不可能"研究"的，因为连言论都不自由，基本信息和共识都不具备，譬如朝鲜是一个什么性质的国家？我们为什么这么多年一直省吃俭用支持这个疯子一样的国家？这些问题在民间有许多争论，但是没法在决策层次上谈，我们的民意和决策是完全割裂的。事实上，朝鲜频繁举行的核试验至少对我们的东北产生了很严重的直接影响。我们的绥靖政策养虎为患，最终很可能严重牺牲自己的国家利益。这也从另一个角度来说明制度决定一切，尤其是决定了内政外交的基本决策，也决定了我们能否抓住和平发展机遇。

什么是好的制度？首先，制度是什么？制度其实就是一种机制，能够让这个国家的某些人获得参与决策的权利。至少在政治和经济领域，有效参与的人越多，制度越好，一个好的制度就是要让这个国家的人民能够有效参与这个国家的决策。当然，现实来讲不是每个人，但也是要有相当多数的人能够参与。其中必然就会有真知灼见、真才实学的人，这样的国家就有希望。美国为什么强大？首先因为它的制度能把有雄心和才干的人选入决策层。我对中国过去的经济发展评价并不高，过去的增长并不是什么"中国奇迹"，而是因为我们实在太落后了，甚至落后出"优势"来了。这样的国家只要保证社会和政治的基本稳定，就不可能不增长，不可能不出现所谓的"奇迹"。但是至少在一点上，我认可中国经济改革是进步的，因为它通过打破计划体制，能够让更多的人有效地参与经济活动。至少我们有事做了，不像"大跃进"的时候，农民快被饿死了，都不能逃出去要饭。现在的经济制度也说不上有多好，不公平的地方太多了，但是至少和计划体制相比是巨大的进步，因为自主参与经济活动的人多得多了。

相比之下，在政治领域，我们没有相应的制度改革，导致基本决策仍然是少数人说了算，多数人无法通过相对自由的言论、新闻、出版等渠道，以及有实际意义的选票去有效参与这个国家的决策。当然，互联网的发展带来了巨大进步，但是在制度上，近几年的趋势好像不是越来越开放，而是越来越往回收缩。这是我们真正需要担忧的地方，因为从统计上来讲，我们每个人的认知能力和善良程度都是差不多的，利己性是主要的，所以参与决策的人越多，公共利益就越受保障，犯错的概率就越小。你现在不断缩小有效决策的人数，缩小成几个人甚至一个人，犯错的概率就不断增加。若干年后，我们可能会觉得今天自己在国际上的所作所为非常不可思议，譬如对亚非拉各发展中国家的"撒币"政策。撒出去那么多钱能不能收回来？是不是和我们得到的短期或长期利益成比例？这些都是没法回答的问题，因为现在的政治制度是极少数人的决策机制。如果没有相应的政治体制改革，恐怕我们还会在谈论机遇的同时继续失去自己的机遇。

我希望我们这一代就能基本解决制度改革问题，给我们的后代交一份像样的答卷，否则肯定会被他们耻笑。虽然很多人对此很悲观，我倒认为没必要太悲观。当年经济改革，中国是"一穷二白"，所以才出了长期增长的"奇迹"。在政治体制上，中国今天同样是"一穷二白"，而且即便如此，天也没有塌下来，社会仍然在发展。如果将来中国开始政治改革，哪怕只改那么一点点，中国社会都会人心振奋，因为制度不合理而造成的许多社会问题将迎刃而解。在极度贫困的起跑线上，改革只会改好，不会改糟。政治只要改一点，"奇迹"就会接连出现，但是宪政民主制度不立，一切都是浮云。

为"党"正名

中国有古训，"君子不党。"繁体的"党"更有个"黑"字做部首，说明"结党营私"者都是宵小之徒，不是什么好东西。其实不独中国直到民国以前历来如此，"党"在西方也一直处于被"黑"的地位，以至 1788 年美国联邦宪法至今没一个"党"字。高大上的 1789 年法国 17 条人权宣言当然也不可能"藏污纳黑"，尤其是第 6 条规定"法律代表公意"，至高无上、超凡脱俗、集中统一的"公意"自然容不下代表和分化利益的政党。不能忘记，法国大革命的精神领袖是卢梭，而卢梭是一个方法论整体主义者。

整体主义者有一个特点，那就是把"公"和"私"割裂开来，把"公共利益"和"私人利益"割裂开来，把"公共意志"和"私人意志"割裂开来——总之，把国家和构成国家的个人割裂开来，认定"国家"是一个超越所有人的统一整体，"国家利益"超越所有私人利益之和，"国家权力"自然也不能由私人行使，否则必然发生假公济私嘛！不过，头脑一阵发烧之后静下来想一想，这么高大上的国家权力不由私人来行使，由谁行使呢？从警察到总统，所有行使国家权力的人不也都是不得不食人间烟火的凡夫俗子吗？

儒家对这个问题的回答是那个"不争""不党"的"君子"。"君子喻于义，小人喻于利。"君子只关心公义，所以可以和他谈义；小人只关心私利，所以只能和他谈利，否则注定是对牛弹琴。这种人性观产生了一系列制度后果：既然君子一心为公，那就不需要太多法治约束，不然反而会束缚君子"为人民服务"的手脚；既然世界上绝大多数人都是见利忘义的小人，舍己成人的君子必然很稀罕，所以民主选举是万万不能的——一堆小人能选出什么样的领导呢？

　　但是如果"君子"不能选举产生，那又去哪里找呢？历史上，儒家的答案是科举。然后的事情，大家都知道了……当然，我们也不要一笔抹杀科举，西方公务员不也得考试吗？然而，不可否认，考试考的是知识，而不是美德，美德是考不出来的。一个人"四书五经"背得再熟，儒家伦理懂得再多，也不代表他能做到言行如一。阳明的"知行合一"是一个值得追求的理想，而不是已经实现的现实，"满嘴仁义道德，一肚子男盗女娼"的人多了去了。今天众所周知，现代文明离不开民主、法治、人权，而儒家传统缺少这些文明要素并非偶然，因为人权保护的就是"小人"的权利，民主本质上就是"小人"做主。法治用中国法家的话说，就是"小人"之治；用美国霍姆斯大法官的话说，就是为"坏人"设计的。是啊，一个"毫不利己、专门利人"的大好人为什么还需要律法约束呢？

　　问题究竟出在哪里？要破题，还得回到问题的源头——方法论的整体主义：这个脱离了"私"的"公"根本就是一个杜撰出来的虚构嘛！这个世界上，一切真正的"公"都离不开"私"，公无非是全体之私的集合。谁制造了一个脱离了私的虚构之"公"，谁就是在制造独裁政体，因为不属于任何人的虚幻是为独裁者量身定做的概念股；这个幻影不仅独立于所有人，而且超越所有人，而一旦独裁附体，他就可以挥舞至高无上的"公意"大棒，名正言顺地打压所有人。没有一个个具体的人，哪里来的"人民"和"国家"？没有具体个人的私人意志和利益，哪里来的公共意志和利益？社会功利主义没错，真正的"公意"当然就是"私意"之和，真正的"公共利益"当然就是私人利益之和。既然"私"是"公"的组成部分，追求私利有什么错？如果并不影响其他人的幸福，自己的小日子为什么不能过得更好一点？斯密说得对，人的自私是社会进步的最大动力。利己不仅无过，而且有功；我们每个人都把自己的日子过好了，那就是对社会进步的最大贡献。

　　既然国家是由个人及其群体构成的，"结党营私"也就非但不是什么十恶不赦，而是天经地义的了。毕竟，"从来就没有什么救世主"，我们主要靠自己维护我们自己的权利，而每个人都势单力孤、人微言轻，因而需要结社"结党"才能更好地"营私"，进而充实整个社会的公共福利。在这个意义上，简体字将"党"去黑化，代表了政治意识进步。国那么大、人那么多，没有政党的合纵连横，个体公民无法有效和有序参与现代政治。代表不同集团利益或立场的政党不仅无罪，而且是现代民主的最大功臣；不仅不"黑"，而且是摆脱特定集团独裁、帮助国家去黑化的不可替代的政治工具。

既然党并不"黑"，"结党营私"无错，那么君子也就不必"不党"。事实上，既然利己无过有功，也就无所谓绝对的义利之辨和"君子""小人"之分。墨子说得不错，义即利也，利即义也。每个人都有理性利己的动物本能，也有克制私欲、坚守底线的超越简单本能的道德能力。当然，儒家也没错，文明社会需要坚守底线的君子，而现实社会既有君子，也有不守底线的小人。但我们的语义已经发生变化，"君子爱财，取之有道"而已：利己没什么错，只是要有底线；我们要谴责的不是利己，而是无底线的损人利己。既然这样的底线是众人所能达到的，儒家也就不需要反民主、轻法治了。事实上，道德再高尚的"君子"也是理性人，因而也离不开律法约束。在道德和法律设定的底线范围内，君子们大可按照自己的利益和立场"结党"。

当然，也不要从古代厌弃政党的极端走到今天的另一个极端，把政党打扮成一个一贯正确、大公无私的领导集团。人的本性主要是理性自私的，任何由人构成的党派和团体都不能幸免。政党的主要职能不是领导，而是代表和推举——代表利益和立场相似的人群，把自己的候选人通过选举推送到政府中去，让他们成为立法者并制定代表集团利益的法律。只要不侵犯他人的正当权利，我们的利益诉求都同样正当；不同公民有不同的利益诉求，但人格是平等的，因而代表他们的不同政党也是平等的。哪个政党能够选派多数立法者，从而成为议会的执政党，只有通过真实而平等的选举才能决定。某种意义上，政党就是选举机器；迄今为止，任何现代意义的选举都离不开政党的组织动员。政党是选民和政府之间的传送带——这是现代政治文明对政党的基本定位。

美国立宪者其实并不歧视政党，而是早已预设了党派的存在。麦迪逊的经典文献《联邦党文集》第十篇通篇都在谈"派系"(faction)，实际上就是党派，而 1830 年代，美国出于选举政治竞争的需要，也确实建立了世界上第一个大众政党体系。但迟至今日，美国宪法之所以仍然没有政党的踪影，是出自同一个源头的另一个教条：国家是"公"，政党是"私"——私人民间团体；宪法只管公权力，管不着私权力。在这个意义上，政党不可能违宪——不是因为它"一贯正确"，而是因为它和我们私人个体一样不可能违宪。第一修正案明确禁止干涉结社自由，似乎意味着政党只有免于国家干预的权利，而没有国家机构所应尽的宪法义务，譬如种族平等；只要国家立法也没有规定政党义务，政党就不需要履行任何法律义务。

然而，这是典型的"鸵鸟政策"，谁不知道政党对于现代民主国家的奠基性意义？即便在今天，政党依旧垄断了政治竞争舞台；如果政党不提名你做候选人，除非你有川普家族的财富，你靠自己的能耐去竞选试试？但是直到 1940 年代早期，美国南部民主党依然可以拒绝黑人参与决定党内候选人的初选，而州立法从一开始要求变成了后来的纵容种族歧视，政党种族歧视躲在了州法不愿管、联邦立法不能管（无权限）、联邦宪法管不着（非国家行为）的"三不管"盲区。1945 年前后，联邦最高法院才费了好大的事儿，强令州法必须禁止政党歧视。就这样，也还是有点"名不正，言不顺"。政党显然并非单纯的"民间团体"，而是连接"公"与"私"、国家与社会的政治纽带，因而是不可能不承担宪法义务的。

一旦政党"祛黑"，政党可以名正言顺地自由活动，甚至作为民间社团受到宪法和法律保护，那么政党的法律规制也立即被提上议事日程，因为和突破底线的个人会违法犯罪一样，任何突破底线的组织也会违法甚至犯罪。政治组织显然可能会滥用自己的政治权力，没有法律规范的政党完全可能成为一个黑社会，两次世界大战之间崛起的德国纳粹就是一个例子。政党享受哪些基本自由？政党的组织结构需要符合什么宪法原则？政党活动的宪法底线在哪里？政党在招募、竞选、筹集和使用经费等方面需要遵循哪些法律规则？这些问题统统需要依据宪法找到法律答案。

二战结束后，西德脱胎换骨，一个新型民主国家从此诞生。1949年颁布的《基本法》是一部现代宪法，完全没有美国宪法的老套偏见。第21条明确规定"政党参与形成人民的政治意志"，并享有组党自由。政党不算正式"国家机构"，但也不是单纯的私人"民间机构"，而是介于二者之间的"宪法机构"。作为宪法机构，政党不仅享有宪法权利，同时也承担宪法义务，譬如"内部结构必须符合民主原则"，政党资金也必须得到妥善管理。经过七十年的缜密演绎之后，联邦宪政法院为德国构建了堪称完美的政党规范体系。

所以，"党"是什么？它既不是"大公无私"、一贯正确的革命先锋队，也不是不需要宪法规范的纯粹私人组织。它是连接国家和社会的纽带，它的作用在于通过平等的政治竞争选拔代表特定利益和立场的立法者。现代社会的多元利益决定了多元的政党结构，其中每个政党都在宪法和法律范围内自由活动。这应当成为现代政治文明的基本常识。

如何成为选民

　　1819 年，宪政史上的经典判例"美国银行案"处理了一个"脑筋急转弯"问题：为什么联邦不能信任各州对它开设的银行征税，各州纳税人却信任各州政府对自己征各种税？联邦政府在马里兰州开设了一个合众国银行分支，州政府却不想让联邦和本州银行抢生意，于是要通过征收高税把它挤走，却又假惺惺在法庭上声称，联邦老大哥应该信任兄弟州会手下留情，不会赶尽杀绝。联邦最高法院反问：凭什么信任你？联邦既不能指定州长，也不能内定州议员，有什么能力防止州通过立法对联邦横征暴敛？没有控制，就没有信任。反过来，州的纳税人之所以能信任州政府对他们征税，答案极简单：因为他们不只纳税，而且也是选民，选票控制了州官和立法者的命运。他们讨好选民还来不及，自然不敢征高税。"无代表则不纳税"，这是美国自独立革命以来一直奉行的原则；如果不让做选民，我就拒绝纳税，因为我根本无法控制你会怎么对我征税。

　　我们的问题恰恰在于，几乎所有人都是纳税人，却没有一个真正的选民。这样，就难怪政府不仅想征多少税就征多少税，而且想征哪块地就征哪块地、想拆哪家房子就拆哪家房子……可是一说起选举，我的听众大都一脸茫然：我们有选举吗？我有选票吗？一场候选人一个不认识的"选举"有意义吗？我的回答一概是，掌权者最喜欢的就是你这种思维！我们不关心，他们最开心，想选谁做我们的"代表"就选谁，最后倒霉的还是我们自己。中国总是抱怨美国选举是金钱政治，砸钱太多。2012 年，美国总统加国会选举总共耗资 70 多亿美金，折合不到 500 亿人民币，其中绝大多数还是私人捐款而非公款。我们倒是省下了这笔钱，但是谁知道由此产生的买官卖官成本几何？现在查处贪官，涉案赃款动辄数亿；一两百个大贪官的贪腐数额，就能赶上美国联邦选举的总成本，而全国各地的贪官何止以百计？更不用说被"嫖娼"致死的雷洋、因抗拆杀人而被判死的贾敬龙等公权滥用的受害者。归根结底，这一切都是各级选举徒具虚名造成的。

虽然当下的选举体制有意无意存在各种问题，选举程序还是有的，选票也是有的，但是选民却不在场。没有选民的参与、呼吁和争取，也无法堵上选举制度中的各种漏洞。一旦选民开始参与，则会发现即便在现行选举体制也不是没有一点成功机会。目前，选民能够直接参与的选举就是县乡两级人大代表选举。县级以上人大是由下一级人大选举产生的，对于选民来说属于间接选举，就更遥远了；如果直接选举走过场，产生的基层人大代表不称职，更不能指望间接选举发挥什么作用。这次辽宁省人大代表及其选出的全国人大代表贿选严重，即足以说明问题。还是从我们能够直接参与的基层选举着手吧。

选举不只是一种权利，也是一种制度；选举制度设置不合理，选举权就难以得到落实。作为制度，选举程序需要有人管理。为了保证其公正与权威，这个机构和法院一样，都被设为政府机构。由一个政府机构管理选举政府的程序——这里是不是有点问题？因此，选举管理机构的设计必须非常慎重。在民主国家，立法要求选举机构必须保持政治中立，譬如美国的选举委员会必须由共和、民主两党均衡构成；否则，民主党政府建立民主党主导的选举委员会，民主党就可以"永久执政"了。中国县乡两级选举都有选举委员会，这是一个由官方人员主导的选举机构，人选经同级党委批准后，由县人大常委会任命。相比之下，在各选区设立的选举领导小组可能是一个更开放的机构，成员经本选区的各政党、人民团体、选民协商推荐，由有关方面负责人和社会各界、各阶层、各方面的代表性人物组成，只需要报县乡选举委员会批准。当然，也不要对其开放性抱太大期待。在选区之下还设选民小组，组长原则上由选民推荐，但是并没有规定明确的程序。

　　这些组织的重要任务是决定正式代表候选人，这是党政控制人大直选的关键。不夸张地说，候选人是选举的灵魂，候选人的产生方式直接决定了选举质量。中国选民之所以对选举不感兴趣，主要是因为候选人被内定了，选举也就变成了一场无意义的走秀，一点不好玩。其实，选民要毛遂自荐做候选人是很容易的。人大选举法第 29 条规定，代表候选人只需要十人联名推荐，简直是太容易了！但别高兴太早：在这个阶段，你只是"初步候选人"，正式候选人的名单最终是由选举委员会控制的。选区领导小组在其指导下，组织选民先按选民小组对名单进行反复"讨论、协商"。在上一届选举，绝大多数独立竞选人就是被莫名其妙"讨论、协商"掉了。

　　这么说，是不是独立竞选一点戏没有呢？倒也未必。按规定，选举前 15 日要公布初步候选人名单。选区领导小组负责人要向选民介绍初步候选人的基本情况，让选民在对照比较的基础上做出评价，然后召集由领导小组成员、选民小组长、选举骨干、选民代表等人士参加的会议，经过"几上几下"、逐轮淘汰，最后"根据较多数选民的意见"确定正式候选人。如果仍不能形成"较为一致意见"，选举法第 30 条还规定可以预选正式候选人。当然，预选条件规定得不严格，是否预选很大程度上是选举委员会的自由裁量，实践中也极少听说县乡实行人大预选。但是如果当地有一定数量的选民积极参与并要求预选，结果或许会有所改变。至少，选区不那么容易在确定候选人的步骤上偷懒。一旦进入预选，竞选格局就很容易形成，因为预选是一个简单多数过程，不需要过半数选民投票。谁动员更多的选民、获得更多的选票，谁就能成为正式候选人。

　　事实上，即便正式候选人全部内定，选民也可以对他们产生压力。按规定，选举前 5 日要公布正式候选人名单。选举委员会应当安排正式候选人和选民或选民代表见面交流，方式既可以是直接见面并回答问题，也可以是安排其走访各选民小组，或通过电视等媒体亮相。总之，正式候选人有义务面对当地选民并听取他们的意见。如果他想逃避，选民即可围追堵截、穷追不舍，让他知道人大代表不是那么好当的，不是只有荣誉、没有付出的虚职。这样几次，来混日子的候选人可能就知难而退了。

等到投票的事后，关键是计票人与监票人如何确定。要防止选票造假，最有效的方法是当场公开计票，凡是有兴趣围观的选民应该都有权围观。中国村委会选举多采用当场"唱票"方式。县乡人大选举的选区规模大都和村庄相似，数千选民，完全可以采取当场公开计票，几小时之内即可完成。但实际上，绝大多数选区都没有采用当众计票，而是将票箱封存起来，隔天再进行计票。如果监票人和计票人都由政府指定，很难防范在这个过程中发生选举舞弊行为。

最后点题，你的选票在哪里？要投票，首先要进行选民登记。美国经常有选民到了大选那天才想起投票，但是因为没有事先登记，就没有他的选票了。相比之下，中国的选民登记比较简单。为了便于控制，多数有稳定正式工作的选民是在单位登记和投票。当地居民也可以选择在户籍地登记，街道办事处往往会上门登记。选民登记一般在选举日之前的 21—25 天完成，选举前 20 日应公布选民名单。如果发现上面没你，可以带着身份证和户口本，去登记站自愿登记。没有户籍的流动人口登记比较麻烦。如果你不想专程回原籍投票，可以经原居住地选举委员会认可，书面委托亲友在原选区投票；也可以顺便的事后提前回去一趟，在取得原选区的选民资格证明后，在现居住地的选区登记并参加选举。

虽然现在的选举制度不少地方遮遮掩掩，只要你对选举有兴趣，选票在哪里是不难发现的。当越来越多的人参与之后，你会发现选举原来还是有点意思的，甚至有可能尝到成功的甜头。

我的选票我做主

　　《我的选票我做主》的作者廉振保律师很特别，他是关心中国基层选举的基督徒。律师—基督徒—选举研究者，这三重身份显得特别，因为中国律师当中的基督教徒比例和基督教群体的律师比例都很低——据我纯粹拍脑袋推测，肯定都不到 5%。今天中国 30 万律师，绝大多数都埋头挣钱；极少数维权律师也只是忙于刑事诉讼个案，极少有关心选举这种在中国"大而无当"的事情，因为普遍认为，中国根本没有真实的选举，操那个心干嘛呢？中国今天数千万（有的估计上亿）基督徒，我相信绝大多数信仰坚定，但关心选举的少之又少——那是世俗的事情，和神有什么关系呢？在这个背景下，作者作为基督徒律师关心选举，就尤其难得了。

　　我最早认识廉律师，是因为他接手了浙江温州的宗教案件。这在中国是极需要勇气的事情。之后他和我数次畅谈，比较完整表达了自己的看法和设想。在我看来，廉律师关心的是中国当下两个最关键的问题。一个是基督徒要不要关心政治？显而易见，基督徒也是生活在世俗世界的公民，也有选票，当然要关心政治。事实上，关心政治和是否信教并没有直接关系。当然，关心政治不代表支持宗教立国或实施教法。2020 年美国总统大选，不少华人基督徒就很关心，其中某些信徒没有拿捏好政教之间的关系，这是另一个问题。总之，基督徒身份并不妨碍关心政治。需要关心的问题而是如何关心政治？当然是通过选举，选举是民主政治的根本。遗憾的是，中国当今极少有人认识到选票的重要性，看不到基层选举实际上是决定一切的根本。近年来中国发生的一切倒退，最终都追溯到各级选举的有名无实，造成体制内"健康力量"丧失殆尽。对于选举的热情与认知，今日中国还远不及八十年代初的水平。因此，当廉律师嘱我为他研习选举的大作作序，我当即欣然同意了。

本书的标题——《我的选票我作主》——即已言简意赅道出了问题的本质：中国选举问题的总根本当然就是选民没有认真对待自己的选票。话虽如此，造成这一结果的原因却没那么简单。廉律师仔细分析了选民普遍消极的现象及其原因，其中不乏真知灼见。譬如他说：

大约 70—80%（作者估计）的选民是僵尸选民，而剩余 20—30%的选民又是傀儡选民或者糊涂选民。僵尸选民加傀儡选民，产生出来的代表当然是傀儡代表。

"僵尸选民""傀儡选民"都是很新颖也很精准的提法，准确刻画了中国选民的心理状态和行为方式。对于如何唤醒"僵尸"和"傀儡"，作者提出了三大策略。总结起来，就是（1）让选民认识到选举和切身利益之间的紧密关系，（2）人人都要做一个积极投票的合格选民，（3）合格意味着知情，知情意味着选民必须对自己的选票负责，不能盲目打勾、敷衍了事。第三点其实点出了选举操控的症结，那就是控制候选人；一旦候选人都是组织内定的人，根本没有兴趣代表选民利益，选举必然成了一场毫无意义的走秀，选民自然也就兴趣索然了。为了解决这个问题，作者也提出了三点：代表专职化、人大开会投票公开、定期向选民汇报。归根结底一点，那就是周期性选举必须有起码的真实性；多数选民都开始认真对待自己的选票，代表就不敢不代表民意，否则下次选举就没他的事儿了。中国一直限于消极选民和傀儡代表的恶性循环：候选人内定造成选民无人可选，选民消极——无论是"僵尸"还是"傀儡"——更加剧内定行为的有恃无恐，让选举的意义丧失殆尽……

打破这一僵局有两种路径——自上而下和自下而上：前者是指政府放松对候选人提名的控制，后者要求选民更加积极主动。现实地说，二者缺一不可，成功的转型必须通过上下之间良性互动。《我的选票我作主》把重点放在自下而上的政治启蒙，我认为是正确的。

政府的良心发现是可遇不可求的临门一脚，合格、知情、负责任的选民基础则不仅是决定性的，而且也是我们自己就能改变的事情——尽管难度极大。廉律师选择启蒙广大选民，意义宏大、任重道远。我祝愿他一路披荆斩棘，在传播启示的同时把启蒙传给更多的国民，也希望更多的同道能加入这项劳苦功高的志业。

为什么贿选

2016 年 9 月，全国人大常委会表决通过了关于辽宁省人大选举产生的部分代表当选无效的报告，确定 45 名全国人大代表"拉票"贿选，占辽宁省选出的全国人大代表 44%之多。其实，在现行制度环境下，贿选是很正常的现象，因为间接选举制度是贿选的温床，而现行宪法规定了大量间接选举制度。1982 年《宪法》第 97 条规定："省、自治区、直辖市、设区的市、自治州的人民代表大会的代表，由下一级人民代表大会选举；不设区的市、市辖区、县、自治县、乡、民族乡、镇的人民代表大会的代表，由选民直接选举。"因此，中国只有县乡两级人大和村委会由选民直接选举产生；县级以上人大则都由下一级人大选举，人大常委会、政府以及法院、检察院主要领导都由同级人大选举产生。代表辽宁省的全国人大代表由辽宁省人大选举，辽宁省人大又由县市一级人大选举产生……间接选举的链条越长，贿选就越容易发生。

之所以会发生贿选，是因为贿赂对行贿者和受贿者都有利。通过付出一定的成本，行贿者可以得到政治官职，而这意味着比他行贿成本更高的实惠——否则，他作为一个"理性人"就不会这么做了。对于受贿者来说，他白得一笔钱——可能不会很多，但他自认为失去的也很少：行贿者的当选对他而言一般不会是一场灾难，否则他也不会这么做，且即使有他认为更好的人选，他的一票反正不会改变选举结果。当然，人人都贿选，那么选举就完全失去意义了，它给整个社会带来的成本是巨大的。但每个人都可能处于"囚徒困境"之中，因而不能自拔：如果其他人都不这么做，那么就你一个这么做并不会摧毁民主；如果其他人都这么做，就你一个不这么做也不会拯救民主；而所有人都这么想，所以都参与了贿选。

　　和直接选举相比，间接选举更容易导致贿选。原因很简单，在间接选举中，由于选举人的人数较少，贿选成本较低、回报较高，贿选内幕不容易暴露，因而往往容易得手。为了防止贿选，西方国家采取了一些法律机制，譬如采用秘密投票（即"澳大利亚选票"）。由于投票是无记名的，即使你接受了贿赂，你也不一定非要选他，反正他不知道你投了谁的票——除非参加选举的人如此之少（譬如少于 100 人），以至他可以从投票结果中猜出你的选择。如果他明知付出贿选的成本也不能保证得到贿选的收益，他也就不会来贿赂你了。

　　更为彻底的解决办法是改间接选举为直接选举，因为直接选举会极大增加选民的人数，而人数越多，需要贿赂而获选的对象就越多，贿赂成本也就越高。试想就在十万人左右参与的地区选举中，需要贿赂的人至少是好几千。且不用说贿赂这么多人容易败露，他有这么多"贿赂资本"吗？值得为获选而付出如此昂贵的代价吗？所以，解决民主中的贿选问题不是限制民主，而恰恰是进一步扩大民主；让每一个有选举权的公民都参与到选举过程中去，你会发现贿选现象将自动消失。

　　中国历史上曾经出现过曹锟贿选，现在某些人大选举也出现了类似的现象，但贿选绝不是中国民主所特有的。即使在法治程度比较高的美国，早期的参议院选举也是一片腐败。这是因为根据宪法规定，各州的两名参议员是由本州议会选举产生的。这样一来，各种各样的权力交易都发生了，当选参议员的机会直接和候选人的财富成正比。1913 年的第 17 修正案改变了这一现实，使各州参议员直接由该州选民选举产生。美国参议院选举的腐败不能说完全没有，但贿选作为一种系统现象到此为止。这说明民主制度本身就是解决民主问题的药方。如果当年总统由数亿中国公民而不是那几百位"人民代表"选举产生，曹锟还能贿赂得了吗？要遏制贿选，就必须普遍建立直选制度。如果制度未能建立起来，那就难保将来不会出现大大小小的曹锟们。

当然，贿选并不是最可怕的。更可怕的是根本不选，各级人大代表和政府部门候选人完全都由上级内定。这是因为贿选毕竟还是一种选举，其中还有一个"选"字，"内定"则连一个选字都没有。我从来没有听说过北朝鲜有"贿选"，但是没有谁会羡慕那里的生活。如果选举本身就是作秀，那么批评"贿选"是没有意义的。只有在选举有意义的基础上，谈论选举制度的改良才有意义。选出那45 位贿选代表的辽宁省人大代表本身是如何选举产生的呢？选出辽宁省人大的县市级人大代表又是如何产生的呢？如果这些人本身的选举就有问题，他们本无心代表自己辖区的民意，那么贿不贿选对于他们履行选举上一级人大的义务来说并没有什么本质区别。

事实上，内定会极大贬低选票的价值，以至直接选举都会发生贿选。譬如中国的村委会选举是直选，但是村级贿选相当普遍。在陕西省大荔县，一些候选人曾公开许诺：投一张票，发一碗羊肉泡馍的票，选民拿票可以到羊肉泡馍馆吃一碗羊肉泡馍。一张选票等于一碗羊肉泡馍，未免过于悲哀了。其实，只要仔细想想，不难发现选票应该是很值钱的。唯利是图的贿选者之所以来"买"选票，正是因为他们知道选票远不止他们付出的那个价码。等到他们当选之后，必然变本加厉搜刮民脂民膏、掠夺属于村民的资源，结果必然是"羊毛出在羊身上"，村民们为自己的短视买单、"占小便宜吃大亏"。如果村民们真的可以自主选举自己的村委会，选谁真的意味着收入和资源的不同分配，直接关系到日后的切身利益，那些村民还会再拿他们的选票去换羊肉泡馍吗？

2011 年 9 月，广东乌坎村民们即看清了这一点。他们的村委会和许多村庄如出一辙，多年没有经过改选，村务和财务从来不公开，村民们完全被蒙在鼓里，对自己的几千亩地被悄悄卖给开发商浑然不觉。等到他们觉悟过来，乌坎村民不仅要地，更要选票，最后用选票把践踏自己权利的村主任选下来，把代表自己利益的村委会选上去。由此可见，选票是"值钱"的，但是要让自己手中的选票恢复其本来应有的价值，村民必须行动起来，至少在选举那一天投出属于自己的一票。

要从源头上铲除贿选、买官卖官等腐败现象，只有完成从自上而下到自下而上的制度改革，完善民主选举制度，让政府对人民直接负责，让人民直接决定人大代表和官员的命运。

重启政改才能让香港回归稳定

　　白港府 2019 年提出"送中条例"以来，已连续引发数次大规模民众集会抗议。7.1 游行之前，又发生少数人冲击立法会事件。虽然大规模抗议活动难免发生个别暴力行为，这样的行为发生在一向崇尚法治的香港社会，仍然是十分令人痛心和担心的。另一方面，当局不能不反思香港街头运动从 2014 年"占中"走到今天这一步的制度缘由。毕竟，激进群众运动的背后往往是非理性的政府政策或应对措施。二者互为表里，很容易形成越管越乱的恶性循环。今天，无论中央还是港府都要检讨香港回归以后落实"一国两制"的制度得失，从源头上消除动乱根源、赢回香港民心。

　　香港问题的制度缘由和解决方案都不难找，而且只要调整思维方式就能顺利实现。我曾把中央和香港之间的博弈定性为"协调博弈"。换言之，双方并不存在实质利益冲突，属于典型的和则共赢、斗则两伤。香港好比是一只"刺猬"，虽然体量很小，但是一旦受到惊吓或激怒，也很难对付。港人之所以受到惊吓或激怒，归根结底在于他们认为香港的自治和法治近年来受到了威胁，"一国两制"被"全面管治"替代，因而唯有利用目前尚存的空间全力抗争，才有望维持香港的自由和法治。在这种情况下，中央管得越多，香港反弹越大。

　　香港公民抗争的转折点是 2014 年下半年。6 月 10 日，国务院发布《"一国两制"在香港特别行政区的实践》白皮书，提出中央对港享有"全面管治权"，已经激起轩然大波。8 月 31 日，全国人大常委会通过了关于行政长官普选及立法会选举办法的决定，被认为提前触发了 9 月 26 日开始的"占中"运动。众所周知，香港特首和一半的立法会议员由名额分配和选民人数严重不成比例的功能组别选举产生，不符合"一人一票"原则。政治改革本来是一件好事，是为了在香港实现"一人一票"的选举制度，为香港的民主自治和长治久安奠定制度基础。然而，由于中央对选举结果不放心，唯恐选出"不听话"的特首，因而选举方案限制了候选人的产生方式，不实行公民提名及政党提名，行政长官候选人须获得过半数提名委员会委员的支持，且候选人数限制在 2 至 3 位。这样一来，就把香港选举变成了内地有名无实的人大选举。本来，香港选举虽然不是公平选举，但毕竟还是有选举的，而一旦候选人不能自由产生，选举就更没有意义了，因而当然不为众多香港选民接受，结果提前引爆了声势浩大的"占中"运动。由此可见，香港之乱是"管"出来的；任由其"自生自灭"，它反而活得好好的，而且也不会对中央产生怨气。

解决中央和香港矛盾的方案是现成的，那就是《中英联合声明》和《基本法》所体现的"一国两制"宪法设计。"一国两制"是调整央港关系的基本契约：中央主要关心的是"一国"，但须以尊重"两制"作为交换；反之，香港更在意"两制"，也须以尊重"一国"为基本前提。"一国"是指国家主权统一的基本底线，其对立面是"港独"，而不是香港的民主自治。如果"一国"的范围任意蔓延，变成了中央"全面管治"，那么"两制"就名存实亡了。吊诡的是，恰恰在这个时候，"港独"声名鹊起。如果香港人对民主自治的前途绝望，那么越来越多的人会别无选择、铤而走险。但是如果把《基本法》承诺的"高度自治"还给香港，再加上港人所渴望的民主选举权利，他们还有什么理由冒着违法的风险支持"港独"呢？既然港人的主要诉求是"两制"，只要有效保障其民主自治和法治，绝大多数港人即无理由和中央对着干，更没有理由支持"港独"。

2019 年频发的大规模抗议表明，香港民众是有政治诉求和行动能力的。要不让他们频繁上街，光靠高压手段是不现实的。与其一再激化矛盾和对立情绪，不如在符合"一国"底线的前提下把属于他们的政治权利还给他们，通过真正意义的政改把他们从街头政治吸引到投票箱前，把他们的注意力聚焦到自由产生的候选人之间唇枪舌剑的电视辩论上，津津乐道地算计候选人提出的不同政策和自己钱包之间的关系。能在选票箱前心平气和做到的事情，还会有谁动辄为之冒着酷暑，上街摇旗呐喊呢？

只有推行真正的政改，才能帮助中央赢得港人的好感和信任。

选票是化解一切危机的法器

2019 年 11 月 24 日，这是一个要载入香港史册的日子，因为它为相持了五个多月的香港街头运动带来了转机。虽然香港社会一度火光四起、剑拔弩张，理工大学仍有几十名"勇武派"学生被困，区议会选举还是如期顺利举行了。高达七成香港市民参与了这场以往最不起眼的选举，选举结果发生了回归之后前所未有的大逆转。在 452 个区议会席位中，泛民派获得 388 席，建制派仅获得 59 席。

这场选举的结果不仅昭示了香港民意所向，而且也指明了香港未来的发展方向。选举之后，围绕"勇武派"与"和理非"之争应该结束了。我之所以坚持自己在香港问题上是"自由保守主义"，是因为我相信香港并非濒临"末日"；香港仍有许多值得"保守"的好东西，尤其是它的自由和法治。有人说，香港的法治已遭破坏，自由也失去坚固保障。这话固然不错，但也不能绝对化——香港仍然是有自由和法治的；看看百万人上街的场面，看看高等法院的表现，不能不承认香港仍然是一个自由和法治社会。港人仍然可以利用现有的自由与法治空间做很多事，来继续保持自己享有的自由和法治。暴力与破坏行为固然加大了政府压力，但同时也为政府剥夺自由、滥用警权、损害法治提供了口实，最后造成香港不仅不能持守、而且可能失去现有的自由和法治。

自 2014 年"占中"运动以来，香港民主一直受到诟病。毋庸置疑，香港特首和立法会选举不符合"一人一票"原则。然而，这次选举充分显示，香港仍然是有选举的，哪怕不那么重要的选举也是有意义的。民间抗争固然是为了让香港的选举制度变得更好，让香港选举变得更有意义，但是即便改变不了目前的选举制度，也不等于香港只有死路一条；只要有选举，即便选举制度不够好，负责任的选民仍然可以把好人选上去。事在人为，制度和人是缺一不可的两个因素。许多国家的选举制度倒是不错，但是如果选民不关心政治、不积极投票，阿猫阿狗当选的也多了去了。这一次，香港人民用自己的选票表达了自己的选择，说明香港的民主纵然有再多缺陷，也是值得保守的"好东西"。偶而上街固然是必要的，但是在平时，人民还得主要靠自己选出来的代表来保护自己；即便要改良民主制度，也要在现有制度框架下以民主方式和平改良之。

中国俗话说，"天命无常。"在现代文明，选票就是"天命"，也一样无常甚至无情。泛民派虽大获全胜，却并不一定能保证明年立法会选举也获得同样大比分的胜利；此次大胜更多是源自香港选民对干涉自治和法治的普遍逆反，而不是对泛民派施政方针的积极认同。在香港从街头运动回归议会政治之时，泛民派也需要尽快完成从反对党到议会执政党的角色意识转换。同样，建制派此次失利，也未必意味着灭顶之灾，而只是说明在选民被唤醒之后，只和中央搞好关系是不够的。事实上按"一国两制"的原意，选举是香港自己的事情，和中央并无直接关系。无论是谁，要得到选票，关键还在于提出有利于香港长期繁荣的政策纲领，让多数香港选民满意。

选举是有胜负之分的，但我不希望把这次选举狭隘解读为某一派赢、某一派输。它甚至不只是"香港的胜利"，而是整个中国的胜利，因为我相信这次选举在彰显"两制"的同时巩固了"一国"。中央和港府都没有因为大规模"反送中"抗议而中止、拖延或干预区议会选举，而是让它如期举行，体现了政府应有的诚信和善意。香港人民在欢庆选战胜利的同时，是会感激这种善意的。一旦议会民主被证明是一条生路，暴力抗争的"死士"必然越来越少；用一堆选票就能兵不血刃化解暴力、回归秩序，这又何尝不是政府愿意看到的划算交易？官方宣传的普选就是"港独"，也从此可以休矣。民主当然不意味着分裂。恰好相反，它意味着和平、秩序、善意、相互理解和宽容——因此，它也意味着更持久稳固的统一。香港有希望，归根结底在于香港选民和民主有希望。

伍、社会契约及其道德核心

宪政民主的法理前提是社会契约，否则"修宪不得违宪"这样的命题就讲不通。这个命题在印度、台湾等地的宪法判决中颇为常见，但是不诉诸社会契约，司法判决的道理就讲不通：宪法修正案和宪法正文具有同等效力，按照后法优于先法的一般原则，有什么神圣不可修改的宪法正文呢？某些宪法条文或原则之所以不可修改，必然是因为它们不只是普通的宪法条款，而是代表了"更高的法"(Higher Law)，正如宪法对于普通立法来说是"更高的法"，所以不能为普通法律所"修改"。对于宪法来说，"更高的法"只能是社会契约所包含的政治自然法原则。

中国自古至今，一直没有社会契约，因而换了十来部宪法，就和换空气一样，"天马行空，独来独往。"这也从另一个侧面说明，"制宪"是没用的。没有社会契约，不论什么宪法都落实不了，再制定一部"完美"宪法又能怎样呢？中国当务之急不是制宪，而是立约——通过公民的宪法实践和思想启蒙，形成"契约共同体"，让宪法中的信仰自由、言论自由、选举民主、人格平等这些政治自然法原则落到实处。

但凡契约都有"标的"，社会契约归根结底是关于尊严平等的对等承诺：只有我们把对方认定为和自己同样有尊严的人，我们才会相互尊重，关于言论自由、信仰自由、选举民主的社会契约才有可能。我之所以偏爱儒家学说，也正是因为原始儒家教义中有丰富的尊严学理。和现存的几大宗教一样，它是可以给人真正的信仰、勇气乃至生命意义的。无论是选择自杀还是热衷预测，中国当下的一些普遍现象实际上是信仰缺位的副产品。一个有信仰并认为自己生命有意义的人既不会"躺平"，也不会纠结于明天会发生什么，更不会选择自我毁灭。

这是为什么我反感全盘否定传统的论点。传统文化不仅不是中国未来的包袱，而且能够帮助国民摆脱无处不在的短期功利主义和"囚徒困境"。事实上，作为超验色彩不那么鲜明的信仰，儒家伦理或许可作为协调不同信仰的"元伦理"。它所阐发的尊严原则是社会契约的核心，也是国家与世界和平的基础。

为什么修宪不可违宪

2018 年早些时候，不少宪法学者质疑设立国家监察委的合宪性。我基本上没有参与这次讨论，因为如果法律和宪法不一致，一般的应对措施固然是修法以合宪，不过也未尝不可修宪以合法。尤其在单一制国家，虽说宪法是位阶最高的"根本大法"，实际上修宪程序也就比立法程序难那么一点，因而从操作角度看，宪法究竟比一般立法高多少，只是一个程度问题。法国为了促进妇女的政治参与，立法规定议会候选人名单中同性不得超过 3/4，相当于要求至少 1/4 必须是女性，宪政院却判决这条规定违反了法国人权宣言第 6 条规定的法律平等原则。法国议会没有修法，而是直接在宪法中加了一条，说这样的规定和平等并不矛盾，通过修宪推翻了宪政院的宪法解释。中国 1982 年宪法第 64 条规定，全国人大全体代表 2/3 多数可以修宪，而实际上几乎所有的人大立法都是以超过 90%高票通过，早已超出了修宪的要求。如果提议的法律违反现行宪法，先修改宪法就行了。

这么说，是不是宪法怎么修都可以？那倒也不是。这是因为宪法本身也有一个规范等级秩序，而不是一百多条的简单堆积，其中有些条文比其它条文更基本、更重要，因而地位更高，就像一个法律体系并非杂乱无章的立法堆积，而是有一个清晰的规范等级秩序，其中宪法地位最高一样。有些条文体现了宪法的根本，相当于一部宪法的"基因"，修改这些条款如同改变了宪法的"身份"(identity)，不啻抛弃了整部宪法。当然，这么做并非绝对不可，但已经超出了"修宪"的范围，相当于重新制定一部新宪法。所谓"修"，就是修修补补，而非全盘再造；如果实际上是抛弃旧法、制定新宪，那就需要经过制宪程序，而不能通过修宪的手段达到制宪的目的。

如果经由一般的修宪程序修改了基础性条款，那么这类修宪就是违宪的。

"修宪违宪论"听上去新奇，但在不少国家的宪法制度和实践中均有体现。最早的如 1788 年美国联邦宪法规定了一个"永久条款"，第 5 条修宪程序明确规定参议院在各州的平等代表是不可修改的；换言之，各州参议员可以是 2 名、3 名、5 名……但必须各州不分大小，一律均等，否则费城会议的时候那些小州就甩手不干了。1949 年德国《基本法》第 79 条则禁止任何修正案"影响联邦分解为各州或各州参与立法的原则，或影响第 1 条与第 20 条所确立的基本原则"，其中包括人的尊严不受侵犯、民主与社会国体、大众选举与分权等。既然这些规定是不可修改的"永久条款"，针对这些条款的修改即构成违宪，进而引发针对修宪合宪性的司法审查问题。就和法院有义务依据宪法宣判违宪法律无效一样，它也同样有权依据"永久条款"或基础条款乃至宪法基本结构与原则，宣判违宪的修正案无效。当然，无论在美国还是德国，还没有发生过"修宪违宪"的司法判例。美国最高法院曾判决修正案的合宪性属于司法不可审查的"政治问题"，德国宪政法院则尚无一例判决修正案违宪。

不过，一些发展中国家的法院勇敢承担了审查修宪合宪性的任务。最早的是印度最高法院，早在 1967 年即判决一条修正案因侵犯财产权而违宪。印度宪法第 13 条规定："国家不得制定任何法律削弱或剥夺本部分赋予的权利，违背本款的任何法律在违背的程度上无效。"最高法院认为修正案也是"法律"，因而侵犯宪法权利的修正案违宪。虽然 1973 年的著名判例撤销了这个先例，认定修正案并不属于第 13 条意义上的"法律"，但是"潘多拉魔盒"已经打开，针对修宪的合宪性审查覆水难收。事实上，后面这个判例走得更远。当时，第 24、25、29 修正案规定，议会立法可随意增删、取消或更改宪法的任何条款。最高法院判决这些修正案不是违背任何特定的条款，而是侵犯了"宪法的基本结构"，因而虽然符合第 348

条规定的修宪程序要件，仍然违宪无效。1975 年，甘地夫人因选举腐败，被高等法院判决有罪并在 6 年内不得再度参选。当然，女总理没有就范，否则就不是尼赫鲁的女儿了，而是发动了一场政变，提议总统因"内乱"而宣布紧急状态，中止宪法对生命、自由和财产和财产的保障，数千人不经审判而被羁押，其中包括国会议员。印度议会在总理胁迫下通过了两条修正案，其中第 38 修正案禁止法院审查紧急状态合法性，第 39 修正案则改变了甘地所触犯的法律，直接使其脱罪并禁止最高法院审查正副总统、总理、议长选举的违法问题，包括已经提交的诉讼。最高法院算给面子，认可其事后修改选举法的做法，承认甘地合法当选，但是判决第 39 修正案违反了宪法的三个基本特征：损害选举的公正与合法性，私人例外违背了平等原则，限制司法审查则侵犯三权分立。甘地反扑，通过了第 42 修正案来终结一切宪法争议，以不容置疑的语气规定任何修正案均不得在任何法院基于任何理由受到质疑："议会通过增删或变更本宪法任何条款的制宪权不得受到任何限制。"最高法院使出了最后的杀手锏，于 1980 年判决修正案违宪无效，因为修宪权受限也是印度宪法的基本组成部分，因而不得修改。值得注意的是，在这场不体面的政治斗争中，甘地夫人最终遭到了选民的报复，国大党自 1950 年独立以来第一次败给了人民党，从此开始了自己的政治衰败之旅。

在拉美，哥伦比亚宪政法院对于控制修宪合宪性也有不俗的表现。2002 年之前，哥伦比亚宪法禁止总统连任。当时，乌里韦总统人气正旺，政绩也不错，不甘心只做一届，因而通过修宪将总统任期从一届延长到两届，结果被告到宪政法院。法院在 2005 年的"总统连任第一案"中指出，如果修宪幅度如此一览无余，那就不只是修宪，而是替换了一部新宪。然而，两届任期只是给政治体制带来一定张力，尚不足以使之崩溃，因为哥伦比亚宪法中存在比较复杂的分权机制，譬如最高法院、国政院、总统各任命 1/3 宪政法院候选人，最后由参议院挑选法官。但是到 2010 年的"总统连任第二案"，总统还想趁热打铁、再干四年，要把两届任期延长到三届。宪政法院判决这次修宪违宪，因为它打破了宪法的分权制衡机制，前后长达 12 年任期将使总统得以控制不同的国家机构，包括那些监督总统权力的机构。宪法判决下达后，总统声望顿时受挫，实际上已无望连任，因而只好乖乖遵守司法判决。再后来，乌里韦甚至和自己阵营的人也分道扬镳，下台后竟"倒戈"成为反对党领袖。

中国宪法并无"永久条款"，但这并不表明宪法没有长年形成的基本原则和惯例。在改革近四十年中，中国宪法虽然实施不尽如人意，但人民的宪法观念还是取得了长足的进步。共和、民主、法治和人权保障等宪法理念早已是不争的社会共识，集中体现于宪法第 5 条（法治国家、宪法至上）、第 33 条（法律平等、人权保障）、第 34 条（周期性选举）、第 35 条（言论、出版、集会、结社自由）和第 36 条（宗教信仰自由）。这些条款构成了八二宪法的根本，因而是不能通过一般修宪程序修改的。当然，中国目前并没有一个像法院那样政治中立的权威机构告诉我们什么可以修、什么不能修，但是人人心中都有一杆秤，人民是宪法的最终解释者与判断者。无论是修宪、立法还是制宪，最重要的是得民心。过去四次修宪侧重点不同，但总的来说都是越修越好，因顺应历史潮流而赢得了广泛的民意支持。反过来，中国历史也充分表明，如果违背了人民长期形成的宪法共识和世界宪政文明的大趋势，哪怕是貌似万民拥戴的制宪也得不到真正的社会认同，到头来终究是经不住时间检验的。

宪政民主的契约基础及其两个面向

　　武汉疫情，全国告急。此次冠状肺炎病毒再次汹涌袭来、濒于失控，其根源和 17 年前那一次如出一辙。自 2019 年 12 月发现病例以来，武汉市一直对病毒的传染性和严重性遮遮掩掩。2020 年元旦，武汉警方控制了 8 名"谣言"发布者，造成了噤若寒蝉的舆论恐怖气氛。迟至 1 月 12 日，武汉还颇有讽刺意味地举行了湖北省人民代表大会，直到会议结束后 18 日才开始对外有限披露当地疫情，而就在当日，百步亭社区居然还如期举办了规模达 4 万人的"万家宴"，真是愚不可及！社会在没有知情权的情况下，错过了对病毒流行的最佳防控时期。紧接着病例激增，市政府又进退失据、仓促"封城"……性质类似的事件当然远不止武汉一地，而是近几十年各级各地的常态。

　　2003 年非典爆发时期，恰好发生了孙志刚惨案，中央借机废除了收容遣送恶制，由此也开启了互联网时代公民维权的新模式。但是 17 年过去，"孙志刚模式"的局限性也日益明显。尽管近三四十年中国社会获得了有限的言论自由，但是选举却没有一丝一毫的进步；武汉疫情如此严重，却没有看到湖北省、武汉市没有一个代表出面哪怕说一句话，本身已是中国民主现状的最好注脚。毫无悬念的是，只要不践行宪政民主，就无法防止 SARS、SARI、非正常死亡等各种人为悲剧再度发生。如果人民不能通过选票让政府对自己负责，手中残存那点自由一夜之间也可以被统统收回去。为什么每次疫情发生，地方政府第一反应就是瞒报？为什么各地各级人大代表在每一次重大公共事件中都集体失语？他们究竟是怎么产生的、对谁负责？全国各地封城、封路的决定应该由谁作出、需要经过什么程序？……所有这些问题本质上都是宪政制度问题，也只能在宪政民主框架下才能得到有效解决。在病毒肆虐之际痛定思痛、为了今后防患未然，我们还是要探索中国未来的宪政民主框架。

从词意上理解，"宪政民主"是指建立在宪法上的民主体制。民主是起点，但并非终点；或者说民主是大宪政框架中的一个要素，但并非全部。"民主"是指人民的统治，或者说国家机器的日常运营者要以某种方式对人民负责——在操作意义上对多数人负责，因为人的利益和立场有分歧。一般的国家能做到决策对多数人有利，就很了不起了，但多数决也不能成为绝对的原则。民主无疑是一切共和国体的"定海神针"，而可操作的民主必然是周期性选举产生的多数人统治，但是多数人统治也要受到其它宪法要素（如自由、法治与分权制衡）的约束，才不至于异化为"多数人的暴政"。

设计宪法首先要明确立宪的目的和原则，这意味着人民在制宪之前首先要形成社会契约。一部合格的宪法应该是社会契约的摹本，也就是说它应该体现所有理性人均能同意并愿意遵守的社会契约要素，进而使之成文化和具体化。譬如民主，各种特定的民主制度均有利有弊，因而具体采取哪种制度，是有商榷余地的，但民主这个大原则是没有商榷余地的，其中也包括一些界定真民主的原则性要求。民主、法治、自由构成了任何正当国家都必须尊重的"政治自然法"，也是宪政民主的核心。迄今为止，任何一个国家都逃脱不了政治自然法的制裁；没有一个国家可以违背任何一条政治自然法则，而得到良性治理。当然，政治自然法是一个"开放清单"。以下我只是粗略介绍它的核心要素，并不排除其它要素（譬如人身自由和私有财产的核心）也可以纳入其中。

首先，人的基本自由和权利不得受到侵犯。这是任何理性国家得以建构的基础：如洛克所言，我们建立国家，显然不是为了让自己沦为国家的奴隶，而是为了更好地保护我们的权利和自由。政治自然法至少包括了三类权利：言论自由（也包含新闻、集会、结社自由）、信仰自由（包含宗教活动自由与政教分离）、平等权（反歧视）。缔造国家的目的是建构文明秩序，这些要素显然是任何国家的秩序与和平所不可少的。譬如许多"深度分裂"社会正是不能平等对待不同族群或宗教，而陷入长年战争和暴力冲突。

其次，人的自由需要受到法律限制，法律须由代表民意的国家机构——议会——制定。议会必须由周期性选举产生，选举必须符合五项具体要求：普遍（符合适当年龄条件的公民均可作为选民或候选人参与选举）、直接（人民代表由选民直接选举而非其他代表间接选举产生）、自由（选民与候选人之间的交流不受干预、候选人自由活动、选民自愿投票）、秘密（选民秘密而非公开投票）、平等（"一人一票"、选票份量均等）。

最后，普选产生的议会通过立法确定国家方向之后，政府应当依法行政，法院应当依法审判，因而需要保持行政中立和司法独立。行政和司法过程都是为了如实体现立法价值，其自身在本质上是价值中立的，因而不得再受到任何其它权力的干涉。这意味着法院和包括公务员、警察、军队在内的行政都必须去政治化，而且这些机构均需由不同族群和宗教均衡构成，否则很难实现社会团结和互信。深度分裂国家也是因为不能处理好这个问题，而陷入冲突甚至内战，可见政治自然法是不可或缺的；缺了哪一条，国家都不得安宁。

一旦奠定了社会契约并遵从政治自然法，宪政民主框架即已基本确立，下面要做的是宪法制度的具体化。譬如宪法需要具体规定什么样的民主——联邦制还是单一制？总统制还是议会制？议会选举是以选区为单位，还是实行比例代表制？这些制度都还是笼统的，需要进一步具体化。在此限于篇幅，仅简要讨论纵横两种分权制度。纵向分权指的是中央和地方权力关系，主要有单一制和联邦制；横向分权则是指议会和行政之间的权力关系，主要分为议会制和总统制。

自从 1990 年代耶鲁政治学家林茨提出"总统制的危机"之后，学界就总统制和议会制的优劣一直争论不休。其实，二者都是很大的"筐"，总统制和议会制都有许多变种，不能一概而论。这里仅以标准的美国总统制和英国威敏寺议会制为例，二者的本质区别在于议会和行政之间的关系。英国作为经典民主国家，实行议会至上和法律至上，而美国的关键词是孟德斯鸠发明的"三权分立"，立法、行政、司法相互制衡，目的是尽可能防止政府侵犯人民的自由。但是对于民主和法治基础不如美国稳固的拉美等欠发达国家，三权分立更容易造成频繁不断的立法僵局，最终甚至导致民主体制的崩溃。世界范围内，总统制的寿命似乎确实比议会制短得多。

权衡这场争论的不同视角，总统制的支持者总体上处于"守势"：面对议会制的挑战，总统制的反应是"我们也不差"，"议会制能干的活，总统制基本上也能干"……虽然总统制不像林茨说得那么差，但是其政体稳定性和立法效率确实总体上不如议会制。即便在宪政传统最悠久的美国，特朗普的当选及其行事风格也引起了巨大争议。在民主和法治不成熟的欠发达国家，总统权力过大更容易助长独裁和人治。中华民国初期袁世凯和国民党合作的破裂可作为前车之鉴。《临时约法》实际上是世界上最早的"双元首"或"半总统"制（而不是许多人认为的纯议会制），国民党想借国会控制下的内阁约束大总统的权力，但是很快因为剧烈权争而走向崩溃。

因此，虽然国内自由派因为受美国影响而对"三权分立"情有独钟，却不能不察总统制的内在风险，同时也要对总统制激发的个人野心保持警惕。美国宪政民主无疑是值得中国借鉴的伟大经验，但这并不意味着美国模式什么都好，我们必须照搬照抄它的细节；即便总统制在美国运行得还可以，也不意味着它在发展中国家也能顺利运行。直率地说，发展中国家的总统制就是制造独裁者的温床。从查韦斯到"普京大帝"，绝大多数拉美、非洲、中东欧等国的独裁者头上都戴着"总统"的桂冠。

在中央和地方权力关系上，虽然世界上多数国家为单一制，但所有大国都实行联邦制，中国是唯一例外。某些规模不大的国家也实行联邦制，如德国；甚至某些"微型国家"也实行"族群联邦制"，如尼泊尔。中国从 1908 年制定第一部成文宪法至今，有过十余部宪法，宪法文本却从来没有出现过"联邦"二字。但 1923 年曹锟主持制定和 1947 年体现孙中山"均权主义"的两部《中华民国宪法》都详细规定了地方权力，带有联邦制的特征。对于人口众多、幅员辽阔、族群构成复杂、地方差异显著的中国，某种形式的联邦制显然是大势所趋。

一般来说，中央权力限于国防、外交、货币、度量衡、环保、宏观调控等具有全国影响的事物，地方则管理不具备全国影响的事情，譬如教育、治安、医疗、贫困救济等。但由于经济规模不断扩大，中央权力也越来越大，以至于有的学者认为，美国联邦从 1930 年代新政以来到今天，已经不剩下什么联邦制，因为"州际贸易"这个概念不断膨胀，让联邦立法想干预什么就干预什么。德国联邦制的特征是联邦负责框架立法，各州负责细化和实施，和中国现状有点类似，或许更容易效仿借鉴。

"联邦制"是一个很有弹性的概念，有对称和不对称两种形式。"对称联邦制"是指各州处于平等地位，典型如美国；德国基本上也算，尽管财政均衡制度使某些贫困州受益。然而，某些国家因为自身的特殊情况，设计了"不对称联邦制"，某些州或省享有其它州不具备的特殊地位。譬如加拿大以法语为主的魁北克省即显得独树一帜，围绕法语文化的特殊地位也产生了若干重大宪法争议，1990 年代甚至一度举行了独立公投。魁北克的特殊地位安抚了法语区选民，使之更安心地留在联邦之内；如果简单实行对称联邦制，分离主义公投可能早就成功了。由此可见，联邦制所保障的地方自治和弹性的制度设计有利于维持国家统一。国内一些势力将联邦制甚至地方自治和分离主义划等号，完全是别有用心的抹黑。对于一个多元社会，联邦制显然有助于维护统一，简单刚性的单一制才容易造成分崩离析。

无论是联邦制还是单一制，中国这样的大国必须实行高度地方自治，包括人事、立法和制度自治几个方面。除了一般的人事和立法自治之外，联邦宪法还应该允许州或省通过自己的基本法选择自己的政府结构，譬如议会制还是州长制。香港的立法自治实际上比一般联邦制高得多，却没有人事自治，更没有制度自治。《基本法》是全国人大为香港量身定做而非香港自己制定的一部立法，所以香港普选必须得到中央认可，而制度和人事自治的缺失是引发 2019年大规模抗争的根源。联邦制的好处之一是为地方制度创新和竞争提供空间，让各地因地制宜、试验适合自己的宪法制度。

综上所述，中国未来应在信守政治自然法的基础上实行议会联邦制。在纵向，宪法应充分保障地方自治，在地方普选基础上实行民主自治，按影响范围界定央地立法权，地方在宪法赋予的自治范围内决定自己的政策和制度，台港澳、蒙藏疆等特殊地区享有特别自治权。在横向，地方根据自己的需要决定自己的治理体制，中央则借鉴英国、印度等国体制实行议会制或虚位总统制，议会采取两院制，内阁由众议院选举产生并对众议院负责、接受参议院监督。未来宪法体制和现行宪法体制之间存在相当的连续性，议会制和人大制度之间存在很大的相似性，不同之处主要在于各级议会均由选民直选产生（现行宪法规定县级以上人大由下一级人大间接选举产生）、央地分权得到宪法的明确界定（现行宪法语焉不详）、特殊地区的高度自治得到宪法明确保障（现行宪法授权全国人大制定港澳基本法，只是立法层次的地方自治）等。宪政改革路线图是推动内地各级人大选举与港澳普选、实现港澳高度自治的宪法化、逐步推进央地分权尤其是少数族群聚居地自治的制度化，宪政民主的大框架即臻于完善。

中国需要自己的契约伦理

中国当下别说社会契约，连一般的单位契约都不遵守。《炎黄春秋》杂志社本来和其"主管单位"中国艺术研究院"约法三章"，在人事、用稿、财务上保持独立。2016 年 7 月，这份双方都曾签字的协议成为一纸空文，艺术研究院乘老社长杜导正住院、副社长胡德平出国之机，在没有任何知会的情况下突然全面改组了杂志社的人事，换上了自己的正副社长和总编。之后，虽然原杂志有五十多位顾问、编委公开抗议并声明退出，新的杂志社仍然用他们的名义仓促出版了《炎黄春秋》该年第八期。在当今中国，此类背信弃义的行为并不鲜见。它们只能表明，中国仍然是一个欠缺契约伦理的丛林社会，而法院屡次拒绝受理这样的案件，致使"老炎黄"及其顾问、编委投诉无门，则说明只要权力出场，任何契约、协议、约定都是废纸一张。

对于一个国家来说，欠缺契约伦理是一件麻烦事，因为它不仅仅是私人交往缺乏信用那一点事儿。契约精神是宪政文明的基础，宪法就是国家契约的集中体现。没有起码的契约伦理作为支撑，即意味着国家有宪法而无宪政，宪政所涵盖的民主、法治、人权那些"好东西"也就统统只是不算数的文字游戏。不幸的是，中华文明的契约精神似乎自古以来就相对薄弱。如果说地位平等的主体之间尚能遵守"借债还钱"等自然习俗，地位不平等主体之间的契约关系并没有什么可靠的制度保障，在政治权力不对等的上下级之间尤其如此。俗话说，"官大一级压死人"，我们的垂直关系基本上是不受契约控制的。从天子以至于庶民，我们的每一级上下关系基本上都处于权力可以随意通透的"零阻抗"状态。这种状态为国家统治的极权化提供了极大便利，并在近几十年大大地变本加厉了。

　　相比之下，契约伦理在基督教文明源远流长，《圣经》多次出现"立约"（covenant）一词。即便无上至尊的上帝给人类降福，也是通过和人类立约来实现的。上帝对诺亚及其孩子们说："我要和你及你之后的世代立约"（创世纪 9:9）；"不要再让洪水吞噬你们的肉身，也不会再有洪水毁灭地球"(9:11)。上帝在天空划出一道彩虹说："这是我和你以及和你在一起的每一个生灵世世代代立约的凭证"（9:12）；"我会记住我和你以及每一个生灵的契约：从今以后河流再不会变成毁灭人类的洪水"（9:15）；"我会看着云中的彩虹，记住上帝和地球上每一个生灵订立的永久契约"(9:16)。上帝又对亚伯拉罕说："我要在我和你之间立约，让你们世代繁衍"(17:2)；"我和你立约，是要让你成为诸民族之父"（17:4）。

　　如果说连上帝都要和人立约，国王又算得了什么？从 1215 年英国《大宪章》开始，契约和宪法结下不解之缘。《大宪章》是国王和大贵族之间签订的契约，象征着西方封建社会的深厚契约传统。虽然让国王履约不是一件容易的事情，英国也前后折腾了四百多年之久，直到 1689 年"光荣革命"才算盖棺定论，但是它毕竟表明，地位不平等主体之间的关系是受契约规范的。约翰王的战败以及大贵族并未一杀了之、另立新主，而是与之签订停战协约，说明权力并不能简单通吃整个社会。和一个"权力零阻抗"国家恰好相反，英国社会是由大量成文或不成文契约维系起来的，超越契约的权力会受到无处不在的抵抗。这就决定了英国可以至今没有一部成文宪法，却并不妨碍它实行实实在在的宪政。

　　英国的立约精神随着早期清教徒移民带到了美洲殖民地。1620 年 11 月 21 日，"五月花号"经过两个多月的大西洋风浪颠簸，来到现在麻省科德角外的普罗旺斯港。在上岸之前，41 名清教徒"在上帝和众人面前立约，自愿结为民众自治团体……并不时据此而制定、形成或设立对于殖民地普遍利益而言最适合也最便利的公正而平等的法律、规章、条例、宪章和公职"，由此签订了《五月花号约定》并建立了普利茅斯镇。这个约定是美洲最早的自治章程。但凡英国在美洲设立的殖民地，都有英王特批的章程，相当于授权和规范当地治理的"小宪法"。虽然这些章程是孤立分散的，但是对于社会契约论影响深远的美洲来说，殖民地和英国之间存在一部不成文的契约。如果政府一再违背了这部契约，美洲人就根据洛克《政府二论》的契约逻辑，认为自己有权"向天呼吁"、替天行道，于是就爆发了美国革命。1776 年，杰弗逊起草的《独立宣言》带有鲜明的契约论色彩：

所有人都生来平等，造物主赋予他们某些不可让渡的权利……为了保障这些权利，政府形成于人民中间，并从被统治者的同意那里获得其公正的权力。一旦任何形式的政府对于这些目的变得具有破坏性，人民即有权变更或取消之，并建立新政府。

美国革命之后，13 州都制定了州宪，不少州宪都明确宣布宪法是政府和人民之间的基本契约。例如 1780 年，后来成为美国第二任总统的约翰亚当斯起草了麻省州宪，至今仍然有效，是美国惟一一部比联邦宪法更老的宪法，也是近代世界最古老的成文宪法。其中规定："政体是个人自愿结社形成的，它是全体人民和每个公民、每个公民和全体人民立约而产生的社会契约，所有人都同意为了共同利益而受法律之治。"之后，1788 年的联邦宪法更是多个利益群体博弈、妥协、同意的契约过程产物。当然，就和《大宪章》是一份贵族契约一样，美国当时的立约过程因为排斥了妇女、有色人种、印第安人等重要社会群体而带有严重缺陷。只是经过内战后的历次修正案，这些缺陷才逐步消除。但不可否认的是，契约传统为英美宪政文明奠定了文化基础。

今日中国要走向宪政，契约伦理的确立恐怕是绕不过的一个关口。与其抱怨政府任性爽约，不如从我们自己的"五月花号"开始，在日常生活中一步一个脚印地建构中国自己的契约文明。

中国需要一次立约运动

以下是 2017 年 1 月 10 日出席天则经济研究所"新年期许"论坛的发言。

很高兴又到天则所参加新年期许。年年期许，年年落空，但是天则所能举办这样的期许活动，本身就是一件好事。我们确实在退步，我们的底线也在退却。原来是期待期许能够落实，现在发现这实在太奢侈了，只期待我们的期许活动能够继续下去就可以了。现在外界对天则所和茅于轼老师的谣言又比较多，我的期许就是天则所的期许活动能够年年继续办下去。

最近大家都知道，在山东发生了一件事，山东建筑大学的邓相超教授遭到了遭到了毛左的围攻。我们很多人可能本来不知道他的名字，但是因为这次事件让我们知道了这位学者。其实，因为中国现在社会撕裂很厉害，左右争论很正常，但是我们最大问题在于国家介入了，国家没有保持中立。据说，这次左派要求处理邓教授的集会还得到了官方批准。这是我第一次听说，从 1949 年到现在居然批准过一次合法的游行集会。当然，这本身没什么，左派言论也有自由。问题是，国家没有平等对待，要求维护邓教授言论自由的集会肯定得不到批准。还听说当时有国保在现场，但是并没有对邓教授的支持者及时采取人身保护，导致他们集会的时候受到了一些肢体上的攻击。这样的话，国家就更加失职了。有人甚至认为这是政府在故意纵容左派，打击自由派。

如果这样，国家就没有履行一个基本义务，那就是保护公民的人身安全。这样下去，其实是国将不国、天下大乱的节奏。因为无论政权是通过什么方式取得的，任何一个政权取得之后都要回归和平秩序和正常治理模式，维持和平与秩序就是这个国家所应尽的最基本义务。在左右对立的争论当中，国家本来应该保持严格中立，不干预自由辩论。但是如果出现任何暴力，国家就不能置身事外了，因为国家的基本职能就是反暴力。现在，国家该干预的时候没有干预，反而在不该干预的时候限制了社会一部分人的言论自由。后来山东省政府、省政协和建筑大学处理了邓教授，免去了他的职务。这种干预方式只会加深中国社会的撕裂，左派会因为国家支持或纵容而越来越激进。

在这种环境下，自由派该怎么办？还能不能比现在做得更好，让中国社会回到和平的状态，避免许章润教授讲的，滑向"全面内战"的状态？也许还是有的，因为三十多年来，中国的社会确实获得了一定的自由度，包括一定程度的事实上的言论自由——不是制度上的言论自由，国家要限制还是可以限制，但事实上我们可以说话了，政府要管也未必管得过来，尤其是互联网发展之后。但是言论自由却没有让我们这个社会变得更加团结，反而让它变得更加分裂和对立。事实上，这种分裂不仅在左右之间，在自由派内部打得也很激烈，争论的时候动辄上纲上线，甚至人身攻击，没有什么底线。根源在什么地方？

首先需要注意，中国是一个没有宗教信仰传统的国家。本来，宗教可以是团结一个民族的力量。不久前，我刚和茅于轼老师、刘澎老师在天则所讨论了中国宗教信仰问题。中国因为长期的无神论教育，改革之后宗教自由也没有得到制度上的保障，导致人口中的信教比例仍然过低。盖洛普有一个抽样统计，中国真正信教的可能只有 11%，绝大多数或者不信教，或者是坚定的无神论者。宗教自由缺失带来宗教信仰的缺失，它所产生的后果是全方位的。除了不能给社会带来凝聚力，造成我们之间彼此不信任、机会主义"搭便车"盛行、大规模的集体行动难以展开之外，没有宗教信仰还有一个后果，那就是它会让我们变得狂妄。不信宗教不等于没有信仰，但是世俗信仰非但解决不了这个问题，反而会更容易让我们觉得自己真理在握，让每个人都去替代上帝的位置。如果我们心中已经有了上帝，可能会变得比较谦卑，在对待朋友、同事或和自己观点不一致的陌生人的时候，会对自己的表达有所节制。但是因为我们没有宗教传统，我们反而会把自己放在上帝的位置上，变成真理的化身。只要你跟我观点不一致，那就一定是你的错；如果我说服不了你，那就一定是你"弱智""脑残"，这样就很容易上升到人格攻击。这种现象在互联网上是十分普遍的。

要改变这种状况，也不是说我们一定要去信教。事实上，中国的儒家传统可能就提供了一把解决问题的钥匙。儒家认为，我们每个人都有内在尊严，所谓仁义礼智。当然，孔孟并不是说仁义礼智我们天生就有。它们只是每个人的"善端"，相当于人的"道德基因"。就像一颗种子，如果后天得到正常的发育，是会开花结果的。我们因为自己的无知或懒惰，可能会忽视培养自己的善性。譬如某些人不能客观对待自己的历史，没有勇气正视"伟大领袖"发动"文革"给这个国家带来的灾难。这固然是令人遗憾的。他们本来可以用自己的良知和理性，获得一个更正确的历史观和世界观，但是他们没有。我们在对话过程中，可以很不客气地批评他们的思想和言论。但是尽管他们对某些基本问题的认识在我们看起来错得离谱，他们仍然是有内在尊严的人。对话的目的不是羞辱他们，而是想办法纠正某些根深蒂固的错误。如果意识到这一点，也许我们会改变对话的态度，让我们口下留点情，言辞变温和一点，为对方保留一点颜面和自尊。事实上，现在根本没有对话，只有对骂，但只是辱骂又能解决什么问题呢？

我是希望人民和人民之间能有一个基本约定，那就是无论说什么、做什么，都能尊重对方的基本人格。当然，这并不是要求我们放弃原则，譬如坚持国家尊重与保护言论自由，国家必须在不同派别中保持超然中立，不得拉一派、打一派。但是相互尊重要求我们不论探讨什么问题，不论分歧多大，都要做到就事论事、对事不对人，尤其要避免人身攻击。在这方面，刚过米寿的茅于轼老师是很好的榜样。他也很激烈地批判毛泽东，但是他从来以事实说话。他自己多次受到毛左们围攻，但从来是谦谦君子、不愠不怒，坚持温和理性的本色。如果我们都能像他这样，我们的对话会变得更有意义，社会也会变得更加团结。如果我们不能团结，还是各自为战，因为每个人都惟我独尊，自认为是上帝，这样的民族必然是一盘散沙，不可能形成抗衡公权滥用的合力。

因此，我们今天需要一场立约运动，立约的基点就在于人和人之间的相互尊重：我尊重你的人格，以换取你对我的对等尊重。当然，左派可能不会理会，继续人身攻击，甚至想利用国家机器来打压自由派。如果是这样，自由派不仅要坚守自己的基本底线，而且还要具备一定的自我防卫能力。自由派只有相对团结，才能凝聚起足够的力量去抗衡其他的社会力量。但是中国的自由派本身又怎样呢？有目共睹的是，他们的行动能力其实是相当弱的，部分原因在于内部分裂。中国不仅左右势同水火，而且温和自由派和激进自由派之间也打得很厉害，各方共同语言很少，争论一个问题经常不欢而散。如果说自由和左派之间是意识形态之争，没有共同语言还可以理解，自由派内部并没有什么本质立场分歧，至多是对变革路径的认识差异。许多时候，其实只是个人义气之争。如果我们能够提醒自己，自己不是上帝，也会犯错，而对方也和自己一样是有理智和良知的人，兴许我们会换一种商讨的语气。结果会发现对话多了、对骂少了，共识更清晰了，合力更强大了。

近一百多年来，中国立宪屡屡失败，其实原因并不难找，因为宪法体现了社会契约，立宪的本质就是立约；我们人民首先没有一次真正的立约，要靠政府给我们立宪，怎么会成功呢？所以我不完全同意章润教授的主张，我们需要某个领导再来一次"新南巡"。把希望寄托在光绪皇帝、蒋经国、戈尔巴乔夫身上，永远是不现实的。已经寄托了一百多年，难道还要继续寄托下去吗？真正的希望在于我们自己。只有我们人民之间先立一个基本契约，承认和尊重彼此的内在尊严，并在日常对话过程中体现这种承诺，才能形成中国立宪的社会基础。

从共识到契约

2013 年，自由派、左派、新儒家等谱系的中国学者发起了"牛津共识"，旨在弥合中国的左右分歧。2018 年 9 月，组织者又召集不同立场的学者探讨"牛津共识"的意义。对于左右割裂愈加严重的中国而言，这些活动无疑意义重大。至于共识本身，几位与会者也说到，一是未必有意义。譬如你说秦晖到底是右还是左？周濂到底是左还是右？这些都是说不太清楚的事情。二是未必可能或有必要达成什么共识。譬如说你到底是喜欢《甜蜜蜜》，还是喜欢贝多芬？这个是你自己的事情，既没有必要也不一定可能达成什么"共识"。可能我们唯一能有的共识就是在这个问题上没有"共识"，或者说不要用所谓的"共识"来绑架我们的自由选择。

国家的政策左的也好、右的也好，都可以试试。什么持枪权、堕胎权、同性婚姻这些比较新潮的玩意儿，还有传统的经济发展和环境保护怎么权衡，以及秦晖兄讲的"福利多一点还是自由多一点"，这些统统都可以尝试，无所谓对错。即便尝试了几十年，左右也未必能达成什么共识。这不是关键问题，关键问题是你的这个政策是怎么制定出来的？通过什么样的立法机制？立法机构怎么选出来？它行使的权力受到什么约束？人民在这个过程当中发挥什么样的作用？这些才是关键问题。

换句话说，它不是一个简单的政策法律，甚至也不是一个宪法问题，而是涉及这个国家的基本制度和国家建构的基础。我们要对这些基本问题达成某种共识，而且这种共识是左右都有可能达成的。事实上，只有共识是不够的，我们还要把共识转化成自己愿意遵守的契约。这就是社会契约。这个问题我就先不展开论证了。

中华文明中最根本的问题，就是从来没有一个真正的社会契约。如果没有社会契约，那样只有两种可能状态。一种是一盘散沙，处于弱肉强食的丛林状态。另一种是要建立一个国家，但是这个国家没有社会契约支撑，那么最后肯定会"定于一尊"。实际上，这只是另一种丛林状态，洛克甚至认为比丛林状态更糟，因为现在依然是弱肉强食，只是变成了权力通吃而已。本质上说，中国几千年的历史都是这样。不同的思想流派或利益团体不会彼此自由辩论并达成某个基本契约，在此基础上建构并约束国家，而是恰好反过来，都想把自己的思想变成一种正统，用它来统治国家，然后利用国家力量把其它的都压下去。秦朝的儒家被坑了，汉代的儒家就要搞"独尊"。我是很推崇儒家传统的，我认为古代的"礼"就是一部宪法（胡适也是这么定位的），问题是这个礼不是建立在我们大家商量出来的契约基础上，而是由经天纬地的"圣人"或"圣王"制定出来，通过国家强制实施，人民只能服从。这样的基本法当然很容易成为阶级或性别压迫的工具，以至今天许多女性和弱势群体依然不认同儒家传统，今天的"新儒家"要引以为戒。

等到"革命"了，又全盘推翻，新正统取代了旧正统，社会契约还是影子都没有。（盛洪兄认为中国历史上有契约传统，我认为这种历史评价过于乐观；中国历史上有契约，但不足以构成契约传统，至少社会契约完全是外来概念。）我们几千年没有跳出这个圈子，今天仍然是这样。今天中国左右撕裂这么厉害，也都是想做"帝王师"，然后让帝王把对手打倒在地，彼此之间不仅没有任何"契约"，而且撕裂这么厉害，不仅左右撕裂，同一个阵营内部温和派和激进派也一副水火不容的样子，似乎根本不可能达成任何契约。但没有社会契约，那就是上面两种可能，没有第三条路。所以我们今天要来谈论契约问题。

2017—18 年，我在柏林高等研究院访问，对这个问题有些思考。简单概括一下，一个国家的社会契约大致可以是这个样子。一个最基本的社会契约应该有下面五个要素。

一是大家都同意我们要建立一个国家，"同在屋檐下"生活，共同生活在一个主权国家之下。这听上去容易，其实很多国家都没有解决这个最基本的问题，许多国家的动乱、分裂甚至内战都是从这个问题来的，不同族群、宗教、语言或文化不愿意在同一个国家生活，但又分不出去，至少分不干净。中国也没有解决这个问题，这里就不展开了。

二是建立国家干什么？这个问题少一点，建立国家当然是为了保护所有人最基本的公共利益，那就是安全、和平、秩序、健康生命这些最基本的东西。

三是这个目标怎么实现？我们都知道治国要靠法律，但法是谁制定出来的？法律需要有一个对多数人负责的立法机构制定并监督实施，这个机构要由人民通过某种方式选举出来，否则没有办法保证它对多数人负责，即便制定出来的法不错也没法实施。这个要素（选举民主）也很有问题，尤其是在中国，完全没有达成共识，不仅国家主义左派反对，很多自由派其实也反对多数主义民主。

第四点有助于消解自由派对多数主义民主的担忧——它当然不能是无法无天的，议会立法想干嘛就干嘛。即使法律也不能侵犯人民最基本的权利和自由，这一点应该是比较容易达成共识的。最基本的权利和自由包括各种言论自由，这个不用多展开了。知识分子首先最关心的是言论自由，但中国历史上他们的表现并不好，只在意自己的言论"自由"，不在乎别人的言论自由。这可以作为有"共识"但无契约的一个例子。

同样的还有宗教活动自由。这些自由要是没有的话，那么建构出来的就是一个不正当的国家。为什么？因为建构国家的首要目的是为了和平与和谐；如果这个国家存在一个"国教"，凡是和正统不一样的就是"邪教"，那么这个国家就不是在构建和平，而是在制造战争，这显然是和建构国家的初衷背道而驰的。同样的，平等权也必须是社会契约的一部分。如果某些人因为性别、种族、地域、观点而受到歧视，国家又是在制造人与人之间的战争。虽然这么显而易见，许多国家在这些方面都很有问题。

上面只是举了几条最重要的权利和自由，当然不是全部。譬如人身自由与核心的财产权也完全可能成为基本契约的一部分。当然，围绕财产权有许多争议，左派希望私有财产少一点儿，公共福利多一点儿，右派则反过来。这些程度差别不是什么问题，但是财产权的核心要受到保证。上面几点当中既有右一点的，譬如基本权利和自由；也有左一点的，譬如选举民主。但只要不太极端，左右应该都能接受。

最后是法治，对此大家也不会有太大争议。不过法治的要素比我们的想象要多，不只是包括司法独立，也不只是横向和纵向分权，还有一般的行政中立。法官、公务员、警察、军队都要保持政治中立，因为这个国家的价值选择是由人民选举产生的立法机构决定的，代表多数人选择的法律已经确定了价值选择，那么下面这些办事机构——行政也好，法院也好——就不能在办事的时候参入自己的价值选择，必须要保证政治中立、依法办事。看看我们的法官和公务员就职宣誓，就知道我们的差距有多大。另外，法官、公务员、军队、警察的宗教和族群构成需要大致平衡。尤其在深度分裂社会，不同群体之间缺乏互信，这种制度尤其重要，否则这个国家是不会太平的。

基本的社会契约大致是这么五个要素。近年来的社会环境离这些基本条件越来越远了，但是另一方面，这种状况对构建中国的左右共识来说确实未必是一件坏事，因为左右都受到打压，可以纠正以前的机会主义心态，争上位、做"国师"的希望变得更加渺茫，反而会增加我们之间团结的力量。

2018 年发生的一系列社会事件似乎表明，左右还是存在联合的基础。2017 年底，北大毕业生、原来马克思主义协会的会长张云帆在广州组织读书会活动，后来几个人被拘留了。北大有学生来找我，我说我并不支持左派的某些具体口号，但是肯定支持他们的言论自由和人身自由，并为此发表过"言论自由不分左右"一文，因为这是一种契约权利，和左右没有关系。2018 年夏，深圳有工人组建独立工会而失去人身自由，北大等高校的学生志愿者前去交涉，有些学生不愿意回家，老师、家长怎么劝都没用。也有志愿者找到我，我看都是一些左翼学生。我说我不赞成他们提出的"打倒资本"这类口号，因为对象找错了，但组建工会是工人的基本自由，学生行使言论自由的勇气更值得钦佩，那是要无条件支持的。当然，我也劝他们回到校园，因为毕竟他们的主业是学习而不是社会运动。我们再也不能像百年前那样，都是一群学不下去的混混在闹革命。

以上几起社会事件的发起都是左翼学生，至少从我对北大学生的观察是如此。属于自由派的学生本来就少，即便有也未必敢公开说话，一般都走体制内的"法治路线"，没有结果也就作罢。绝大多数学生似乎没有什么想法，即便有也不会公开表达。只有左翼青年不止敢说，而且敢于行动。自由派要承认，关注底层社会民生的确实是左派居多。自由派知识分子可能还算是体制边缘上的受益者，和底层是有利益冲突和立场隔阂的。这本身没什么，但是如果我们被短期利益所蒙蔽，看不到和所有人共享的长远利益，则又变成了另一种短视机会主义。左右为了一点鸡毛蒜皮的事情打得不可开交，正是某些人乐见其成的。表面上，今天你赢了，明天我赢了，其实最后都输了。当然，言论在原则上是自由的，对于一些大是大非问题必须放开辩论，但措辞能否注意一点、多给对方一点面子和空间、不要习惯性地把意见不合者定性为弱智、懦夫或邪恶？我只是希望左右都能意识到意气用事或短视机会主义给自己带来的害处，相互之间释放一些善意，结束没有必要的敌对状态。毕竟，无论左右，都在"同一条船"上，以后都还要"同在屋檐下"生活。

在过去四十年经济改革过程中，左右分野从萌生到急剧扩大，似乎已呈不共戴天之势。但是在近年来的高压寒流下，各自都在抱团取暖，好像左右关系反而有所缓和，仿佛冰窖之内有一股小小的暖流，在回暖左右这种高度冻结的状态。这也许是我们走向契约社会的一个机会。虽然左右在具体立场上不一定能达成什么共识，但对于这个国家最基本的一些方面还是可能达成共识的。我认为这是

"牛津共识"的意义所在。五年之后，对于我们需要什么样的共识、目前处在什么样的状态、时代需要我们做什么，都要有更清醒的认识。这样才能跳出这个民族的千年魔咒，共同构建一个正当的文明秩序所必备的社会契约。

承载宪政大厦的地基

许多年前，当我读到麦迪逊在《联邦党文集》第十篇中说："政府的首要目的是保护人的才能"，不禁"拍案而起"：原来麦迪逊也是一个儒家！人类进入文明、建立国家，不正是为了更好地发挥人性中的善、抑制人性中的恶，发扬人的潜能、克服人的弱点？美国自由主义和经典儒家共享了一个积极的世界观，那就是每个人是有才能、有智慧、有道德、有价值的存在；虽然人性有各种弱点和缺点，但人的基本面是好的。孟子甚至赞叹："万物俱备于我矣！反身而诚，乐莫大焉。"人受上天造化，集仁义礼智等各种善端于一身；每个人只要诚实反思自己的本性，都应该感到莫大的快乐：这是上天对自己的厚重恩赐啊！我们每个人都应该为生在这个世界感到幸运，因为我们的人性分享了大自然独一无二的内在尊贵。荀子说："水火有气而无生，草木有生而无知，禽兽有知而无义。人有气、有生、有知亦且有义，故最为天下贵也。"

这个积极向上的世界观理应指导我们的立国哲学。假如人性像某些人误以为的那样纯粹是"恶"的，人的存在归根结底是一种罪恶，那么如此不堪的人性又如何承载"天赋人权"呢？如果人无时不刻萌发着作恶的冲动，他又怎么能被信任去拥有和行使自由呢？灵魂如此邪恶的人，难道还要用宪法保护他作恶的自由？自由主义拒绝把信任无条件寄托于人性之善，但是其处处高扬自由的主张表明，其实自由主义的逻辑基础是人性的尊贵。人是有尊严的，所以才值得国家保护。这也是为什么任何国家都必须有宪法，而宪法必须规定人的基本权利，并建立适当的国家权力结构来落实这些规定。宪法的尊严最终来自人的尊严，承载宪政大厦的地基最终在于人性的尊贵。我们有宪法，是因为我们值得拥有它。

　　当然，正如麦迪逊自己清醒看到，人不是上帝；任何人都是有缺陷的，如果没有道德的约束、法律的威慑，确实会作恶。建立国家正是为了抑制人性中的恶，神显然是不需要国家和律法的。即便如此，也没有必要过分夸大人性的缺陷，否则就很容易投入国家主义的怀抱，把国家当作医治人性缺陷的药方。孟子和荀子的人性观截然不同，但都认为人的自私自利是一种"恶"，因而也都让国家来承担至少一部分道德教化的功能。我们今天并没有必要接受这种观点。事实上，这也正是自由主义和经典儒家的分道扬镳之处。在亚当斯密所代表的经典自由主义看来，人性自私不仅未必是恶，还是推动人类经济发展、文明进步的主要动力。从社会进化论的角度看，自私是每个人自我保护、自我发展的重要机制；只要不损害他人利益，自己正当得利就是对整个社会的一份贡献。只要个人自由没有侵越他人的权利边界，国家就不需要也不应当干预；人民之间通过自愿契约，就能把自己管理得很好。事实上，即便是对自利动机的克制机制也是来自于自由本身：宗教自由了，才有真正的宗教；信仰自由了，才有真正的道德信仰。在这个意义上，自由主义之所以主张自由，正是因为其人性观比儒家更为乐观。

　　只有当私欲过度膨胀，把利己建立在损人基础上的时候，自私才变成一种恶，成为国家法律制裁的对象。自私是大自然赋予人的自卫能力，但它只是一种强烈而边界模糊的直觉，需要道德和法律规则为其划界。人性的弱点即体现于其微弱的利他主义欲望和有限的道德自律能力。当人受到强大的利益诱惑，往往不能克制自我，很容易侵越他人的自由空间。这是为什么我们需要国家。孔子说："政者，正也。"国家就是迫使每个人恪守自由边界、回归仁义正道的强制性机制。面对国法的严厉制裁，侵权很可能得不偿失，蠢蠢欲动的心灵复归平静，原本看似不可阻挡的诱惑也就不那么诱人了。如果制度设计良好，国家确实有助于克服人的弱点、节制人性之恶。

　　这只是一个"如果"。反过来，如果国家制度得不到合理的设计，国家权力过于集中，则不仅起不到克服人性弱点的作用，而且会适得其反。俗话说得好，"权力是春药。"权和钱一样，都是几乎可以兑现一切利益的"通货"。不受制约的权力是不可抑制的兴奋剂，任何人得到都会产生滥用权力、以权谋私的强大冲动。这是任何道德屏障都挡不住的恶。任何人占据了权力制高点，就犹如戴上了一只"魔戒"，身不由己、任凭自己的情欲摆布。过度集权的受害者不只是执政者自己，而且囊括了所有权力游戏的竞技者乃至全体国民。面对"胜者为王"的诱惑、"败者为寇"的恐惧，不择手段赢得权力成为权力游戏的惟一目的，任何道德底线都是为实现这一终极目标而必须扫除的障碍。广大国民如痴如醉地围观一场场你死我活的"魔戒"争夺战，仿佛自己也受到权力"春药"的感染。他们亲眼所见的一切都表明，权力就是一切，任何道德坚守都显得迂腐。一旦权力泛滥，权力意识就会深入这个民族的骨髓；人民的自私贪婪会穿越任何底线，损人利己、相互"投毒"会成为社会常态，而这种状态恰和建立国家的初衷背道而驰。

立宪是一门科学，其要点就是理性分配国家权力，让权力不再是那只呼风唤雨、充满诱惑的"魔戒"，让权力的掌控者不会因为自身不受约束而产生滥用公权的冲动，让权力的竞逐者不会为了获取权力而陷入疯狂，让全体国民能恢复正常的理智、运用自己的才能，过有尊严的生活。

这本来是一个正常社会的基本境界，但我们的现实离它却何其遥远。贾敬龙的死刑判决只是一起个案，但围绕死刑存废的争论却足以反映许多人的人生观。虽然"人是目的""人有尊严""生命无价"听起来像老生常谈，但是实际上，在许多人眼里，国家可以为了保护生命之外的目的（如维持社会秩序），或只是让某些人满足（"平民愤"）乃至维护自己的脸面（不愿承认错判）而动用杀人机器。这只能说明我们看不到人的内在价值，根本没有把人当回事。如果草菅人命已经深入到我们自己的思维，恐怕就怪不得政府草菅人命，雷洋案的处理结果也就见怪不怪了。政府为了"发展"而强征血拆，人民为贪官入网而莫名狂欢，恨不能杀之而后快。从弥漫社会的一片戾气中，我们看不到对人的尊重，相互蔑视、伤害和嫉恨使每个人都生活在低人格、无尊严状态。如果我们不值得拥有，即便有了一部宪法，它也只是一张废纸。

宪政是为了维护人的价值和尊严而设计的，但是如果我们看不到自己的内在价值和尊严，我们其实早已叛离了宪政，沦为不值得宪法保护的"屁民""屌丝"。在一片空虚的人性沙漠上，自然不可能建构坚实的宪政大厦。事实上，如果我们不愿意承认人的普遍尊严，我们也已经背叛了自己，对自己的良知良能视而不见、弃若敝屣，把自己降格为纯粹自利的小人。正当谋利确实没错，但是如果人人都成了只知利己的自私动物，那么我们很快会发现，一个唯利是图的世界其实是无利可图的；一群无信仰、无信任、无底线的利己主义者人人深陷"囚徒困境"之中，只能乖乖接受国家公权的剥夺、丛林强者的压迫。抽离了人性尊严的地基，每个人都孤零零地裸露在没有宪法保护的荒漠旷野之中。

尊严是宪政的地基，宪政是尊严的果实。二者的关系犹如大地与森林：没有大地的养分，长不出森林；没有林荫的遮护，土地会在风吹日晒下干涸沙化。我们想要宪政，必须先打好自己的"地基"、正视自己的人性，做一个诚实、自信、勇敢、有所敬畏的人；再团结一群同道，你一砖我一瓦，宪政大厦终将建成。

共和国体的四大支柱

如果说人性中的尊贵是承载宪政大厦的地基，那么人的尊严也只有依托宪政才能得以保全。没有宪政，国家权力不受约束，不仅被统治者成为无限权力的奴隶，掌权者自己也沦为权力欲望的奴隶。全体国民一齐向权看、向钱看，成为只知争权夺利、没有道德底线、逃避公民义务的纯粹自私小人。最后每个人都成了"雷洋"，生活在一个连基本安全都得不到法律保护的丛林社会。立宪是一门科学，其要点就是理性分配国家权力，让权力不再是一只呼风唤雨、充满诱惑的"魔戒"，让掌权者不会因为自身不受约束而产生滥用公权的冲动，让权力的竞逐者不会为了获取权力而陷入疯狂，让全体国民能恢复正常的理智、运用自己的才能，过有尊严的生活。

世界上所有共和政体建立宪法，都是为了实现这个目的，而各国宪法虽然千姿百态，成功的宪法均分享以下四个基本特征。它们构成维系共和国体的四大支柱。首先，宪政的目的无疑是保护国民的权利与自由。这不仅是因为我们每个人都有内在的尊严，都需要也值得宪法的保护，而且我们因为有尊严而懂得自律、值得信任：我们在社会交往中相信彼此会遵守基本的道德与法律底线，而这种信任一般不会受到滥用。在多数情况下，这些底线已被国民内化于心，道德规范自觉约束和调整国民的日常行为，法律只是高悬不用的"达摩克利斯之剑"。当然，我们之所以看似自律，部分是因为法律威慑的存在。个别人难免会突破底线、以身试法，而法律的制裁会提醒每个人国法的存在。这是为什么我们需要国家，而国家不仅需要立法，而且需要执法和司法。然而，在一个正常国家，自由仍然是规则，法律限制是例外。国民可以自由地创造财富、追求幸福、实现自我，而法律限制的目的正是为了保证每个人更好地享受自由。正如 1789 年法国《人权宣言》第四、五条宣示的那样："自由在于能够做不损害他人的任何事"，"法律只能禁止对社会有害的行为，任何未被法律禁止的事情都不得受到阻碍。"

尤其重要的是，我们一定要重视与呵护自己的思想、信仰、言论、新闻、集会和结社等"务虚"的自由。和务实的行为自由不同，务虚自由不仅一般不会直接产生严重的社会危害，而且也是人类知识得以发展、信息得以传递、社会得以治理的惟一手段。思想、信仰与言论的能力是区分人与一般动物的基本标志，思想、信仰和言论的自由程度直接决定了人类知识发展和文明进步的阶段。当然，思想的自由市场必定鱼龙混杂，香花毒草并存，但思想的"消费者"——也就是人民——是有道德、有理性的，完全有能力辨别是非。相反，政府对待言论则往往动机不纯，尤其是对待批评自己的言论。法治基本常识告诉我们，"任何人不得做自己案件的法官"，因而不能把判断政治言论对错的权力交给政府。我们一定要形成一个宪法共识，那就是只要言论没有产生"清楚与现存"的危险，只要我们还可以讨论下去，那么无论我们如何讨厌对方的观点，我们都应当继续讨论下去，而不是让政府叫我们统统闭嘴。更何况这里没有上帝，政府不是上帝，我们也不是上帝。无论我们如何自信，我们都不能自封一贯正确。事实上，在自由辩论过程中，我们经常发现对方有道理。这一点不奇怪，因为你我都是有理智、有德性的人，都有认知真理的能力，也都会犯错误。我们在行使言论自由的同时，也要慢慢学会尊重他人的自由和尊严。

要妥善保护权利，就要谨慎设计权力。我们建立国家的目的是让我们的自由受到法律的界定和约束，而不是成为国家权力的奴隶。如果我们不小心任由国家权力失控，国家就从保护者异化为压迫者。要保证"民有、民治、民享"，我们要做的第一件事情就是要保证"主权在民"，也就是国家权力最终掌握在我们自己手里，通过周期性选举使立法者和决策者对我们负责。民主靠选举是不够的，但没有真正的选举则是万万不行的。不要再自欺欺人地另辟蹊径，发明什么"中国道路""中国模式";除了选举，人类迄今为止没有发现别的办法让一个政权对人民负责。也不要总是以"中国国情"作为阻碍民主的挡箭牌，中国人百年前就试验过选举、试验过制定省宪，甚至在民国初年曾领各国风气之先试验过相当复杂的双元首脑体制，最后只是在恶劣的国际政治环境下失败了。今天，宪政民主已是国际社会的主旋律，我们没有理由对自己的民主能力缺乏自信。其实，民主对人民素质的要求并不高。作为利益交换的理性机制，它甚至没有什么道德要求。只要我们没有被完全洗脑，还关心自己的切身利益，并有基本的认知能力，能辨别谁代表自己的利益，我们就是合格的选民，就能把真正的人民代表选出来，这个国家也就实现了官民关系的正常化。

民主只是人民实现控制权力的第一步。人民不可能天天"出场"，每天都来一次选举。要避免卢梭所说的"英国人只有在选举那一天是自由的，选举之后又成了奴隶"，除了周期性选举之外，还要让政府自己"以雄心制雄心"，让不同权力部门在日常政治实践中相互监督、相互约束。正如孟德斯鸠在《论法的精神》中精辟阐述的，分权是自由的保障，也是法治的前提。如果权力高度集中，一个机构、一个部门乃至一个人说一不二，这种状态显然只能是人治而非法治。那么多人的命运都受制于个别统治者的喜怒无常，官民全部战战兢兢地匍匐在最高权力之下，这样的民族显然没有什么尊严。要让这个民族有尊严，就必须实行立法、行政和司法的适度分权，在人事和财政等方面保持相对独立。只有这样，当一个部门违法侵越其它部门职权的时候，受到冒犯的部门才有能力和动力遏制违法；当某个部门侵犯人民的基本权利时，人民才能诉诸其它部门给予救济。只有各个部门各司其职、相互制衡，各自都在其它部门监督下在宪法设定的权力边界内运行，自由和法治才能得到保障。

虽然立法和行政之间的分权模式各国不同，但所有法治国家都遵循一条共同规律，那就是司法独立。没有司法独立，就没有司法公正，人民和政府之间发生的纠纷就失去了值得信赖的仲裁者。出于现实需要，法院还得设在政府内部，但是要获得人民的信任，法院必须和立法与行政彻底分开，成为政府内部的"独立王国"。如果说法律要"让人民满意"，立法者和行政首脑需要通过选举对人民负责，那么只对法律负责的法官必须被隔离于利益、人情、压力的九霄云外，既不能受制于政治命令，也不能受到民意的胁迫。当然，法官也会犯错；如果法官犯法，也同样要接受公正审判。但是如果法官的独立性、职业待遇、社会威望得到充分保障，我们可以预期法官违法只是个别事件，因为在一个法治严明的国家，即便是偶尔犯法也会使之失去一切。一个素质良好的法官群体则不只是社会公正的最后一道关口，也是人类良知的最后屏障，因为法官的独立人格是坚守道德底线、拒绝攀附权贵的最好榜样。

最后，对于一个人口众多的泱泱大国来说，只有立法、行政、司法的横向分权是不够的，还有必要借鉴联邦模式，实行中央与地方的纵向分权和高度的地方自治。大一统的中央集权是极为简单原始的治理方式，远不能适应现代民主和多元社会的需要。大国民主要充分代表广大选民的利益，中央议会必然相当庞大，运行效率势必受到很大制约。如果我们事无巨细都让中央立法决定一切，不仅会让中央层次的代议民主不堪重负，而且由此造成的"一刀切"也会抹杀地方多元化和积极性，甚至助长地方不满和分离主义势力。许多国家正是因为采用联邦制才得以立国并维持统一，否则无法说服利益、习惯、宗教、语言各不相同的地方加入同一个大家庭，美国、瑞士、印度乃至小国尼泊尔都是如此。央地之间的合理分权也有助于保护自由、促进法治，因为央地关系不再是简单的命令—服从；央地发生权限纠纷，必须对簿公堂，在宪法地位平等的基础上由法官公正裁决，由此向人民昭示"法比权大"的道理。地方自治不仅缩短了人民和政府的距离，也为不同的生活方式和治理模式提供了更大的自由选择和试验空间；你在一个地方用手投票失败了，你的价值偏好被那个地方的多数人否定了，至少还可以"用脚投票"。

在五彩缤纷的地方立法之上，联邦宪法为全体人民规定了基本权利的统一底线，有效遏制了地方民主的"多数人暴政"倾向。

自由、民主、法治、联邦是共和政体缺一不可的国之四维。它们建立在尊严人性的牢固地基上，其所建构的宪政大厦则为人的尊严提供了安全居所。

尊重弱者是强者的底色

这个有点啰嗦的标题自然是不需要论证的，孔子的一句"自反而不缩，虽褐宽博，吾不惴焉；自反而缩，虽千万人，吾往矣"使得所有的论证都显得多余。我显然也不是要论证"柔弱胜刚强"之类的辩证法命题，而只是想直白地重申一个常识。在一个常年奉行权力至上的国家，许多常识早已被磨灭，需要不断重申。社会契约的道德基础——对尊严的平等尊重——就是这样一个常识，但这个常识不仅貌似强大的当权派不尊重，即便相对弱势的自由派也不尊重。

一个基本误解是权力越大的人越强，权力大到摧毁一切规则的人最强，遵守规则反而被认为是懦弱的表现。但常识应该是，倚仗权力胡作非为、没有底线的人貌似强大，实际上自身必定是一个弱者，如同一个被宫女们包围的太监一样。"欺软怕硬"这个成语描述用在许多国人身上都合适——对下属是一种态度、对上级是截然另一种态度，这样的人实在见得太多，因为"欺软"和"怕硬"实际上是同一类人，欺软者必然怕硬。欺软的人在弱者面前显得很"强大"，但在比他更强大的人面前必然露怯，因为他之所以要欺软，表明他的哲学是无底线的利益最大化，而同样的哲学要求他在更强者面前无底线退缩。大抵人不论天生多么强大，终究是脆弱和软弱的，是道德勇气让我们变得强大。在绝大多数人心目中，杀人无数的成吉思汗够强，但是他肯定没有孔子那种强大。遵守底线非但不是懦弱，而是强大和勇敢的标志。

不幸但很正常的是，无处不在的权力文化也侵染了中国的公益圈和公知圈。2018 年 7 月掀起的 me2 "风暴"揭露了这些圈内存在的性骚扰甚至性侵行为，其中有的令人触目惊心。在中国的制度环境下，无论是批评政府还是推动公益都需要很大的勇气，公知和公益人无疑是强者和勇者，但是其中某些人对待异姓的行为却对其人格和道德勇气打了很大的折扣，使他们从强者变回弱者。虽然对这场突如其来的风暴已有各种"阴谋论"猜测，但是即便这些猜测为真，它对于清理公知圈和公益圈的权力文化也是一件好事。当然，这么说可能会引发诸多的反感和不快——官场和商界比此黑得多，为什么不从他们开始？是不是另一种欺软怕硬、柿子拣软的捏？谁都不是上帝，只要是人，谁没有七情六欲，为何求全责备？……这些抱怨都不构成公知和公益人拒绝反思的理由，因为祸害中国的权力文化正是我们希望改变的；虽然我从不认同"打铁还需自身硬""自己不怎么样还批评别人？"的逻辑，也绝不会认可公知圈和公益圈一片漆黑的判断，但我确实认为有必要革除权力文化在我们自己身上的残余，才能真正有效地改造这个国家和社会。去掉这些陋习不会削弱中国公知和公益人，而只会使我们变得更强大。

这里要区分至少两种情况，第一种情况是标准的利用优势权力资源侵犯女性（未必限于女性，这里只是针对绝大多数情况而简化了指称）。这种情况和官场、商界、演艺圈的利益交换性质一样，判断也很简单。公益圈尤其是公知圈的权力资源优势很有限，面临的可见与不可见的风险却很大，因而这两个圈子其实是很弱势的，但再弱势的边边角角也会存在资源的不平等分配，并不能排除滥用有限资源优势的可能性。有人说大学里的师生关系不平等，老师掌握成绩、保送和工作机会等方面的资源是滋生性侵的土壤，二十年前自杀的北大女生即为一例。这种情况肯定存在，不过从我执教近二十年的个人体会看，即便混上个一官半职，老师这点可怜的"资源"也实在太寒酸；连这点资源也要充分利用的人，只能说是太可怜了，就不值得再评价了。总的来说，高校实现反性骚扰不应该太难，建立适当的学生教育、心理咨询和举报机制即可构成有效的威慑。防止权力型性腐败的根本在于监督和制约权力，而这对于高校这样权力有限的场所来说不难实现。

　　公知和公益人没有多少权力资源，但正是他们的相对弱势赋予其可观的道德资源和社会名望，自然也就容易成为吸引异性的一种资源。如果建立在相互尊重、自由自愿的基础上，这种关系当然没有问题。但可能因为环境的压抑、法治的缺失、权力文化的感染和这种文化对女性的习惯性不尊重，公知公益圈闯出来的"英雄"难免会人格膨胀，产生一种自大自恋的情结，觉得"老子天下第一"（至少老子不容易，泡个妞是理所应当的奖励）、女性喜欢我是天经地义、她之所以拒绝只是因为害羞……进而产生出格的言论或行动。这当然是一种自我认知的错位、人格自信的泡沫，也可以说是另一种形式的弱者心态。真正的自信当然不会建立在不尊重甚至不想知道他人意愿的基础上，那种放任自我漂浮在空中的感觉不会很踏实；飘得越高，只会摔得越惨。不如恢复正常的自我认知，挤掉自信泡沫、回到人性地面，以平等地位看待和对待他人，你才是一个扳不倒的强者。

　　我在公知公益圈见过真正的强者，几乎无一例外都是脚踏实地、谦虚低调的人。2018 年 7 月见到郑州维权抗拆的普法者贾灵敏老师，5 月刚从监狱出来，服刑期间多次拒绝悔过减刑，是一位值得敬佩的公民维权楷模。之前几天，因举牌"官员财产公示"、组织随迁子女维权而入狱的许志永博士发表了"远方的四年"，讲述了他在看守所如何从容应答讯问、拒绝服从有辱人格的纪律、让侮辱虐待他的警察羞愧道歉、在法庭上和律师一致保持沉默等种种经历……这才是真正的强者所应有的作为，而他平时是很谨慎低调的。如果中国幸运的话，他们代表了未来公知与公益事业的发展方向。

　　我不是说公知和公益人都要像他们那样达到不顾个人自由安危的境界，但平实、自律、尊重、拒绝膨胀是每个人都能做到的，而那样会使自己变得更强大。我希望 me2 运动也能给予这种机会，因为大家毕竟"在一条船上"，me2 的许多推动者本身就属于公知或公益这个圈子。即便某些指控是事实，我仍然相信其中至少大多数人本来就是强者；他们加入这个高风险行业，并不是为了贪图高度不确定的名利，而是真诚地为了推动国家进步，而且确实做出了各自的贡献。贡献不能抵消不当言行带来的后果，但是我不认为这种言行是一个恶毒罪犯刻意为之，而是在一个男权至上的环境下，女权长期被压抑和忽视的结果。me2 运动很及时，全体国人——包括绝大多数女性自己——需要对女性权利补课，但是我也确实不愿意看到公知公益圈撕裂的两败俱伤的结果。之前发生的事情很大程度上是权利和尊重意识淡薄、异性交往规则不明晰、男性对女性的感受不知道不在意等因素造成。如果女权启蒙运动顺利推进下去，各方对自己的权利边界形成了足够清醒的认识，这个社会的风气应该会有本质性改变。到那个时候还有人"屡教不改"，舆论和法纪的责罚也就不会产生现在这么大争论。

其实，被忽视的不仅是女权。由于中国曾经（现在很大程度上依然）是一个管制而非契约社会，人和人之间没有自由交往，自然也就没有形成自由交往所应遵循的基本规则；国人普遍不太在意他人的权利和感受，短视狭隘的利己主义盛行。譬如不经他人同意而在包间里抽烟的现象在今天仍不少见，即便和女士一起吃饭也不例外，而女士们似乎也不好意思反对。这当然只是一件小事，但它在性质上也是一种未经同意（或自我假设对方不会甚至不应介意）的"骚扰"。这类现象反映出中国的社会契约还没有建立起来，人们还没有形成契约的习惯。这个习惯很简单，就是做什么事之前都要保证获得对方的自愿同意。在尊重意识被唤醒之后，中国公知和公益人应该会做到，因为这也正是他们想要建立的社会。我希望 me2 成为尊重女性的公民契约运动，而非不顾法律程序正义的全民狂欢。

信仰使人强大
——《美国法律与历史文化丛书》再版序言

　　自从伯尔曼《法律与宗教》翻译出版之后，法治与信仰之间的关系就进入了中国法学界的视野。我们知道，法治就是针对平常理性人设计的，最适合胆小怕事的理性中国人了。杀人者偿命、偷盗者砍手，……所有法律惩罚都是为了震慑潜在犯法者的理性，让违法变成一件得不偿失的事情，于是大家都乖乖守法了。这就是战国法家的基本逻辑。问题是，物极必反，"理性"过了头也就成了非理性。"徒法不足以自行"，谁来如实与公正地执行法律？如何保证执法者自己不犯法，至少不至于犯法之后任由其自圆其说、自行其是？既然法是社会公器，不独为执法者所有，如何防止执法者公权私用，甚至打击压制敢于揭露和抗议执法犯法的"不识时务者"？

　　中国法治改革三十年的一个常识是，理性自私的执法者是不会自动维护法治的；除非在外界压力下不得已而为之，执法者的理性选择不是为公共利益服务，而恰恰是利用公权为一己私利服务。这样就产生了中国法治面临的一个根本难题：如果理性的执法者不会自动控制公权滥用，理性的被执法者又出于自己的利益害怕和执法者抗衡，不敢站出来抵制执法违法行为，而只能任由制度废弃或虚置，那么还有谁能为中国支撑起法治大厦呢？虽然法治让所有人都长期受益，甚至执政者自己也不例外，但是一个狭隘理性社会却偏偏无力支撑法治，以至最后每个理性人都不得不忍受法治缺位的非理性之苦。

　　这就是充斥着当今中国社会的"囚徒困境"：一种行为模式对于个人看起来是很理性的，但是对于个人构成的集体来说却是非理性的，最后对于每个人来说也是非理性的；我们都不敢站出来说话，做一个"缩头乌龟"是对每个人来说都很"理性"的一种行为方式，但最后的结果只能是让整个社会丧失法治，而我们也活该遭受法治失序、纲纪废弛之罪。因此，法律确实是为理性人设计的，法治的基本逻辑正是个体理性，但是要建立法治却不能单靠理性。在一群没有信仰、没有担当、没有勇气、只知道搭别人便车的理性"囚徒"中间，是不可能建立起法治秩序的。中国当下之所以"有法而无法治"，至少经常法治不彰，症结即在于此。

"囚徒困境"并非无解，解决困境的钥匙即在于信仰。作为一种道德资源，信仰的作用正在于将人类从狭义理性中解放出来，让各自的道德信念指导自己的行为，并克服不当得利的诱惑和对公义遭受迫害的恐惧。最后，让每个人都能认真对待自己的良知，至少对得起自己的职业，做官员的像个官员，做法官的像个法官，做学者的像个学者，做律师的像个律师，做公民的像个公民。如果每个人都在坚守道德底线上做那么一点点，法治秩序终究是不难建构的。

如果说中国道德传统主要是一种世俗信仰，那么西方尤其是美国的道德传统则以基督教信仰为主体，并在此之上建构了法律乃至宪政秩序。在宗教信仰与法律秩序的关系上，美国有诸多建设性经验值得中国借鉴。《美国法律与历史文化丛书》引进了《信仰与秩序：法律与宗教的复合》（哈罗德·伯尔曼）、《美国大法官的法理及信仰》（杰伊·塞库洛）、《美国宪法的基督教背景：开国先父的信仰和选择》（约翰·艾兹摩尔）等书，堪称这个领域的经典之作，在中国读者中间产生了很好的反响。很高兴看到这套丛书部分再版，相信它能为推动中美法律文化的交流再创贡献。

我们为什么如此热衷预测

　　在一个信仰欠缺的国家，国民尤其热衷于"科学预测"。我从来没见过世界上有哪个民族比中国人更热衷预测。风水先生不靠谱，但他的"工作性质"就是预测，而在中国历来很时兴。马克思的社会进化"规律"其实也是一种预测，它告诉"无产者"再折腾几下，就能消灭"必然灭亡"的资产阶级，自己当上统治者。我参加不少自由派的饭局，餐桌上谈论的话题无一不是分析当前时局、预测未来前景。所有这些分析和预测当然是以未曾公布、无法核实的小道消息为主，基本上是讲故事。虽然有人说这个国家的"谣言"往往就是遥远的预言，但许多故事确实和风水一样不靠谱。尽管听故事的人也不傻，都知道故事未必靠谱，但也都津津有味地听着。我自己听故事的心理就特别强烈，好像这些故事能给自己带来一点信心和希望，尽管许多由此燃起的希望很快在事实面前破灭了。我甚至怀疑，这些故事是否就是给身处逆境的自由知识分子编的，为我们这些不断被边缘化的落魄公知们打气，让我们想象一下自己的处境还不像现实那么糟？如今这个世道，我们就靠满天飞的谣言和预测活着了，是它们给我们保持乐观的希望。

　　不管预测靠谱与否，对预测的热衷完全是理性人的合理特征。所谓"理性"，无非是指我们在乎后果、趋利避害。我们的行为选择无疑依赖于不同选择在未来可能对自己产生的后果：公知们会关心继续发声是否会被彻底禁言，老板们会关心是否要把资产转移到更安全和赢利更高的地方，有条件的白领们想知道要不要把孩子送去国外上学……所有这些选择都取决于未来中国会是什么样子——也就是我们对未来中国的预测。要理性规划生活，就得预测，因为某种行为方式的后果不只是取决于你自己选择什么行为，还取决于这个国家的其他人会如何行为并对待你的行为。尤其在一个没有安全感的国家，每个人都会对未来有一种焦虑。这种焦虑往好处说是关心这个国家的前途（忧国忧民），其实更多的是关心自己未来在这个国家的位置和处境。这当然没什么错，不过关心到我们这种程度，以至每每产生焦虑，是不是也有点问题呢？

我在其它国家没有感受到类似的焦虑。且不说政治清明、法治昭彰、人民生活安定富足的欧美国家，即便在印度这样的欠发达国家，人民也比较乐天安命。这让我想到，我们之所以焦虑，也许是因为在经过数十年马列无神论洗礼之后，人民失去了终极信仰关怀，失去了安身立命之所，太关乎世俗利害得失，一个个都变得急不可耐。宗教信仰让人远离世俗的焦虑，为人的心灵提供安顿之所：我们只要按上帝的旨意去做，便求仁得仁，没有必要过于计较得失。即便此生过得不好，还有来世；如果此生无底线逐利，死后下地狱岂非得不偿失？宗教信仰无限期延长了理性权衡的时间尺度，为人的现世行为设定底线，也让人免于无底线的恶性竞争，将人们拉出短视自私所设置的"囚徒困境"。没有宗教信仰和对神明的敬畏，每个中国人都显得很"聪明"，但正是这种自作聪明让我们陷入人人自危的焦虑。我们把全部追求都集中于现世回报，从而不可避免地陷入尔虞我诈、争勇斗狠的无底线博弈，也就难怪每个人都对预测未来如此热衷。

对预测的热衷还有另一层含义，那就是它意味着我们把自己预设为旁观者而非行动者。我们在预测未来的时候，首先是把自己的行动排除在外的，或者说是不相信自己的行动会发挥什么作用、改变什么结果。我们经常挂在嘴上的"历史潮流""社会规律"云云是自身之外的某种神秘力量，无论我们行动与否都会存在并决定历史的走向。预测的目的是按照无人能够改变的历史规律或某种外力决定的现实格局，选择最有利于实现我们目的的行为。当然，所谓的"潮流""规律"是靠不住的，因为如果"历史潮流"存在的话，那只是因为我们大家自觉或不自觉地成为了其中的一份子；"走的人多了，也就成了路。"但一开始注定是没有什么"潮流"的，一项极少数人的事业必然很危险，而如果多数人在预测风险之后怯场了，以后也不会有什么"潮流"，"规律"自然也就不管用了。想想近代中国打破了多少人类政治规律的底线？它们都是在多数人——至少知识精英的主流——做出"预测"之后发生的。

既然对预测的热衷意味着我们会为了躲避风险而置身事外，预测往往会流变为"自我实现的预言"(self-fulfilling prophesy)——对于中国来说，它变成了什么都不会发生的诅咒。在这种体制下，任何清醒的分析都会告诉你局势是严峻的，风险是巨大的，后果是可怕的；仅此即会吓退绝大多数人，让剩下极少数不怕死的白白送死，而他们的遭遇会进一步加深恐惧的合理性——看，幸好没像他们那么傻。在预测热的背后，隐藏着势利而猥琐的投机心理。

当然，不那么势利的人也需要预测。谁会愿意自己送死？我们当然要拿捏分寸，把极有限的资源用在刀刃上。然而，预测真的会改变什么吗？我们真的有必要那么焦虑吗？如果一切理性分析都明白无误地告诉你，你的事业注定一败涂地，你会改变自己的选择吗？对我来说，事情没有那么复杂，因为我看不到有什么别的选择。既然别无选择，也就不用对预测那么上心了。

十多年前，我还能公开讲演的时候，记得有一次在湖南大学讲座结束后，一位送行的同学在车上问我：如果中国宪政最终失败了，老师你会怎么想？我说，我会把它当做是我个人的失败，因为这是我毕生为之奋斗的志业；如果我不能亲眼看到它实现，当然会成为终生的遗憾。我们不可能知道今后是什么结果，这也是为什么我还在努力，但即便我知道这个结果，我也不会后悔，更不会改变自己的选择，因为我看不到另一个更有意义的选择。我已经不需要为了多得一个头衔、一个项目或一份领导的赞许，去做一个御用文人；不需要为了获得说话的机会，先把自己变成一个笑话，亲手把自己钉在历史的耻辱柱上。在我看来，这才是多么的不理性！人，为什么非要如此糟践自己？

当然，也许我有点"站着说话不腰疼"。对于今天的青年学者来说，他们还有升职称、拿项目、买房子等各种需求，因而时不时地会有说违心话的冲动，甚至为自己的失节编造各种"合理性"和"正当性"。虽然时局不易，但我不认为这为任何主动作恶提供理由；今天，没有谁用枪顶着你的脑袋，逼你说什么。迄今为止，温和的实话仍然是可以说的，至少可以不说话。很大程度上，你的言论和态度——至少你的思维和信仰——仍然是你自己的选择。社会未必公正，但历史是基本公正的；你的白纸黑字摆在那里，是不会消失的，有何必要若干年后让自己难堪一生？

历史当然没有什么不可更改的"铁律"。事在人为，只要去做，改变的希望永远是存在的。至于到了生命的尽头仍然没有看到成功，那也没什么，反倒应该庆幸自己这辈子"不忘初心"。我甚至可以想象自己躺进棺木的那天，一个幽灵冷笑着飘过：哈哈哈，现在可以认命了吧？你是个失败者，你的一生一事无成、不值一提！我会毫无犹豫地回怼：去你的！把怜悯留给你自己吧，出卖灵魂的可怜虫！老子这辈子有遗憾，但是值了。再给我一次生命，让我再选一次，别指望我会改变；我只会反思此生做错过什么，用更强大的智慧和预见打败这个让你生前堕落的体制。

预测是可以有用的，但是既然它不足以改变我们，我们也没有必要把它那么当回事。做一个正派人该做的事，并以此为满足——这就是一个标准的幸福人生。我的预感是，只要我们依然对当下时局、未来走向等各种预测乐此不疲，时局便不会往我们所希望的方向发展；等到哪天彻底绝望但依然决绝地走自己的路，说不定我们希望看到的光明会不期而至。

选择自杀是一个道德错误

2016 年 2 月 19 日晚，华东师大政治系江绪林博士留下遗书，在其办公室自杀。4 天之后，一位高中就出版过史学专著的天才少年也在留下遗书后自杀。两位青年才子刚刚闪露智慧的灵光就不辞而去，令人心痛而惋惜。当然，这两起自杀行为只是引发社会广泛关注的冰山一角。近二三十年来，中国社会的自杀率攀升得很快。尤其在农村，由于生活艰辛、缺乏基本社会保障、得不到子女的尊重和善待等原因，老人自杀相当普遍。我们当然没有任何资格批评不幸者。说得略微夸张一点，我们自己就是造成农村自杀现象的帮凶，因为我们长期容忍了歧视农民、剥夺农村的制度；我们生活在城市的人享受了农民工的各种廉价劳动力，却让他们的父母在没有基本生活保障下孤独死去。这种制度本身就是最大的不道德，而我们却似乎乐在其中。不过，两位青年的死还是向我们提出了另一个层次的伦理问题。

虽然两个人走得很平静坦然，似乎是经过反复权衡之后作出的理性抉择，但是和农村孤独老人相比，他们的选择其实显得更为轻率。选择自杀通常基于三个认知因素。一是认为自己或社会前景暗淡，二是认定自己无力改变这种前景，继续苟活已无意义。对于农村老人来说，这种悲观看法很可能是有道理的。他们已经老了、"没用"了，不能劳动、不能挣钱，而在一个伦理底线已经崩溃到家庭这个基本单位的社会，这意味着他们永久失去了维持尊严生活的能力。对于他们来说，主要责任在于社会——我们有责任通过国家废除歧视，至少为他们提供一种基本体面的生活保障。但是对于这两位才华横溢的青年来说，至少在我们常人看来，对人生的悲观估计显然是错误的。纵然他们对自己的期许和要求比常人高得多，也完全没有理由认为自己不能比当下做得更好，以至在一时低落之间就对自己的一生匆忙作出不可悔改的决定。

选择自杀还需要第三个要素，那就是自杀者假定"我"对自己的身体和生命具有绝对的决定权——身体是属于我自己的，我想怎么处置都可以；不管出于什么原因，只要我不想活，就可以消灭它。然而，我们每个人对自己的身体究竟有多大的决定权？这是一个问题。在基督教等宗教信仰体系当中，这种决定权是很有限的，因为你的身体并不是属于你的，而是上帝的财产；你只是被授权临时托管上帝的造物，自然无权处置和销毁不属于你的东西。因此，自杀等同于犯罪。在儒家信仰中，身体是父母给的，因而也不完全属于你。我们每个人都从父母那里得到养育之恩，长大之后自然应当有所报效。你现在说走就走，父母怎么办？如果有家庭，妻儿怎么办？在儒家看来，"百事孝为先"，自杀显然是最大的不孝。

虽然儒家伦理被推到极端会严重制约子女的人身和意志自由，但是从现代世俗文明来看，儒家的世界观有一定的道理。事实上，我们每个人不仅对家庭有责任，对社会也有责任。如果我们认同孟子，相信人的本原是一种善的话，那么这种善的成长和维持是需要社会不断提供养分的。孟子说，"万物皆备于我矣"，但这只是说我具备了一个良善的基因，而显然不是说人生来就能自给自足。每个人都好比一颗种子，只有在适当的土壤、阳光、水分、营养当中才能健康生长和生活，而提供这些养分不仅是自己的父母和家庭，而是整个社会。我们生活在一个文明社会，享受着这个社会通过合作和交换而生成的各种文明产物，而这一切都不是父母有能力提供的，不论你的父母有多么大的能量。在今天这个"地球村"，哪怕只是一个简单的吃饭，哪怕是在农村吃饭，也不是一家一户就能独自解决的问题。我们的社会越来越大，每天在我们周围行色匆匆的人越来越多，我们谁也不认识，但是这一切都不能否认，这些人都以我们看不见的方式对我们的生活作出了一份贡献。这份贡献兴许是微小的，却是不容否认的。

　　这表明一个基本道理，那就是我们活到现在，每个人都欠了社会许多——或更准确地说，彼此欠了许多。我们应当彼此感恩，而我们继续存在的部分目的就是为了偿债。有人也许会说，我不欠社会什么，因为我爸很牛，他一天挣的钱就够我舒舒服服活十年——但是假如没有社会，你爸的那些钱对你有什么意义呢？你或你爸可以纳许多税、捐许多款、做许多善事，但是这一切改变不了它们对于你而言的本质：它们表达了你对社会的感恩而非施恩。只要你身处社会交换过程之中，你就对这个社会承担一份责任。这是人与生俱来、不可摆脱的生存责任，没有哪一件惊天动地的大事能让你一劳永逸地释放这种责任。这就如同一个富豪可以花十倍的价钱买断某一种资源，却仍然没有权利浪费或毁灭这种资源一样。如果我们还没有对这个社会有什么了不起的贡献，那就更应该健康生活、努力工作，以最适合自己的方式回报社会为我们提供的那么多好处。

　　当然，如果你对生存的看法是彻底负面的，觉得人世没有任何东西值得肯定和留恋，你来到这个世界纯粹是一个不由自主的错误，或者像海德格尔等存在主义哲学家所说的那样，是无可奈何被"扔"(thrown)到这个世界来的，那么除了让你的父母对你道歉之外，大概没有什么别的办法来表达整个世界的愧疚。但是如果我们的人生观还不至于那么负面，如果我们的存在至少对于自己来说是一种善，我们来到这个世界是一种积极的价值，那么这种价值的发扬光大表明，我们已经从这个社会得到了许多；我们对这个社会的回报就是以负责任的方式继续生活下去，而没有权利终结一个责任主体的生命。是的，我们对自己的身体有一定的处分自由，但是它不包括自我毁灭，尽管这种毁灭可以有理由——我十分痛苦，我看不到前途或生命的价值，我无力让自己或这个世界变得更好，我已经"看破"一切，再多活半个世纪也是一样没有意义……但是所有这些都不构成充分正当的理由，因为生存并寻求生存的意义本身就是一种道德责任。

　　在我看来，有两种情况或许可以免除生存的道德责任。一是如果我们有理由确信，自己的牺牲可以拯救更多至少同样数量的生命，并只有牺牲自己才能实现这个目的。二是如果囿于这个时代的医疗条件等限制，死亡确实是一个危重病人的必然归属。当然，人为剥夺所导致的医疗条件落后或经济上的不可承受不在此列。在某些极端情况下，绝食等方式或许是争取基本人权的有效手段，但是这种方式的抗争只能适可而止。

对于不幸的逝者，我只能表示痛惜。希望我们活着的人能更多地以感恩之心看待自己的人生，欣赏这个世界，怀着希望、满足和自信承担自己对它的责任。

儒家文明何以复兴

　　秋风在儒家以及儒家宪政方面发表了大量论述，产生社会影响很大，当然也产生了很大的争议。其实在中国，很多时候，影响就是从争议中来的。无论观点有何异同，我对几乎所有学派都是很支持的，对他也是一样。我同意他的基本理论，就是宪政不是一个空中楼阁，宪政是需要有道德和文化的基础。一旦没有这个基础以后，宪政就变成了沙滩上的楼房，是维持不下去的。当然，我跟他也有一些分歧。我想今天我们不是来探讨个人之间谁对谁错，而是我们怎么样让关于儒家宪政的争论更有意义。这个话题必然会产生很多的观点和争议，怎么样让这些争议变得更有建设性？用官方的话说叫"正能量"大一点、"负能量"小一点。我看大量的争论打来打去，内耗很多，没有太多的实际意义。其中有些概念澄清以后，有些争论也就不存在了。

　　关于儒家和宪政之间关系的争论，我想我们首先要建立几条基于常识、众人都能接受的原则，既然都是从常识当中推演出来，我相信它们都有不可抗拒的诱惑力。首先，"儒家"是什么？至少今天来讲，"儒家"不是一个单数，而是一个复数。当然，传统上儒家也不止一个学派，至少有孟荀两大学派。今天儒家内部的派别就更多了，有秋风这样比较保守的儒家，也有比较自由化的儒家；有比较左的儒家、国家主义儒家，也有女性主义儒家等等各种各样的儒家学派。从这个角度来看，秋风和袁伟时老师很多争论，现在马上就遇到一个问题，你是针对哪个儒家来说的？当然，不能乱用儒家这块牌子，不能把基督教的东西变成儒家；"儒家"各派也许有些共性，但毕竟也有显著的不同之处。你不能认为秋风的儒家理论比较有名，就把秋风和"儒家"划等号，这是不对的。

　　我自认为我算三分之二个儒家，秋风也许比我多一些。但我认为秋风对儒家的有些理解就不是很地道。他刚才批判法大舒国滢老师的要好好做一个小学生的提法，国滢不在，所以我要挺他两句。虚心学习他人的长处，这就是儒家的核心精神。儒家是一门"为己之学"，谦虚好学可以是儒家的"胎记"。当然，儒家也有另外一面，就是比较讲面子，甚至好大喜功。孔子认为里表两面都重要，需要并重。文胜质、质胜人都不是很好，最好是文质彬彬，同时注重你的内心和外表，那你才是一个真正的君子。但是，如果你必须要两者选其一，孔子是会选里子，而不会选面子。总体上，儒家偏重于内心的修养，这种偏好是很明显的。如果咱们之间有分歧，那你肯定有自己的优点。当然，你也会有缺点，但那个我不关心，至少不如对我自己的缺点那样关心。你批评我的缺点，可能对也可能不对；即便批评得不对，一个真正的儒家是不会动气的，因为我还是我。如果你批评得对，那我赶快改，因为那样我才会变得更好更强。如果你有优点，我一定会像一个小学生一样好好学。在政治体制方面，中国连一个小学生的水平都没达到，还在幼稚园的层面，我们有什么资格说我们不好好做一个小学生，现在就要去发明创造，开拓出来什么"中国特色""中国道路""中国自信"呢？我们自信的根源在哪里呢？

　　所以，我是比较认同好好做一个小学生的态度。我昨天还在跟本科生讲，一百五十年来，中国宪政失败在哪里？为什么日本维新成功了，而中国失败了？最根本的原因就是中国不愿意像日本那样做一个好学生，连抄都不愿意老老实实抄。学习第一步就是抄，我们知道在互联网技术去偷别人的，电脑、硬件、高科技，火箭科学、卫星可以去照搬别人的，而不是发明自己的呃牛顿定律和相对论，为什么制度方面不能照搬一些东西？更何况没有哪个国家的制度是纯粹照搬的，我们即便把美国宪法拿到中国来，原原本本拿来抄怕什么呢？拿到中国来实施，肯定会有"中国特色"。什么法律的"本土化"这套东西法学界讨论来讨论去，根本就是个伪问题。关键是，我们中国为什么百年跟日本差距这么大？这其中当然有很多原因，但态度绝对是一个很关键的原因。真儒家就是要虚心学习别人的长处。这么做与其说是一种美德，不如说是理性自私。百多年来我们夜郎自大、拒绝学习，最后吃亏的是谁呢？不就是我们自己吗？所以，我认为秋风的态度不是真儒家的态度。很抱歉，这个批评很严厉。反正你也不能垄断"儒家"名号、我也不能垄断"儒家"名号，我说你是"假儒家"，你也可以反过来说我是"假儒家"，反正这个名号不重要。即便咱们大家都是儒家，在这个大的标签之下也还是可以求同存异的。

在儒家内部要求同存异，跟儒家之外的学派也要寻找一个和谐并存的共同点。就是我们之间这种争论要有度，不要走得太过。当然，儒家是一种教义，其实教义都认为自己惟一正确；言下之意，别人就是歪理邪说。我们自己可以这么想，但不能这么说，因为我们没有资格宣布自己正确、别人错误。所以跟别人对话的时候要内敛一点。如果我们走得太过，那别人也会走过头。双方打来打去，其实都在不属于自己的疆域里面打架。我觉得这些都是不义之战，不会产生任何有益的思想学说。哪怕我们只是出于自我保护，双方都给别人也给自己留点面子的角度考虑，我们也要有点宽容的精神。宪法原则就在这儿出来了，那就是我们的思想、言论和信仰的基本自由。我们大家都得认同这个，不要像古代的儒家那样，一旦别人有跟我们不一致的意见，就说别人是异端邪说，甚至要用国家机器压制言论。我们可能有这个冲动，但儒家是有修养的人，一定要克制这种冲动，对外要表现出一种风度。从小的方面讲，宽容的直接效果是能够让我们的争论变得更加有建设性。

事实上，这一点对于儒家自身的发展和生命力是至关重要的。秋风刚才说，极权主义是引进西方文化的结果，我也不同意这个说法。当然，马克思也是西方学说，但是我不认为中国有人引进马克思主义就成了极权主义。这个问题比较复杂，我就不多说了，有很多因素在发挥作用，譬如日本侵华造成政权易手。但是，中国之所以最后走向了极权主义、被彻底的马克思主义化，和儒家自己长期养尊处优、压制其他的学派、变成"八旗子弟"也有直接关系。儒家文化长期没有实质性进化，保留了所有的陈旧糟粕，以至于到了五四运动的时候被国人当做众矢之的，以至在辛亥革命失去了政权庇护以后就无力自我维持下去。

我这儿引用的是密尔(John Stuart Mill)的《论自由》：哪怕我们大家都是儒家，我们认为儒家就是宇宙唯一真理，其他跟它不一致的学说都是错误的，都应该被国家压制，但是等一等，即便为了儒家自身的利益也不要这样做，因为没有谬误的挑战，真理也会死亡。五四运动以后的儒家就是今天的马克思主义，一点战斗力、号召力都没有。为什么？就是长期被奉为正统，彻底丧失了战斗力。你要让儒家教义本身带有战斗力，对内就不要把自己硬绑在一起——我就是一个"儒家"，其他跟我不一致的就逐出家门——千万不要走到这个立场，因为它对自身的生命力是极其有害的。相反，对内对外都一定要坚持言论自由，让别人自由挑战自己的立场，如果这个时候你还不倒就说明你的学说有生命力。这是第一点。

第二点，宪政是什么？我在《为了人的尊严》当中也讲了不少儒家宪政。我原来的一个学生跟我提意见，当时对我很有启发。她大意是说：你为什么不能把属于儒家的还给儒家，把属于宪政的还给宪政，不要把两者搅和在一起？我对儒家的看法是"一分为二"，道德伦理有很多精华，政治体制基本上都是糟粕，也就是说需要一刀两断，然后再长出新的枝叶。但是为什么还要对后面这一段（政治体制）有所期待？也许儒家应该到此为止，和基督教一样把属于宗教的还给宗教、把属于凯撒的还给凯撒。我觉得这个想法应该说不错，尽管从我们儒家自己来看，当然希望还能够做得更多一点。

要适当界定儒家学说的边界，我还需要补充一点。我认为任何的意识形态（包括儒家思想）只要我们真诚信仰，对于建构一个宪政和法治秩序都是有用的。儒家当然可以提出自己的宪政主张，秋风刚才也讲了。你们不急着提出具体的方案，我觉得这是明智的。

像蒋庆和贝淡宁就走得太过，把以前的那套东西再搬回来，加上一堆高大上的名词形容词，是不能帮助我们解决问题的。我们今天不可能讨论具体的宪政方案，而只能探讨跟其他的思想流派坐在一起探讨宪政的规则。儒家的宪法也好、基督教的宪法也好、无神论的宪法也好，我们首先要明确立宪的原则是什么、辩论的规则是什么。我觉得现在这个阶段基本上只能走到这一步。当然，每一个学派、每一种信仰都会有自己的诉求，都会认为自己是惟一正确的，但是要记住我们面对的是和我们主张对立的人，我们怎么去和他们对话。

换言之，在意识形态、学说思想方面，我们对内求的是最小公约数，"儒家"可以设置成无穷多的派派，每一种对儒家的理解都可以独门独派。但是在政治这个领域，我们要找的是最大公约数，也就是只能找到我们大家都能认同的基本原则，也就是我刚才所说的这几条自由：言论、思想和信仰自由，其中就包括政教分离。或者说，道德和政治之间毕竟是有分工的，我们不可能让儒家的具体教义来指导宪法每个具体方面的规定，而只能从大的思想倾向上对它有所指导。既然大家在此都真诚相信儒家及其对宪政的作用，我们必然会对这个最大公约数的形成有所贡献。

最后一点和儒家宪政的实现有一定的关系，我认为也是对儒家复兴的最大挑战。我们之间有分歧，当然有些分歧没有办法，只能求同存异。但是国家在立法的时候是需要取得一定共识的，即便没有共识也要做出一个决定。所以美国大法官霍姆斯认为，所有的法律都是一种临时性的协议。按照什么程序规则来解决分歧、决定协议？换言之，由谁来制定立法？我认为我们还要认同一个基本原则，那就是多数人说了算。我没有时间为它辩护，应该也不需要辩护，但是这就牵扯到儒家一个根深蒂固的东西，那就是它的反民主倾向以及作为反民主基础的人性二元论。当然，孔孟的原始学说是人性一元论，性本善，但习相远。经过教育之后，长成人之后，原本人性一样的人就体现出不同的差异，有的是君子，有的是小人，人就有君子小人之分。这种学说是我们缺乏民主与法治的根源，因为毕竟这个社会"小人"占大多数，让小人选举能选出什么人呢？今天儒家有些流派已经公开表明反民主立场，这是没有出路的。所以一定要克服这种倾向，采用对人性认识的一元论，每个人都是君子，也都是小人，我们大家的认知水平其实差不多，这样才可能接受多数主义规则。

最后还需要考虑一个相关问题，靠谁把儒家思想发扬光大？这对于儒家是一个巨大挑战，因为儒家以前实行的是少数人统治。这种统治注定了它的传播不只是靠说服和感化，还要依靠国家的暴力，也可能是威慑性的软暴力。没有国家在后面做后台，它很快就衰落了。儒家的反民主立场注定了它的国家主义倾向和国家依附特征。今天大家认同的基本共识就是和平、理性、文明的辩论规则，任何一方都不得靠国家暴力为自己站台。我们只能通过和平的非强制的手段去说服别人是否接受儒家教义。我感觉儒家未必能适应这种方式。今天的新儒家能否杀出一条血路，靠民间布道而非国家强制来传播儒家信仰，决定着儒家文明能否复兴的命运。

回到我刚才所说的，我希望儒家能够得到非常广阔的传播，成为一种真正能够实质性影响中华文明的学说，但是我希望不要走国家主义这条险路甚至可以说是死路。现在领导人似乎又比较钟情于儒家，但我从自由主义的角度真诚奉劝一句：不要高兴得太早，因为我相信真正有生命力的儒家在民间。国家只能给你一根拐杖，最后把你走瘸了；就和计划经济一样，国企只能养懒汉，保护烂品牌。只有走民间基层路线，像当年墨家那样身体力行地传播儒学精神，儒家学说才有可能得到真正的生命力。

我回应一下"危险"问题，也有选择地回应刚才秋风和任锋所说的。无论在历史上还是在当下，中国最大的危险就是国家主义以及与此联系的道德专制主义，不管是哪种教义、哪个学说。我们面临的根本问题就是这个国家的根本方向是由谁来决定。换句话说，是由把持国家权力的那一群极少数人决定，还是通过开放、平等、自由的过程，让每个人都有表达意见的机会，最后通过一种政治程序汇总大家的智慧。这也是我刚才没有讲完的问题，一个很实际的操作问题，那就是你们怎么来传播自己，到底是走上层路线还是走下层路线？从秋风和任锋的回答来看，你们仍然是不愿走下层路线的，所以也不愿意放弃政教分离。也就是说，政治和道德学说之间是要有联系的，你们还是期待国家来帮助你们实现这个理想。当然，秋风讲的比较保守，只是主张一个教育方案，通过国家把儒家的一些基本经典传播给学生们。如果有些前提可以满足的话，也许可以接受，譬如基础教育不是完全传播儒家的东西，其中也包括其他各门各派、中国西方的学说，也许没有太大问题。但是一旦允许这样做的话，你的边界到底在哪儿？会不会传播的不是你说的那套东西，而是蒋庆的东西，把这套东西通过国家教育方式全盘强加给下一代人？这就是我所说的国家主义。国家主义不只是西方的马克思才有，其实儒家本身就有比较强烈的国家主义倾向。我们所说的"人性""天理""文明"，这些看起来很高大上的概念都可以变成极权主义的工具。至少没有哪个极权国家会说自己是反文明的。当然，事情过了很久以后，我们看到了它的严重后果。但至少在大行其道的时候，它往往是以"文明"的面目出现的，完全可以成为一种压迫性工具。

秋风刚才提出，西方的政治是一种"神教政治"，中国的政治则完全是世俗化的，完全现世的那套智慧，和神没有什么关系。先不论这种说法对不对，但是你刚才否定马克思主义也是无神论的，可见问题的根本不在于国家独尊的那套东西是否世俗。只要坚持某种学说独尊，就会产生无休止的争斗和压制，而且很难说今天儒家能在这种争斗中占上风。在政治过程当中，你怎么跟它争夺这种国家教育的权力？北大刚建了一个"马楼"，而没有建立一个"儒楼"，我想这是谁都不能保障的。如果儒家和马克思主义打一仗的话，哪怕是在五四运动，儒家已经很衰败的时候，你们的胜算也远比现在要大。其实，如果没有国家垄断的话，马克思主义本身并不可怕；可怕的是它一旦和暴力革命的哲学结合起来以后，掌控国家并通过国家对我们进行强制性的灌输和洗脑。儒家自己也似曾相识，好像从你们的主张当中也能找到一些影子。

还是回到我刚才所说的，我希望儒家能够得到非常广阔的传播，成为一种真正能够实质性影响中华文明的学说，但是我希望不要走国家主义这条险路甚至可以说是死路。现在领导人似乎又比较钟情于儒家，但我从自由主义的角度真诚奉劝一句：不要高兴得太早，因为我相信真正有生命力的儒家在民间。国家只能给你一根拐杖，最后把你走瘸了；就和计划经济一样，国企只能养懒汉，保护烂品牌。只有走民间基层路线，像当年墨家那样身体力行地传播儒学精神，儒家学说才有可能得到真正的生命力。

儒家与鲁迅，自由与宽容

　　胡适说："容忍比自由更重要。"这句话不仅富有洞见，而且富有远见，他预见了今天简中华语圈体现出来的各种不宽容思维。2021 年 8 月，大概是因为余英时先生去世，微信群里突然出现了针对传统文化的争论；有人全盘否定儒家文化，把它说得一钱不值，让我很窝火，不客气地回应了几句，扣了"鲁粉""红卫兵"两顶帽子，引发了之后连续几天的争论，中间还带出对鲁迅、马克思等人的评价。和对待儒家文化一样，褒的把他们捧到天上，贬的则把他们打入地下。当然，最后握手言和了，但联想到前阵子美国大选争议引起的中国自由派"分裂"，这件事还是让我感到有必要再说几句。无论是美国大选争议还是传统文化争议，争论本身至少表明自由派是有信仰的，不然也不会如此执着地争，但是各人信仰难免不同。如果不同信仰之间没有基本宽容和对等尊重，那么所谓的争论只能是一场又一场相互伤害的内耗。

　　喜不喜欢儒家学说、喜不喜欢鲁迅的小说乃至马克思主义，本质上当然都是个人的选择自由。宪法上，你显然有思想、信仰和言论自由。事实上，宪法甚至不能强迫你作为个人尊重别人的思想和信仰自由。但是如果你的"自由"意味着别人的不自由——尽管你作为个人未必有能力实现对他人自由的限制，而社会上有相当多的人和你有同样的想法，那么这个国家就危险了，因为你们都会认可甚至主动帮助国家对他人思想和信仰的压迫，并认为这样做是完全正当的——消灭某种"错误""过时"或"虚伪"的学说能有什么错呢？这种思维模式或者会帮助建立与维系一个极权国家，或者在思想和信仰的战场上谁都不服谁的时候，社会舆论陷入四分五裂的状态，让国家权力腾出手来、横行无忌。打左派，右派欢呼；打右派，左派鼓掌。不同意见之间缺乏宽容，就形不成合力，效果上是给国家递刀子，最后在互戕中双双匍匐于极权淫威之下。因此，宽容是宪法和法律不能强求的道德素养；但是如果没有宽容，就不可能实现宪法规定的思想和言论自由，因为我们自己首先就不尊重别人的思想和信仰自由。维护思想和信仰自由的主体缺席了，我们不是极左就是极右，自己先在一些底线问题上打得不可开交，还能抗衡极权、实现自由吗？

因此，宪法上的思想、信仰与言论自由是建立在宽容的道德基础上，并应当被解读为所有人的平等自由，而非只是个人自己的自由。我们之所以要宽容别人，不仅因为别人和我一样是人，具备和我大致一样的基本判断能力，也是因为我和别人一样不是上帝或其代言人，因而也和别人一样会犯错。既然我和别人的意见出现分歧时，别人有可能对、我也有可能错，我们都应该避免绝对的肯定或否定。即便我信神，我也要为不信神的人留下道德空间，不能简单斥之为"邪恶"——毕竟，我自己并不是神，我有可能信错了。即便我坚信无神论，我也要为信神的人留下道德空间，不能简单斥之为"迷信"，因为我确实无法确证神的不存在。

对于"上帝""真理""人的本质"这类超验概念，我们无法用经验事实确切地向世人证明其存在或应当长什么样，因而才有必要"信仰"——你是不需要"信仰"1+1=2的，你需要信仰的恰恰是不可能普遍证明因而也注定见仁见智、众说纷纭的主张。对终极真理的怀疑为信仰保留了必要的空间，也就为所有人的信仰自由保留了必要空间。国家或他人不可能确证我的信仰是"错误"的，因而我有信仰的自由；我同样不能证明我的信仰绝对"正确"、你的信仰因为和我的不同就是"错误"的，因而我首先要尊重你的信仰自由。这样，我以信神的自由换取你不信神的自由，反之亦然，这个社会就太平了，国家也不敢恣意妄为了，因为一旦它侵犯任何一方的自由，各方都会群起而攻之，而非幸灾乐祸或明哲保身。反之，如果我以我的"绝对正确"——有神或无神，显示自己的道德优越感，攻击你的"绝对正确"或质疑你的人品和智商，这样的社会能太平吗？这样的"交流"会有意义吗？

对儒家传统也是一样。至少我不是当代国内的某些"新儒家"，从来不认为儒家学说不能批判。事实上，我在 2012 年出版的《为了人的尊严》已经对儒家等中国传统思想进行过比较深入的批判，但我仍然认为传统思想经过现代批判和重构之后是有价值的，全盘否定传统的主张是既不能成立也不负责任的。这是我多年思考深思熟虑形成的立场，近几年因为新的认知而变得更坚定了。难道我是白痴，长年对一文不值的传统思想"初心"不改？全盘否定论从内容到语调，都体现了无知无畏的自以为是和对他人基本判断力的不尊重。张耀杰等人没有读过我的书，就想当然批一通；这种"批判"当然不会有多少实质含量，也不值得令人当真。但我要强调的是，几乎对任何一种思想或信仰的全盘否定都体现了唯我独尊的思维方式；以为自己掌握了某种不证自明的绝对真理，才会彻底否定和它不同的思想学说或信仰。对于儒家这样的庞大而复杂的思想体系，许多人恐怕连基本了解都欠缺，除了过去长期教育留下的无知、傲慢与偏见，到底有什么底气全盘否定呢？

这里顺带引出鲁迅，因为许多人之所以全面反传统，似乎是因为他们崇拜鲁迅，一句"礼教吃人"就不知影响了多少人。你当然可以喜欢甚至崇拜鲁迅，那是你的自由，但是也要理解别人有不喜欢鲁迅的自由。众口难调，文学评论本身带有一定的主观性。我也承认鲁迅对于批判传统文化、揭露民族"劣根性"的贡献，但要把他说成是中华民族开天辟地的"思想巨人"，是不是也有些过了？你可以把某个作家、思想家或任何人奉若神明，但人毕竟是不完美的，个人崇拜也是有风险的，至少不如崇拜神"安全"——我们一般不会质疑超验的基督或真主，但是如果你把某个活着或活过的人拔得过高，难免会引来质疑和批评，过度赞美必然造成过度贬低。这是微信圈里的常见现象。大概是因为中国没有宗教信仰传统，而人又有信仰崇拜的需要，或许在极权体制的压抑下更加需要，因而中国人特别喜欢"造神"，即便自由派也不能免俗。造神与反造神打得不可开交，拉低了针对实质问题的讨论质量和认知水平。鲁迅的贡献可以肯定，但没必要神化，更不应该不加质疑地接受他对传统文化的全盘否定。儒家文化当然有需要批判的专制成分，但全盘否定不只是延续了道德专制主义思维习惯，而且彰显了极权主义教育的胎记。

几乎对任何思想、学说或信仰的全盘否定都是极权思维的体现，鲁迅崇拜和对传统文化的全盘否定正是我们十分熟悉的极权教育体制留下的遗产。虽然八十年代开始有所反思，但是在后极权体制下的有限反思似乎不足以纠正长期形成的非黑即白的极简主义思维习惯。我对某些群友扣"红卫兵"的帽子固然不对，但不可否认的是，我们毕竟都是在那个教育环境下成长起来的，难以避免那个时代的认知缺陷。我自己身上的红卫兵元素或许不是太多，但我六岁读《水浒》——那个年代没有《简爱》《安娜卡列尼娜》《约翰克里斯朵夫》可读，现在仍然感觉得到自己身上摆脱不了的"杀气"。我们能做的只能是像儒家主张的那样不断反思、提高、完善自己，让自己身上少一点戾气、杀气，多一点包容、和气。无论左还是右，如果改变不了这种思维习惯，我们只能继续在极权体制的陷阱里相互攻讦。

极左年代产生的一个普遍偏见是宗教"迷信"论和道德"虚伪"论。除了把宗教斥之为麻痹劳苦大众的"鸦片"之外，极左教育还宣扬传统道德是为统治者涂脂抹粉的"门面"，而由此造成的道德虚无主义不仅让当代中国饱受各种机会主义行为之害，也直接阻碍了宪政民主制度的发育。常识告诉我们，文明社会是离不开信仰的——不论有神无神；否则，理性自私的个人无以超越不可自拔的"囚徒困境"。这本身是一个大话题，在此且不展开。否定道德信仰，就是对宪政制度的釜底抽薪。至于虚伪还是实在，你有你的判断，别人自有别人的判断；归根结底，价值观是每个人自己的，难道你还要越俎代庖？这样的话，你和你反对的统治模式有什么两样呢？即便在你看来"虚伪"，多提倡一种价值观对社会又有什么害处呢？你又有何德何能掌握"宇宙真理"，对别人的道德信仰评头论足？难道这个国家受道德专制主义及其一体两面的道德虚无主义之害还不够深重吗？

有的无神论群友认为自己接受了"自由、平等、博爱"等当代普世价值，似乎有了最先进的"宇宙真理"，就可以不要"过时"的传统道德信仰。这其实是犯了和百年前左翼知识分子同样的幼稚病。首先，这种寻求"世俗宗教"的想法明显具有定于一尊乃至唯我独尊的道德与政治专制主义倾向，以为芸芸众生只能有一个版本的"大同""至善"。如果一旦"真理"掌握在自己手里，岂不是也要顺理成章地通过国家强制实施？这样就重蹈了儒家学说和所有教条主义的共同覆辙，哪里还会有思想与信仰自由呢？任何人或势力声称发现了（哪怕只是有能力发现）人类至善，都注定是反宪政的。

其次，这类大而无当的空头口号其实还不如儒家学说实在。遇到一个现实伦理问题，譬如有人污染环境，你怎么用"自由、平等、博爱"说服他？你也许可以告诉他这么做不地道、不"博爱"，但得到的回应恐怕只有讥笑。这些普世标语可以作为对理想社会的期望，但对于规范个人自己的行为是很无力的。说儒家"虚伪"，难道你的"普世价值"不是另一种"满嘴仁义道德"吗？有什么能保证任何人不说一套、做一套？事实上，任何道德信仰的说服力都是有限的，而且彼此之间互补而不矛盾。有人不信仰基督教，却信仰伊斯兰；有人不信仰儒家，却信仰墨家……对于约束个人的短期自私冲动来说，几乎所有信仰都是有益的——这是托克维尔考察美国民主之后得出的结论。既然有信仰总比无信仰好，为什么不让潜力几乎无限的"信仰市场"多一个选项呢？只要保证人的选择自由，不允许国家垄断和强迫，哪怕多一株"毒草"也是无害的。

美国大选争议显示，某些具有保守主义倾向的"右派"对于不同信仰（如无神论）或族群（如黑人）是不宽容的。但不宽容倾向同样也可以存在于进步主义倾向的"左派"身上，譬如认为宗教是"迷信"，儒家伦理"虚伪""过时"、一无是处。无论左右、进步还是保守，自由主义的底线是人的平等尊严。尤其在信仰这个如此内在的人性层面上，一个真正的自由主义者必须保持适度的谦抑、怀疑与反思，尊重他人的基本道德判断，至少不再全盘否定乃至抹黑自己不同意的信仰。如果做不到这一点，那只能意味着我们仍然深陷在极权主义思维的泥潭之中。

当然，对于数千年受教条主义和专制主义统治的中国人来说，这并非什么新鲜事。以 1918 年出版的《狂人日记》为标志，"五四运动"揭开了全盘反传统的序幕，最后却从国外引进了一个极端无神论教义。信仰的"一尊"变了，但"定于一尊"的模式不仅没有变，而且力度无以复加。对宗教和传统伦理的偏见不独见于当时的左翼人士，在偏右的自由派当中也很普遍。1923 年，胡适、丁文江等人和张君劢为代表的保守派之间进行了一场科学和"玄学"论战，最后普遍认为代表"先进"方向的科学主义占了上风。在这个意义上，胡适本人也没有充分践行他自己倡导的宽容原则。本质上，以现象世界为研究对象的科学和执着于本体世界的玄学是相互之间并无交集因而无从相互否定的两界；以科学否定玄学和以玄学否定科学一样，都是超越各自认知疆域的僭越。可惜百年之后，国人的认知状态似乎并没有实质性改善。要改变国家，我们首先要改变自己的思维模式，把宽容不同思想和信仰变成自己的思维习惯。

尊严平等是自由契约的核心
——《自由主义论丛》序

　　新冠肆虐，大选喧嚣。2020 注定是决定世界未来命运的一年。它让我们看到，一个国家的制度不再仅限于决定本国人民的生死，而且会深刻影响整个世界的命运。全球化真的把这个世界变成了一个"地球村"，已经没有哪个国家能够关起门来独善其身；不仅商品、资金乃至人员这些"好东西"可以全球化，国家制度产生的灾难也同样可以全球化。

　　中国影响着世界，世界也仍然在影响中国。2020 年 11 月初的美国总统大选不仅撕裂着美国不同族群、信仰、阶级、地域，而且也意想不到地在中国的自由主义阵营激起轩然大波，挺川派和反川派至今依然争论不息。太平洋两岸，美国大选掀起的巨大舆论漩涡揭示了美国社会契约的部分破裂，更彰显了自由主义社会契约从未在中国生根；无论国内国外，众多自称"自由派"的华人并不明了自由主义的基本理念。他们中间，有的是赤裸裸的种族主义者，有的以恐惧"多数人暴政"为名反对"一人一票"，有的因为对国内变革绝望而把希望完全寄托于美国的某个政治偶像，有的就因为自己的偶像败选即偏信大选有"系统性舞弊"，乃至整个美国从新闻、行政到司法都已被"深黑帝国"所绑架，有的以尊重市场为名拒绝一切形式的政府干预和福利制度，有的把正常的左右之争曲解为唯我独尊的"正邪之争"，有的坚称"美国秩序的根基"是基督教并热烈拥护福音派总统掌权，有的则仍然在极端无神论影响下认定基督教或一切宗教都是"迷信"……

　　这一切都是极权体制下长期形成而一个真正的自由主义者必

须克服的认知障碍。对于中国宪政民主的未来，克服这上述认知障碍至关重要。百年前，正是它导致众多自认为信奉自由主义的中国知识分子拥抱极权体制；百年后，在信息高度发达的网络时代，我们惊讶地发现情况竟未发生本质改变，而实践自由主义的政治环境却大大恶化了。在日益"内卷"的大环境下，迎合（至少不敢正面碰撞）"主旋律"的民族主义、国家主义、"新儒家""保守主义"等各式犬儒主义主张甚嚣尘上。它们要把中国带向哪里？等到中国将来真有机会启动转型，会不会像百年前那样因为我们自己的认知障碍一而再、再而三地错失机会？这是今天每一个负责任的自由派都要认真对待的问题。

近在咫尺的"阿拉伯之春"瞬间堕入"阿拉伯之冬"，正是因为阿拉伯国家并不接受政教分离等对于建构自由民主政体所必需的契约原则。塔利班在美军撤离后短短几天即掌控阿富汗全境，也说明这个国家并不存在抵抗宗教极端势力的中间力量。连阿富汗这样的小国都表明，建构自由民主秩序的责任归根结底在于这个国家的国民自己，再强大的外部势力都无法越俎代庖。对于中国这样的大国，这还能意味着什么呢？人人都在盼转型，我们自己真的准备好了吗？

为了避免历史轮回、悲剧重演，我们在此简要重申"自由主义"的基本理念：

（1）人人生而自由平等，并俱有不可剥夺的内在尊严。

（2）国民的平等尊严意味着他们拥有最广泛的信仰自由、言论自由、新闻自由、结社自由、集会自由。政府或任何人都无权否定或剥夺其他人的这些基本权利，或以任何方式把自己的信仰或立场强加于他人之上。

（3）国民的平等尊严意味着禁止种族、性别、信仰、地域、党派、财产等一切形式的歧视，政府应最大程度地保障国民获得公职、财富、教育等社会资源的平等机会。

（4）国民的平等尊严意味着每一位公民都有平等的选举权，通过周期性自由选举产生代表自己利益并对自己负责的立法者。

（5）法官必须保持独立，公务员、警察、军队等行政职能必须保持政治中立，仅忠诚于法律，不受政治、信仰、族群、亲情等任何法外因素的干预。

我们希望并期待，上述自由主义原则会成为越来越多华人共享并共守的社会契约。令人欣慰的是，虽然中国至今笼罩在各种反自由主义的重重迷雾之中，仍有相当数量的海内外华人体现了十分到位的自由主义认知。洋洋 80 万字、三大卷的《自由主义论丛》就是明证，它们诞生于美国大选过程中的唇枪舌剑。对于越来越"有理说不通"的中国，美国大选确实为华人提供了历炼自由主义理念的难得机会。三卷围绕一个共同主题，那就是批判"川普主义"及其所体现的极右思潮。虽然川普只是一个过眼烟云的政治人物，他自己是否有"主义"还很难说，但此次大选中折射出来的各种认知异常确实是值得重视和讨论的现象。

我们以批判极右作为《自由主义论丛》的开卷，当然绝不意味着我们自己是"极左"。自由主义反对极左或极右等任何极端主义，它是在两极之间那个宽阔而安全的中间地带。只要接受上述自由主义基本理念，任何主张——左的、右的，进步的、保守的，革命的、改良的——都可以在这里谈。因此，这既是一篇序言，也是一份邀约——邀请全世界的自由主义者齐聚于此，参与严谨、认真、坦诚、务实的自由主义大讨论。

《论丛》的出版得益于荣伟与罗慰年二位先生主持的"博登书屋"，它为一个万马齐喑的时代提供了宝贵的言论平台。虽然我们还没有机会谋面，但共同的自由主义理念已穿越太平洋把我们联系在一起。海内外诸位同道为《论丛》的策划与编辑付出了辛苦劳动，在此一并致谢。我们衷心希望，全球自由主义华人将《论丛》作为以文会友的思想阵地，用自己的理性与激情、审慎与勇气，为二十一世纪中国自由主义开航布道！

陆、言论的自由与界限

　　最后，还得说两句言论自由。言论自由的意义毋庸赘述，新冠病毒就是血的教训。由十国内言论环境的恶化，言论自由又出现了一些新问题。2016年，钱钟书夫人杨绛去世引发了自由派内部的一场争论：知识分子尤其是名人大V是否有"不说话的自由"？显而易见，说话的自由也包括沉默的自由，这在法律上是没有问题的；但是在道德上，公民尤其是以说话为职业的"公知"有不说话的"自由"吗？强迫"表态"当然会构成一种"道德绑架"，我甚至不认为公知一定比普通公民有更多的言论义务。但作为言论自由的"原教旨主义者"，我认为"公知"必须有接受批评的"雅量"。对公知的批评——包括他们鸡贼的沉默——不仅是一种宪法自由，而且是一种道德必须。当然，沉默比主动迎合要好，但如果公知集体沉默还不让人说，好像还特别在理，那么这个世界是不会变好的。

　　邓小平说过"要警惕右，但主要是防止'左'"，而作为"反右"的操刀手，实际上连他自己都一直是反政治上的右而不是左。然而，只要没有言论自由，当局"反右"之后，很可能调转枪口"反左"。2017年，一些激进的原教旨马克思主义言论遭到打压。虽然我们不是中国语境下的"左派"，也不认同他们的某些口号与主张，真正自由派必须接受不同意见的言论自由。只要不是极左，左派的言论显然也有自由。我甚至认为，"右派"有道德义务为左派言论争自由。只有这样，才能让中国的"契约共同体"不断发展壮大。借用毛泽东的话："所谓政治，就是把朋友搞得多多的，敌人搞得少少的。"即便暂且不论对错，当代自由派也不能连这点政治智慧都没有。

　　之后，环境进一步恶化，连自己身边的朋友也开始遭到打压，甚至失去自由。但正如我在最后一次课上和大一新生说的：不要悲观或"躺平"，这依然是一个我们能够参与和见证的伟大时代。

宪政民主能为防治病毒做什么

2020 年 2 月 6 日晚，武汉"吹哨"医生李文亮不幸病逝，网络上哀悼、谴责之声一浪高过一浪，要求言论自由、政治改革的呼声也不绝于耳。不论官方如何应对，亿万微友已经用自己的言论为李医生举行"国葬"。此次新冠肺炎病毒汹涌袭来、濒于失控，其根源和 17 年前的萨斯危机如出一辙。自 2019 年 12 月发现病例以来，武汉市一直对病毒的传染性和严重性遮遮掩掩。是年元旦，武汉警方控制了 8 名"谣言"发布者，造成了噤若寒蝉的舆论恐怖气氛。迟至 1 月 12 日，武汉还颇有讽刺意味地举行了湖北省人民代表大会，直到会议结束后 18 日才开始对外有限披露当地疫情，而就在当日，百步亭社区居然还如期举办了规模达 4 万多人的"万家宴"，真是愚不可及！社会在没有知情权的情况下，错过了对病毒流行的最佳防控时期。紧接着病例激增，市政府又进退失据、仓促"封城"……性质类似的事件当然远不止武汉一地，而是近几十年各级各地的常态。

2003 年非典爆发时期，恰好发生了孙志刚惨案，中央借机废除了收容遣送恶制，由此也开启了互联网时代公民维权的新模式。但是 17 年过去，"孙志刚模式"的局限性也日益明显。尽管近三四十年中国社会获得了有限的言论自由，但是选举却没有一丝一毫的进步；武汉疫情如此严重，却没有看到湖北省、武汉市没有一个代表出面哪怕说一句话，本身已是中国民主现状的最好注脚。毫无悬念的是，只要不践行宪政民主，SARS、SARI、非正常死亡等各种人为悲剧还会不断再度发生。如果人民不能通过选票让政府对自己负责，手中残存那点自由一夜之间也可以被统统收回去。为什么每次疫情发生，地方政府第一反应就是瞒报？为什么各地各级人大代表在每一次重大公共事件中都集体失语？他们究竟是怎么产生的、对谁负责？全国各地封城、封路的决定应该由谁作出、需要经过什么程序？……所有这些问题本质上都是宪政制度问题，也只能在宪政民主框架下才能得到有效解决。

现在就让我们来看看，这场危机如果放在制度健全的宪政民主国家会发生什么。首先，"宪政民主"是什么？从词意上理解，宪政民主是指建立在宪法上的民主体制。民主是起点，但并非终点；或者说民主是大宪政框架中的一个要素，但并非全部。"民主"是指人民的统治，或者说国家机器的日常运营者要以某种方式对人民负责——在操作意义上对多数人负责，因为人的利益和立场有分歧。一般的国家能做到决策对多数人有利，就很了不起了，但多数决也不能成为绝对的原则。民主无疑是一切共和国体的"定海神针"，而可操作的民主必然是周期性选举产生的多数人统治，但是多数人统治也要受到其它宪法要素（如自由、法治与分权制衡）的约束，才不至于异化为"多数人的暴政"。

设计一部宪法首先要明确立宪的目的和原则，这意味着人民在制宪之前首先要形成社会契约。一部合格的宪法应该是社会契约的摹本，也就是说它应该体现所有理性人均能同意并愿意遵守的社会契约要素，进而使之成文化和具体化。譬如民主，各种特定的民主制度均有利有弊，因而具体采取哪种制度，是有商榷余地的，但民主这个大原则是没有商榷余地的，其中也包括一些界定真民主的原则性要求。民主、法治、自由构成了任何正当国家都必须尊重的"政治自然法"，也是宪政民主的核心。迄今为止，任何一个国家都逃脱不了政治自然法的制裁；没有一个国家可以违背任何一条政治自然法则，而得到良性治理。当然，政治自然法是一个"开放清单"。以下我只是粗略介绍它的核心要素，并不排除其它要素（譬如人身自由和私有财产的核心）也可以纳入其中。

首先，人的基本自由和权利不得受到侵犯。这是任何理性国家得以建构的基础：如洛克所言，我们建立国家，显然不是为了让自已沦为国家的奴隶，而是为了更好地保护我们的权利和自由。政治自然法至少包括了三类权利：言论自由（也包含新闻、集会、结社自由）、信仰自由（包含宗教活动自由与政教分离）、平等权（反歧视）。缔造国家的目的是建构文明秩序，而不是人为制造冲突和压迫。这些要素显然是任何国家的秩序与和平所不可少的，譬如许多"深度分裂"社会正是不能平等对待不同族群或宗教，而陷入长年战争和暴力冲突。

其次，人的自由需要受到法律限制，法律须由代表民意的国家机构——议会——制定。议会必须由周期性选举产生，选举必须符合五项具体要求：普遍（符合适当年龄条件的公民均可作为选民或候选人参与选举）、直接（人民代表由选民直接选举而非其他代表间接选举产生）、自由（选民与候选人之间的交流不受干预、候选人自由活动、选民自愿投票）、秘密（选民秘密而非公开投票）、平等（"一人一票"、选票份量均等）。

最后，普选产生的议会通过立法确定国家方向之后，政府应当依法行政，法院应当依法审判，因而需要保持行政中立和司法独立。行政和司法过程都是为了如实体现立法价值，其自身在本质上是价值中立的，因而不得再受到任何其它权力的干涉。这意味着法院和包括公务员、警察、军队在内的行政都必须去政治化，而且这些机构均需由不同族群和宗教均衡构成，否则很难实现社会团结和互信。深度分裂国家也是因为不能处理好这个问题，而陷入冲突甚至内战，可见政治自然法是不可或缺的；缺了哪一条，国家都不得安宁。

一旦奠定了社会契约和政治自然法则，宪政民主框架即已基本确立，下面要做的是宪法制度的具体化。譬如宪法需要具体规定什么样的民主——联邦制还是单一制？总统制还是议会制？议会选举是以选区为单位，还是实行比例代表制？这些制度都还是笼统的，需要进一步具体化，在此不赘述。事实上，尽管具体的宪法制度各有利弊，只要在政治自然法的大框架下运行，各种制度都会以自己的方式对社会治理和危机防控发挥作用。反之，如果社会契约不存在，政治自然法不遵行，那么再好的宪法制度也是不能落地的空中楼阁，各种危机此起彼伏也就见怪不怪了。这次新冠肺炎病毒肆虐，根源在于以上列举的政治自然法一条都不能有效运行，社会契约完全不存在，致使宪法彻底失去实际效力。

在一个宪政民主国家，这场危机极可能一开始就不会发生，因为政治自然法的第一条——言论与新闻自由——即足以将新冠病毒扼杀于摇篮。言论与新闻自由赋予公民知情权，有助于遏制病毒传播——这是自 2003 年非典即已众所周知的道理，至今讲了 17 年，无需再唠叨了。但是 17 年来，国内的言论与新闻自由非但没有进步，近几年反而发生了严重倒退。武汉肺炎自 2019 年 12 月中下旬即已确诊，湖北省、武汉市政府非但没有公布实情、提醒社会防范，反而鼓励人们去湖北旅游；8 名医务人员在微信群提示病毒风险，当地不仅没有解决病毒问题，反而把提出问题的人"解决"了，8 人受到警方不同程度的骚扰。直到湖北省人大会议结束之后，才恢复更新疫情数据。这中间至少贻误了 3 周最佳防控时间，在这期间又有多少人受到传染？我在 1 月 18 号问侯武汉的一位体制内学者，得到的答复仍然是"没那么严重"。试想，假如言论与新闻自由完全开放，武汉乃至全国还会等到封城之后才开始真正重视病毒并采取防护措施吗？

当然，不是所有的传闻都真实，即便在新闻自由的国家也有"假新闻"。但再设想一下，即便关于武汉肺炎的传闻是假新闻，自由传播又能怎样？不就是虚惊一场而已吗？但如果传闻不幸是事实，那么压制言论的自由传播就直接造成了我们目前面临的严重后果。不错，言论与新闻自由有代价，但是和压制言论的代价相比就太微不足道了。再重复一遍罗隆基先生 1929 年发表的名言："压制言论自由的危险比言论自由的危险更危险"——危险得多得多！

宪政民主的重点是民主，民主的心脏是议会，议会的活力在选举。我不知道湖北省人大 1 月 12—17 号的大会是怎么开的，闭幕时是否还例行宣布"这是一次团结的大会、胜利的大会"，但我可以肯定省人大不是真正选举产生的，否则不可能这么大的疫情，至今没有一个代表出来公开说一句话。当然，宪法规定的选举制度很糟糕，省人大是由县市人大间接选举产生的，这里面就太容易玩猫腻了。即便如此，县乡两级基层人大是直选产生的；如果能把这两级人大选好，它们选出的湖北省、武汉市人大也不会是今天这个样子，对省市人大负责的省长、市长至少不敢对下面压制信息、隐瞒疫情。武汉市长在讲话中提到，这次疫情一开始就上报中央，当地人民却一直不知情。之所以一以贯之地唯上不唯下，根本原因是这位市长并非真正由武汉市人大选出来的，市人大代表也不是真正选举产生的，不敢也没有动力对市长问责；否则，他们会更害怕武汉市选民，而不是中央或湖北省领导。湖北潜江市曾有一名积极履职的代表姚立法，1998 年高票当选，但也只任了一届就被排挤出局；假如今天武汉有一位像姚立法这样的人大代表，情形或许会完全不同。这也足以说明中国地方的政治生态和选举状况，而现在的政治环境显然比二十年前更为糟糕。

如果说言论自由近几十年来总体上还有事实上的进步，选举则是 70 年来原地踏步。五项选举基本原则当中，只有普选权得到了落实。尤其在自由选举完全不存在的环境下，候选人不能自由竞选，选民和候选人无法自由沟通，选举显然失去了意义。没有真正意义的选举，就无法让政府对人民负责，也无法防止改革开倒车。

和言论自由一样，选举也有成本，专职议员还要领工资，但是和一个不负责任的政府乱花钱、乱作为、不作为和各种贪腐比起来，这点小钱实在算不上什么。在一个宪政民主国家，直选产生的议员不仅会给选民省许多不该花的冤枉钱，把该花的钱花在刀口上，而且会有效监督官员并参与重大决策。很难想象，封城这样严重影响人民生活和基本自由的重大决定能不经过议会讨论，凌晨宣布数小时后就直接实施。即便是遇到真正的紧急状态，行政宣布实施后一般也需要在数日内获得议会批准。武汉疫情爆发后，危机处理的各个环节都存在延误拖沓、供不应求，光是一个红十字会就拖延分发救援物资达半个月之久，致使许多等候救治的病人叫天天不应、叫地地不灵，症结即在于代议监督职能的完全缺位。

和严重落后的代议制度相比，长期适应了这种制度的大众心态更可怕。几乎所有人都盼望某个国家领导人出现在救援现场，却没有人期待看到湖北省、武汉市各级加起来数千名人大代表中有一个活跃的身影。试想，这么大的国家上上下下没有一个称职的议会，谁来立法？立了法之后又靠谁来监督实施？谁来为民请命、遏制滥权？14亿人民对代表自己利益的议会和选举漠不关心，怎么可能不危机四伏、险象丛生？

即便议会不灵，但行政和司法能够保持政治中立，兴许也能缓解危机。这次最高法院和检察院为武汉8名"造谣者"正名，为开明司法的作用提供了一个注脚，但是武汉发生的事要绕过武汉和湖北两级司法直达最高层，这个弯子绕得太大、耗时过长，"两高"很可能也是看到疫情如此严重、舆情全国汹涌之后才下决心表态，对于预防危机没有发挥作用，同时也表明地方司法根本不独立，不足以控制地方政府滥用公权。如果警察能够独立执法，拒绝执行侵犯公民言论自由的上级命令，至少在执行过程中"枪口抬高一寸"，那么关于疫情的信息真的有可能跑在病毒前面。当然，这种期待在中国当下显然是不现实的。"司法独立"二十年来一直是"敏感词"，行政中立、"党政分离"则在1987年十三大报告提出后即胎死腹中。面对这两条法治国家必备的政治自然法则，我们的距离依然何其遥远。

即便危机失控爆发，宪政民主制度的危机处理能力也远胜专制国家。言论与新闻自由在政府尊重和司法保护下，能让居民获得疫情发展的准确信息；由选举产生、对选民负责的各级民意代表能合理权衡自由和安全之间的关系，在充分保障人民自由的前提下确定最有效的防控措施，并监督各级行政依法执行。遇到武汉肺炎这样的严重疫情，宪政国家的民意代表绝对是闪现在各种场合的活跃人物，其忙碌程度不会亚于坚守岗位的医务人员，哪能像我们这里如此悄无声息？

另外，还不能忽视其它自然政治法则对于解决危机的作用。譬如宗教与信仰自由的宪法保障能最大程度地提升民族信仰和信教者的人数，让这个社会充满爱心并在危机时刻组织各类爱心救援行动；结社自由让公民自发组织起来，提高社会自我管理能力并减轻政府负担，在危机时刻调动民间社会资源，填补大一统政府关注不到的空缺。中国这么大一个国家，经过四十年市场改革之后拥有了巨大的民间资源。2008 年汶川地震，非政府组织发挥了很大作用。但是近年来的倒行逆施极大压缩了公民社会的活动空间，就连"公民社会"都成了"敏感词"。这次武汉疫情控制过程中政府捉襟见肘、应接不暇，很大程度上是近年来受到严重打压的公民社会缺位造成的。

归根结底，病毒谁身上都有，为什么有的人得病、有的人却安然无恙？这是因为不同的人抗病毒免疫力不同。危机的种子哪个国家都存在，为什么有的国家有惊无险、顺利化解，有的国家却会酿成重大公共事件乃至社会政治危机？这是因为不同的国家、不同的制度化解和应对危机能力不同。武汉肺炎病毒与其说引发了全国乃至全球性公共卫生危机，不如说折射了中国日常社会治理中的制度危机。只要制度危机不除，那么这样或那样的社会危机依旧会源源不断发生。这场危机过去之后，我们不仅要反思自己国家制度存在的问题，更要积极推行变革之道。

唯有如此，我们才对得起不幸离世的李文亮医生和此次灾难的众多受害者，让违背政治自然法则造成的人为浩劫不再重演。我们已经倡议将 2.6 日设为"中国言论自由日"，让人民永远不忘言论自由等宪政民主原则对于生命的意义。这或许是对李医生的最好纪念。

关于设立 2.6 日为"中国言论自由日"的公民倡议

李文亮医生死了！

他出于自己的执业操守和良知，预警武汉的新冠肺炎疫情，遭到武汉警方违法调查与"训诫"，后在救治肺炎病人的岗位上身染病毒而不幸离世。我们对此感到无比悲愤！

众所周知，新冠病毒在湖北和全国范围内的大规模肆虐是扼杀言论自由的又一次"人祸"，对人民知情权的剥夺造成至少数万人感染、上千人死亡，并严重影响了每个国民的基本自由。此次国难向我们每个人显示，对言论自由的侵犯是社会的最大灾难；没有言论自由，我们都是任人宰割的羔羊。

近年来，当局屡屡以打击"谣言"等名目压制言论自由，公权滥用越来越频繁、普遍、严重。全国上下，多少公民义士为行使言论自由而受到骚扰、恐吓甚至身陷囹圄！但恰如这次灾难所不幸证实的，在一个没有言论自由的国家，许多"谣言"是并不遥远的预言；即便某些传言并非 100%准确，绝大多数"谣言"是无害的，并不会产生清楚直接的社会后果，因而不能为公权干涉提供任何借口。反之，压制言论就是国家犯罪。这一点应该成为每一位合格公民都明白的宪法常识和愿意遵行的社会契约。

我们强烈要求全国人大及常委会等责任机构尽快废止《刑法》《治安管理处罚法》等国家立法中诸多可被用来压制言论自由的"口袋罪"，明确无误地排除这些法律授权警察滥用公权、压制言论的可能性，并废除公安、国安等部门中负责管制公民言论的人员编制。

"彼君子兮，不素餐兮。"靠纳税人养活的国家工作人员总不能用法律的名义，堂而皇之地迫害与危害自己的衣食父母。你们也是良知尚未泯灭的人，不会对李文亮医生的不幸遭遇无动于衷。那就请你们以李医生的执业操守做好自己的本份，给全国人民一个交代。

归根结底，主权在民，这个国家是我们自己的。我们要珍惜并捍卫自己的权利，不能让李医生白死。他的遭遇不应当让我们恐惧，而是应当让我们更勇敢发声，因为噤若寒蝉的人越多，死亡只会降临得越快。

2020 年 2 月 6 日——这个令无数人悲愤的日子，让我们把它作为中国的"言论自由日"，以此永远纪念李文亮医生。从这一刻开始，让我们构造自己的政治伦理共同体，缔结彼此之间的基本契约和攻守同盟：不论我们彼此是否同意，让我们每个人都尊重所有人的言论自由；面对国家对言论自由的任何干涉，我们一律说不！

言论自由，才能还原历史真实

2016 年 6 月，北京市西城区法院对"狼牙山五壮士"的后人起诉洪振快损害其先人名誉案做出一审判决，认定洪振快对"狼牙山五壮士"的历史考证"降低他们的英勇形象和精神价值"，判决其败诉并向原告赔礼道歉。早先，洪振快等曾起诉郭松林、梅新育对其辱骂，却被判决败诉。至此，围绕"五壮士"的这一轮诉讼至少有了初步结果，那就是"骂娘"有理，历史探究则成了法律不容许的"历史虚无主义"。

稍后，中国社科院法学所的两位学者对判决进行了法理论证。其中民法学者孙宪忠教授支持法院的结论，认为洪振快的"分析和推测均建立在未经证实的言论的基础上，并不具有可信性"，因而构成"文章的基本内容失实"。宪法学者莫纪宏教授则认为，"狼牙山五壮士"及其所体现的民族精神"明确属于社会主义核心价值观念层面的'公共利益'……在公开的媒体上发表一些没有经过司法认定的'事实'和'证据'，无疑会严重损害社会主义核心价值观的传播。"

首先要说明一个逻辑常识，"核心价值观"是不可能和"狼牙山五壮士"直接划等号的，因为"价值观"是价值，"五壮士"是事实，二者是本质截然不同的两类命题。价值观告诉我们应该或不应该做什么，譬如"核心价值观"中有"自由、民主、法治、公正"，我认为都是"好东西"，是一个文明国家应当追求的目标。"狼牙山五壮士"则是一个实然的故事，无所谓应不应当；我们显然不能说，应当追求"狼牙山五壮士"，这是语法不通、没有意义的表述。也许我们应当学习这则故事中主角体现出来的爱国精神，但前提是"五壮士"是一个真实的故事，而它真不真实和好不好是两个完全独立、需要分别验证的命题。

譬如有人编了一则故事，说"雷海迪"这个人如何积极践行了"社会主义核心价值观"，那么我可以说这套价值观确实很好，但是"雷海迪"这个人或其英雄事迹并不存在；这个人是否存在，和我是否认同核心价值没有关系。不能说因为"雷海迪"这则故事是在宣传核心价值观，就不能质疑这个故事本身的真实性。如果"雷海迪"的英雄事迹根本不存在，通过他来宣传核心价值观岂不是拿整个民族开玩笑吗？

法院判决和上述二位学者都认为，"狼牙山五壮士"已经是一个既成事实，似乎否定这一事实就是对民族精神与核心价值观的伤害。法院判决指出："'狼牙山五壮士'及其精神已经获得全民族的广泛认同，是中华民族共同记忆的一部分，是中华民族精神的内核之一，也是社会主义核心价值观的重要内容。"孙宪忠教授说，"狼牙山五壮士"的英雄事迹"已经成为我国民族精神的一部分，因此在社会公众的民族和历史情感也在一定程度上受到了伤害"。

但我认为，一种负责任的态度是在认定任何一个故事是否构成"民族共同记忆"之前，首先要考证这个故事的真实性。如果故事本身不真实，那么即便之前的宣传使之获得某种"广泛认同"，也不能强求整个民族将其接受为"共同记忆""民族精神的内核"或"核心价值观的重要内容"。在这种情况下，后人或社会公众也不能因为感情上接受不了而获得禁止别人考证故事真实性的法律权利。因此，不论"五壮士"与核心价值观之间的关系如何，其真实性都是可以且需要考证的。显然，一个民族所要共同追求的核心价值观必须建立在经得起考证的真实历史之上。

也许有人认为，任何一个民族都需要"神话"才能凝聚起来，道破"美丽的谎言"本身就是莫大的罪恶。也许美利坚、法兰西、德意志各有各的建国"神话"，但即便如此，神话也是可以挑战的，经不起自由挑战的神话必然是脆弱的。事实上，这些国家的历史观必定是多元的，反对主流史观的大有人在，但是主流史观之所以屹立不倒，正说明其自身的可靠性，而质疑主流的自由本身向社会公众昭示，主流史观是有自信依据的。也许有人会说，德国等欧洲国家也不容许否定纳粹屠杀犹太人等铁板钉钉的史实。我个人认为，这些法律限制其实是没有必要的；与其用法律禁锢某些错误的言论，不如让它们自由发表，并通过更多的自由言论击败它们。但即便认同这些法律的正当性，它们也只是禁止否认大屠杀等最基本的事实。至于某次具体事件是否属实，则是完全可以公开辩论和质疑的。

也只有允许质疑，才可能产生确信。不允许质疑，教科书统统采取一个官方钦定的版本，那么也许会让某些轻信的人们一时相信故事的真实性，但这种信念是非常脆弱的，以至任何一个谣言都可能动摇之。而在过去，出于政治目的的宣传也确实不乏失实之处，譬如"恶霸地主"刘文彩、"黄世仁""平型关大捷"。这些故事或子虚乌有，或严重掺杂水分。在信息多元的互联网时代，它们给许多读者一个印象，那就是教科书的故事不可信。如果没有具体考证的话，那么"狼牙山五壮士"也将不例外。

一审法院和某些学者担心，洪振快的考证会让读者不再相信"狼牙山五壮士"的英雄事迹："很多读者很可能被其文章误导，对狼牙山五壮士的英雄事迹产生质疑或否认。"我的看法恰好相反，洪振快的研究非但没有否定"五壮士"的真实性，而且通过翔实的考证为我们提供了一个可能更为真实的"五壮士"版本。洪振快的贡献正在于去掉了以往宣传的一些水分，却肯定了故事整体的真实性。我读了他的文章，最直接、最深刻的印象就是"狼牙山五壮士"确实有这么回事儿！至于故事细节如何，则是其次。我不知道他考证"五壮士"的主观动机是什么，但是考证的客观效果是确证了故事整体的真实性。事实上，在他之前，确有人主张"五壮士"完全是杜撰。读了他的文章之后，这个故事就基本证实了；以后再有人否定"五壮士"，得拿出比他更确凿的历史证据，才有可能动摇我的想法。

　　"五壮士"的后人和某些读者可能认为，洪振快的研究让"五壮士"原先的光环褪色，因而损害了他们的名誉，但是这显然并不能代表所有读者的感受。在一个很可能带有水分的宣传故事和一个被挤去水分、听上去不那么"壮烈"的真实历史之间，我肯定会选择"干货"，因为后者更接近真实的人性，因而也更能让我感动。假如"五壮士"是神，那么我们当然期望他们不吃不喝、刀枪不入——谁让他们是神呢！事实上，跳崖都显得他们太无能了——为什么不像"横店"拍摄的抗日剧那样以一挡百、全歼日寇呢？当时的某些宣传就是这么报道的。然而，他们只是能力有限的人，和常人一样有需求、有理智、有恐惧，但是他们最后依然选择抗争到底——这才是让我感动的地方。

　　和这个大节相比，即便拔过农民的萝卜又算得了什么？顶多抗战胜利回来，给农民补偿就完事了。也许"五壮士"并没有喊着"打倒日本帝国主义"的口号集体跳崖，其中有人是顺坡"溜"下来的。如果可以保全自己的性命，这么做难道不很正常吗？在我看来，真正的勇者恰是那些抗争到底的人，他们绝不会在没有必要的情况下放弃抗争的能力和机会。我们不妨问问自己，假如我们穿越时空，回到狼牙山目击"五壮士"跳崖的场景，我们究竟是希望他们简单一死了之，以便回来宣传他们的"英雄事迹"，还是希望他们尽可能活下来，和敌军对抗到底呢？我肯定是希望看到后者。既如此，洪振快的文章又如何损害了"五壮士"中的幸存者的声誉呢？

　　洪振快挑战了不受质疑的教科书版本，还原了一个更为真实的历史故事。至于他的还原本身是否存在问题，需要更多的自由探讨才能澄清。原告及部分读者可以不认同他的考证，那么就请拿出相反的证据，最后让全体读者来评判哪个版本更可信，而不是强迫对方沉默。遗憾的是，一审判决却选择了扼杀洪振快的言论，并以史学权威的口吻宣布："被告洪振快发表的两篇文章在无充分证据的情况下，文章多处作出似是而非的推测、质疑乃至评价，通过强调与主要事实无关或者关联不大的细节，引导读者对'狼牙山五壮士'

这一英雄人物群体及其事迹的细节产生质疑，从而否定主要事实的真实性。"有的学者还要求公开发表的事实和证据须"经过司法认定"才算数。请问汗牛充栋的史学巨著中，有多少是"经过司法认定"的呢？难道法官比历史学家对历史事件的判断更可靠？一审法院在宣判洪振快的文章"无充分证据""多处作出似是而非的推测""否定主要事实的真实性"之前，又征求过哪些史学权威的意见呢？

2016 年 4 月底，习近平在和知识分子座谈会上刚刚要求"不抓辫子、不扣帽子、不打棍子"；"即使一些意见和批评有偏差，甚至不正确，也要多一些包容、多一些宽容。"现在，一审判决就把损害"社会主义核心价值观""伤害民族与历史情感""历史虚无主义"等一大堆帽子扣在一份完全正常的历史研究上。主审法官和某些学者似乎忘记了，法院的首要职责是落实宪法、保护言论自由，而不是替代历史学家给史学研究打分。封杀历史研究的自由空间，恰好为历史虚无主义或虚假主义提供避难所。

名人的名誉权必须给新闻监督让路

2016 年 9 月，财新网发布特稿"陈光标：'首善'还是'首骗'？"，这个问题可能很复杂；陈光标诉财新传媒，要求赔礼道歉并赔偿名誉损失 100 万，这个案件的法理却很简单。这种案件直接涉及两种权利。一边是宪法第 35 条规定的言论与出版自由，一边是宪法第 38 条人格尊严所衍生的名誉权。在通常情况下，第 38 条为第 35 条设定了边界：言论自由再重要，也不是无限的，任何人都不得以诽谤、侮辱或揭露隐私等手段侵犯他人的名誉。如果我们披露了关于他人的不实信息，那么即便用意是好的，也要承担法律责任。新闻媒体也不例外。然而，针对政府或公众人物，法律责任的界定又是另一个标准，因为这里不只是涉及原告与被告的私人利益，更重要的还有广大公众的知情权——显然，谁都想知道陈光标究竟是"首善"还是"首骗"。这一事实并不授权新闻媒体恶意造谣中伤，但确实极大拓展了其报道自由的空间。

1964 年，美国判例"纽约时报案"确立了新闻自由的当代界碑。以往，普通的诽谤侵权诉讼倒置举证责任，要求被告证明发布的信息属实；只要不能举证，即被判决构成诽谤，后果往往是巨额赔偿甚至坐牢。设想有人揭露官员腐败，但是这类信息的确凿证据一般掌握在政府自己手里，不可能对外界公开。这样，政府只要祭起诽谤诉讼的尚方宝剑，就足以令媒体和公民胆寒，因为谁都不想惹上一个说不清的官司并承担沉重的法律责任。基于此，"纽约时报案"判决旧规则对言论与新闻自由产生了"冷缩效应"，对于监督政府极其不利。新规则把举证责任又调换过来，而且极大加重了官员的举证责任。官员要控告个人或媒体侵犯了其名誉，不仅要证明报道失实，而且还要证明被告这么做有"实际恶意"。要证明别人脑子里的那个"小九九"，自然是极难的，因而有人断言，"纽约时报案"判决断送了官员的名誉权保护。如果你想进官场，代价之一就是基本上放弃自己的名誉权；你的个人名誉必须给言论自由让路，因为公众的知情权太重要了。

半个世纪以来，"纽约时报案"确立的宪政规则不只是适用于美国，而且也适用于世界上众多宪政文明国家。这是因为监督政府的需要不只是美国一家有，而是所有正常国家的共同需要。人性是普适的，人的行为动机是人性加情境决定的，因而某些制度的必要性也是普适的。人民有恐惧，就不敢监督；没有监督，政府就必然腐败和专横；要有效监督政府，首先必须消除人民的恐惧。"纽约时报案"的举证责任倒置和"实际恶意"标准就是为了让人民以及新闻媒体在监督政府的时候，可以远离恐惧、畅所欲言。只有人民的言论受到保护，政府透明和廉洁才有保证。官员的名誉本来也值得法律保护，只是如果这种保护抑制了人民的知情权，就不得不被舍弃。我们可以不接受这样的宪政规则，不过那样就得承担拒绝宪政的代价，纵容泛滥成灾的官员贪腐与公权滥用。

后来，美国最高法院也把同样的规则适用于"公众人物"，退役官员、影视明星、体坛名将、财团大亨等社会名流都属于这个界别。"纽约时报案"的拓宽引起了不少争议，因为名人也是有名誉、有隐私的，而且如果说做官是自己的选择，成为明星未必全然是自己的选择。尽管如此，公众人物为言论自由让步的理由和政府官员类似。一个健康国家不仅要追问政府的权是否用得正当，而且也要追问名人的名、商人的钱是否来得正当。事实上，权、钱、名在不同程度上都是公共资源。人民可以把权授予官员，把钱交给商人，把美名送给某个名流，但是有权知道他们是否名实相符。更何况在一个健康国家，社会名流也是青少年楷模，对社会拥有巨大影响，公众有权对他们设置一定的道德期待，并知晓他们的真实人格状态。当然，公众不应该对名人的纯粹私人生活感兴趣，但什么是公众需要知道的信息？这条线很不好画。如果窥探名人隐私成了代价高昂的重罪，那么公众需要知道的更重要的信息也不会有人敢于探索。两害相权取其轻，名人的名誉权在公众知情权面前也要做出适当让步，尽管让步多少存有一定的争议。

监督公众人物的理由用在陈光标身上非常贴切，而且不需要多少保留。他应该说是中国慈善业中最有名的人物，而慈善捐赠的道德意涵是毋庸置疑的。陈光标之所以如此出名，是因为屡次高调捐赠使他成为中国的道德楷模，而公众显然有权知道他是否真的捐赠过钱、捐了多少。在法治国家，这些信息一般是高度透明的，发现欺诈相对容易，但是在我们这里，往往只有专业记者"穷追猛打"才能找到相关线索。幸运的是，现在终于有一位记者不辞劳苦，系统调查了陈光标捐赠的真相，尽可能形成了比较完整的证据链。即便这个证据链中的个别事实尚待确证，这种深度调查努力也是难能可贵的。即便某些报道失误了，名人自己也不是没嘴；凭陈光标的人气和受关注度，他完全可以发布辟谣声明，用事实为自己辩护，而无需诉诸司法。如果别人一调查自己，名人就可以动用法律武器，"名誉权"就成了恐吓舆论监督的凶器。

当然，即便对公众人物，媒体也应该坚持职业操守，不得对其进行人格侮辱和人身攻击；我认为，也不应关注无关痛痒的名人隐私。但财新网所报道的正是大众有理由关注的陈光标慈善行为的真伪，而且报道方式是严谨严肃的，完全没有任何恶意。恰好相反，它是一个责任媒体所应有的职务行为。这样的报道完全处于宪法第35条的保护范围之内，理应免于赔偿诉讼的纠缠与恐吓。

什么是"颠覆国家政权"？

2017 年 8 月，天津市第二中级法院不公开审理了吴淦（网名"超级低俗屠夫"）"颠覆国家政权"案。这是 2015 年"709 事件"剩下的最后两三个余案之一。当时抓捕并控告周世锋、李和平、王宇等律师的罪名也都是《刑法》第 105 条中的"颠覆"或"煽动颠覆"罪，就连涉世不深的 90 后律师助理"考拉"也被安上了这么个吓人的罪名。照理说，罪名越大，公权滥用的风险与后果也越严重，国家机器在行使权力过程中理应更加谨慎，但是这里的现实却恰好相反。《刑法》第 102—112 条中的几条"危害国家安全罪"有点像过去的"现行反革命"。一旦被安上这样的罪名，似乎就成了"阶级敌人"，普通犯罪嫌疑人所能享受的几条正当程序权利一概被剥夺殆尽。在可被屡次延长的 30 天拘留羁押期间，律师会见的申请一般会以"国家安全"的名义而遭到拒绝，犯罪嫌疑人将在和外界完全隔绝的环境下独自面对强大的国家机器。公安机关甚至也不用给家属提供拘留通知书，以至有的从刑事拘留到取保候审，竟然连一份正式文书都没有看到。如此不受约束的国家权力用起来自然十分"方便"，这也就难怪"颠覆"或"煽动颠覆"国家政权这样的罪名近年来变得越来越普遍了。像"屠夫"这样经常搞些嘲弄地方官员、抨击制度弊端的"行为艺术"，也就成了"颠覆国家政权"。这当然不是《刑法》第 105 条的应有之义。

让我们先来看看什么不是"颠覆国家政权"。这里有两个关键词："颠覆"和"国家政权"。首先，"颠覆"不是一般意义的改变，而是指通过暴力、阴谋等非和平手段摧毁政权。任何国家的政府乃至政体都是可以被改变的，民主的要义正是通过周期性选举以和平理性的方式更迭政权。如果人民通过选举让某一届政府下台，显然不能被认为是"颠覆国家政权"。其次，"国家政权"是指一种政治体制，而不是某一届特定政府或领导人。即便是暴力攻击特定的官员，如果没有证据表明它是推翻整体制度的一部分，那么也只能认定它是暴力伤害，而并不能构成颠覆"国家政权"。

更重要的是，批评体制、政府或官员显然不构成"颠覆国家政权"。只要不是直接鼓励、教唆或煽动人们暴力推翻政府，人民显然有批评政府的言论自由。如果政府可以把理性的批评扣上"颠覆国家政权"的大帽子，那还有谁敢说政府的半点不是？人民不能批评，公权滥用如何得到制约和纠正？一个压制批评、不受制约的公权力必然会对正常的言论罗织各种罪名，并误把国家恐怖主义造成的万马齐喑当作是政权"安全"和稳定，最后在变本加厉的公权滥用中从道路以目走向天怒人怨。事实上，这样的政府已不是正常意义上的"国家政权"，因为在法理上不可颠覆的国家政权必须是建立在宪法基础上的，政权合法性取决于政府本身是否尊重宪法，而言论自由、民主选举、司法独立等制度要素显然是宪法最核心的组成部分。如果政权首先颠覆了宪法，那就不成其为"国家"，也就无所谓"颠覆"了。

如果理性、温和、有理的批评不是"颠覆"，"超级低俗屠夫"能否因为他的批评方式比较"低俗"、粗鲁或激烈而构成"颠覆"呢？答案显然是否，因为温和—激进、高尚—低俗、有理—无理……都是弹性很大的概念，并没有截然分明的界限。如果国家可以为激进、尖刻、夸张的批评定罪，那么温和、诚恳、如实的批评也将陷于恐惧，宪法保护的言论自由将不复存在。言论自由意味着政府不仅要容忍温和理性的批评，而且也要容忍激进、尖刻、低俗、夸张的批评。退一万步说，即便批评方式严重不当，政府至多只能给予行政处分，而绝不能以"颠覆"或"煽动颠覆"国家政权这样严重的罪名惩罚批评者，否则必然对言论自由产生严重的冷缩效应。

从网上流传的起诉书来看，指控"屠夫"的检察院混淆了言论与行动、国家政权与特定官员、事实前提与需要论证的结论等不同性质的概念。起诉书通篇充斥着"颠覆国家政权"的字眼，但几乎全部是未经论证、先入为主的主观定性。譬如其中提到，"吴淦长期利用互联网发表颠覆国家政权的言论"，但我们前面已经论证言论通常是不足以构成"颠覆"的；"屠夫"发表过《杀猪宝典》《喝茶宝典》《被拆迁征地户维权宝典》，起诉书却从未有一句解释这些"宝典"如何"攻击国家政权机关"；他还"接受境外媒体采访、在互联网上发布音频讲座、宣扬所谓'推墙'思想"，但是谁也没有告诉我们，接受境外媒体采访或发表音频讲座就是"颠覆国家政权"；至于"推墙"，可以被理解为突破"长城防火墙"的信息控制，虽然与现行政策不合，也不至于构成"颠覆"这样的重罪。何况互联网上谈论"推墙"的大有人在，只是惩罚他一个或少数几个人，就成了任意而不公的选择性执法。

起诉书具体罗列了"屠夫"的 12 条行为，主要包括在市政府、公安局、法院等机关门前集体举牌、挂横幅、喊口号、实施"行为艺术"，在互联网上谩骂特定干部、法官、民警或对他们进行"人肉搜索"，抹黑司法机关等政府形象，"在境内外造成恶劣的政治影响。"问题首先是，起诉书并没有对这些言行所针对的政府行为合法性进行任何调查和认定，就把"屠夫"的言论定性为"抹黑司法机关形象""攻击社会主义制度""颠覆国家政权"。也许其中某些政府与法院行为确实构成违法，难道这也是"社会主义制度"所要保护的吗？难道腐败法官的形象也受法律保护吗？如果存在司法不公、非法强拆，"屠夫"的"攻击"不正是宪法所要保护的言论吗？如果平和的言论不足以引起关注，夸张一点的"行为艺术"对于制约公权滥用不是更有效吗？

以上罗列的所有言行都是针对特定的法官、市长等官员。他们并不能和"国家政权"划等号，甚至连"国家机关"都谈不上。他们只是替国家"打工"的人。和理论上不会犯错的抽象"国家"不同，他们是会犯错误、滥用公权、滋生腐败的具体的人，他们行使权力的方式需要公民自由言论的批评和制约。起诉书却将他们等同于"国家政权"，以至激烈一点的批评都成了"颠覆"。这是对宪法第 35 条和《刑法》第 105 条的严重误读。

即便"屠夫"完全错了，他所批评指责的官员全部是好官清官，他的言论也不构成"颠覆"，除非确实有充分证据表明他的言论会成功实现抹黑政府形象、损害政权稳定的效果。但是既然政府自己没有任何问题，一个"屠夫"有什么三头六臂的能耐达到这个目的呢？政府为什么不能自己通过公共舆论把事情讲清楚？起诉书中频繁出现的一条罪状是"煽动不明真相的人"聚集围攻政府，却没有具体说明这些人到底是谁？他们为什么宁可冒着被刑拘的风险，听信"屠夫"的错误煽动而非政府所提供的真相？如果人民不是不可救药的白痴或觊觎颠覆的罪犯，那么应当可以信任他们多数人会在正确与错误之间作出明智的选择。尽管少数人可能固执地坚持"不明真相"，胜券在握的政府完全不必在意他们的鼓噪，因为多数人会在自由交流之后站在政府一边。起诉书之所以斤斤于"不明真相的人"，似乎只剩下如下不多的可能性：或者政府自己心里有鬼，或者不信任自己和批评者对等交流的能力，或者不信任广大人民的智商，以至不得不用"颠覆国家政权"的罪名让"屠夫"闭嘴。

按照正确的解读，"颠覆国家政权"当然只能被限于极其严重的罪行。我们可以看看美国《合众国法典》第 18 篇第 115 章也规定了叛国、煽动和颠覆行为，而这里的"颠覆行为"是和叛国、叛乱或暴动、阴谋煽动、鼓动推翻政府、影响武装力量、为敌国服役等严重犯罪放在一起的。虽然联邦最高法院对如何界定"颠覆"也存在争议，但第一修正案保护的言论自由终究是一条不可撼动的底线。在 1966 年的案例中(Elfbrandt v. Russell, 384 U.S. 11)，亚利桑那州法要求州政府雇员宣誓忠诚。这一看似并不过分的要求也被最高法院多数意见推翻。在 1967 年的案例中(Keyishian v. Board of Regents, 385 U.S. 589)，纽约州法禁止任何州立大学教授参与宣扬推翻政府的组织，并要求教师和雇员签署自己不是共产党员的保证书。沃伦法院在激烈争论后，以 5:4 推翻了这项州法。

我们没必要走那么远，但是既然中国宪法同样保护言论自由，我们就不能不谨慎界定"颠覆国家政权"的边界。真正意义的"颠覆国家政权"是指组织、策划、实施或煽动暴力推翻政府，而不是通过各种方式的言论批评政府，不论这种批评多么激烈或令人难堪。以此标准衡量，"屠夫"不是"颠覆国家政权"的罪犯，而是积极践行权利、守护宪法、监督政府的模范公民。

"颠覆国家政权"的罪名很大，国家机关在使用的时候应当谨慎，否则势必对言论自由产生严重的"冷缩效应"。反过来看，如果动辄扣这么一个大帽子，以至于老百姓对"颠覆国家政权"都习以为常、见怪不怪，这对于政权的稳定性而言，未必是好事吧。

言论自由不分左右

2017 年 11 月，广州警方以"聚众扰乱社会秩序"为由，拘捕了北大哲学系毕业生张云帆。申请批捕期限将近时，才有其家人托人找我，告知他是在一次大学读书会谈论"敏感"事件遭人举报，但并没有说明他本人的思想背景。我也没有多想，当即表示支持。近年来，因言获罪者多矣，广州警方的行为有明显违背宪法第 35 条的嫌疑。此事的法理极为简单——事实上，中国绝大多数事件无需法理，只需常识即可判断。我当时说了几点：首先，需要确认张云帆是否存在违法行为；如果没有，则几乎不论他说了什么，均属于宪法言论自由保护的范围，不能入罪。如果无罪，警方即应立即还其人身自由；即便要找个台阶，给予"取保候审"，也应立即让他回家，而不可"变更强制措施"，在不明地点通过"监视居住"继续限制其人身自由。

后来友人告知，这个张云帆是"毛左"。这才在网上搜了一下，也没有查到什么，只是说他信奉马列，在校期间曾任北大马克思学会会长，可能参与过已被取缔的"卫毛党"活动。其亲朋好友或许怕自由派人士不支持，所以未告实情。其实，这种担心完全没有必要。自由派在言论自由这个问题上是从来不含糊的，无论是否同意言论本身。左右两派对中国的民生问题和社会弊端有不少同感，但是对解决方案的认知大相径庭。自由派当然不会认为中国的前途在于回到毛泽东时代，但是也绝不会因为不同意左派言论而放弃言论自由的基本立场。因此，不论张云帆的个人背景如何，我对此事的立场是不会改变的。

事实上，从此次以及个别以往事件来看，政府不只是打压右派言论，而且也限制左派言论，只是力度有所不同而已。譬如"屠夫"

吴淦也因言获罪，获刑八年，其罪名就不是"聚众扰乱社会秩序"，而是严重得多的"颠覆国家政权"。但不论如何，左派同样是限制言论的受害者，也需要言论自由和人身自由的宪法保护，左右对待宪法的态度应该是一致的，都应该积极推动宪法的实质性实施，而不应站在反宪政的立场上，因为意见不合而纵容甚至怂恿政府剥夺对方的基本权利。这样显然是极为不智的，最后连自己的基本自由都保不住。既然宪法是所有人的护身符，放弃宪法无异于自我迫害。

当然，在左右割裂日益严重的中国社会，要保持言论自由的心态并不容易，因为这不只是要求自己的言论有自由，也要允许他人的言论有自由——借用美国大法官霍姆斯的话，尤其是那些我们憎恨或不耻的言论，而这不容易做到。言论自由要求我们把别人当人——而不是白痴，把自己也当人——而不是上帝。这甚至都说不上是"宽容"，而只是维持起码的风度，让明明会犯错的自己少犯错，犯了错也不至于太丢面子；我们给别人留退路，其实也是给自己留退路。但是在一个没有宗教传统乃至把宗教当作"封建迷信"的国家，我们却恰恰没有这个传统，常常不知不觉让自己站在上帝的位置上，不给自己留任何退路。在有些情况下，明知自己错了，但因为先前说话太满太绝，而不肯认错，因为自己不肯宽容而变成非要为错误辩护。那样就太悲催了。

在对待"文革"等历史事件和毛泽东等历史人物上，左右两派针锋对麦芒，没有任何调和的余地。其实，只要不把任何人当做神或魔，不采取宗教式的封闭心态，心平气和就事论事，这些问题都是有解的。一时无解，暂且淡化也不失为一种策略；非要谈也可以，只是要对事不对人，不要把一场公共事件讨论演变成私人感情纠纷。自由的言论应该是无畏的，但无畏的表达无需伤人。譬如像洪振快那样探讨"狼牙山五壮士"的真相，依靠扎实的文献资料和实地调查论证自己的观点，没有一点情绪化的表达。当事人的家属和左派很可能不高兴，但是面对自己不喜欢的观点，正确的方法不是谩骂，而是同样用事实说话。政府当然更不应该简单通过一部立法，禁止民间自由探讨历史真相。这种做法不会带来稳定，而是助长社会不讲理的习惯。

实在忍不住，就把愤怒转化为怜悯吧————我也常常这样劝诫自己：如果对方持有一种错误的观念，那不是一种恶，而是一种不幸；对已经不幸的人不留余地口诛笔伐，就成了我的不公。在这种情况下，最好的办法莫过于用过硬的证据和论据耐心说服对方，帮助他纠正错误。当然，这种办法只适用于那些"真左"，而不是靠"左"吃饭的假左。当代左派的问题是其中混杂了大量只为利益、不问是非、没有底线的"五毛"。对于他们，辩论确实是一种浪费时间。我不知如何判断左的真伪，但直觉认为张云帆是属于"真左"。不论其言论对错，其自由都是应受保护的，其人格也应当得到尊重。

从北京及各地的"驱低"事件来看，中国的左右其实是有共同关怀的。自由派并非不关心民生，而是要以一种负责任的方式关注民生，那就是建立让政府对人民负责的制度，让人民通过选票追求并保护自己的生计。近年来的左右之争往往是避重就轻、转移焦点，最后却造成势不两立、两败俱伤的结局。譬如"郎顾之争"原来的焦点在于是否应该在没有政治改革的情况下单方面推进经济改革，却演变成究竟要市场还是要计划的伪问题之争。对于这种问题，自由派的立场显然是既要推动市场改革，更要推进政治体制改革；在没有政治改革的情况，即不可回避伪市场改革和私有化带来的弊端。这本来是一个可以形成左右合力的话题，两派却打得不可开交，政府则以其一贯的我行我素，依然在既没有自由也没有福利的方向发展。

左右之争不可避免，但争论应建立在宪法共识的基础上。对于"驱低"事件，左右都应当认识到：没有民主，就谈不上民生。对于越来越频繁的因言获罪，左右更应当形成共识：言论不分左右，都应该自由。

有说话的权利，也就有说话的责任

2016 年 5 月，作家杨绛去世，引发了对她和钱钟书生平评价的诸多争论，进而延伸到一系列问题：作为拥簇众多的知识分子，钱杨夫妇是否有责任表达自己对公共问题的立场？是否有权利选择自己的生活？其他人是否有权评价他们？是否有权利要求他们在政治上有所担当？在一般意义上，知识分子是否有权对公共事务保持"沉默"？……这些问题的答案显而易见，但问题性质不完全一样，弄不好会产生一些误会。争论本身是好事，但不分青红皂白的争论最后往往两败俱伤。

知识分子有没有"沉默权"？要回答这个问题，首先要弄清权利的本质。在法律上，权利是我们免受政府或他人侵犯的一种能力。显然，无论是国家还是私人，任何人或机构都不能强迫你说话。私人也很难强迫任何人说话。任凭你山呼海啸，我就是守口如瓶，你对我无可奈何；如果你动粗，那就是你违法，我可以要求国家制裁。如果是国家动粗，采用强制手段逼迫你说话，那么就要追究相关工作人员的法律责任。在这个意义上，任何人都有权选择沉默。

然而，钱杨的辩护者显然并不满足于这种政治或法律上的权利，而是主张一种道德上的权利——在某些情况下，知识分子保持沉默是无可指责的，因为他们说话会给自己带来极大的风险。如果强求钱钟书在"文革"期间批评红卫兵暴行，无疑是逼他自杀。在那个年代，任何人都没有言论自由，因而也都被免于言论的责任。这种免责的合理性是显而易见的，任何人都没有资格强求别人把脑袋系在裤腰带上说话。当然，严格来说，免责并不完全等同于一种权利。如果知识分子确实有说话的责任，那么在政治高压下，他们可以不说话；沉默是有理由、可理解的，但是它并不能成为道德上的权利，更不能升格为一种道德崇高。

在道德意义上，沉默作为权利是不成立的。事实上，道德必然主要以个人的责任义务为导向，"权利"在绝大多数情形下是失语的。有些人动辄谈论"道德自由"，"自由是道德的基础"云云，但这又是混淆了人的政治权利和道德责任两个不同范畴。单纯在道德层次上，有道德显然就没有绝对的"自由"。所谓"自由是道德的前提"，是指政治自由、选择自由使得真正意义的道德成为可能。即便在没有言论自由的环境下，他们仍然可以被认为有责任尽自己的力量改善言论环境，至少在内心拒绝认同制度的正当性，在行动上拒绝与罪恶同流合污。在我看来，即便知识分子出于客观原因而不能说话，他们内心也应当对这种被迫沉默的状态感到耻辱，进而把这种耻辱感转化为说话的勇气。

改革三十多年之后，"文革"时期不能说话的状态已经得到极大的改观。虽然言论自由尚待制度上的稳妥保障，但是毋庸置疑，整个社会已经相当程度上拥有事实上的言论自由。在这种情况下，知识分子是否就有说话的责任呢？我个人无疑倾向于如此认为，但是道德立场并无绝对的正确错误之分，我并不能也不想"绑架"任何人。譬如你也完全可以止于一种相对消极的"职业主义"，认为学者只需要做好自己的本职工作，并无义务在公共问题上发声。你甚至可以认为，做一个"犬儒"也没什么错；只要不违法，任何人都不能把"犬儒"怎么样。在法律上，你完全有做犬儒的"权利"。在道德上，这么做可能有代价。你可能会收获许多人的不认同甚至鄙视，但那是评论的权利。我们总是可以评论钱杨夫妇是否有道德义务做些什么，尽管在法律上他们并没有责任。如果批评违背事实或构成侮辱，他们可以诉诸法律，但是除此之外，他们不能也无法将自己屏蔽于公共评论的场域之外。当然，你既可以批评，也可以为他们辩护。在任何健康的国家，关乎道德价值观的争论注定是一场没有定论的混战。

既然没有绝对正确的答案，我们还在这里闹腾什么？其实，言论自由最大的价值就是通过这种"闹腾"实现的。只要我们学会如何争论，争论带来的好处是不可穷尽的。谁都知道，"真理越辩越明"；虽然到最后我们未必能说服任何人，但是辩论能够澄清许多问题。价值观可以多元，但事实只有一个，辩论让我们更加接近真相。譬如我自己没有读过钱杨的作品，只能做这次辩论的围观者，但是已经从围观中了解了更多的钱钟书。我以前也倾向于认为，钱似乎应该对"文革"等过去发生的事情有更为公开与直接的反思和批判，但是他的辩护者却描述了他如何特立独行、和权贵保持距离的许多故事，让我对他平添了许多敬意。我现在认为，也许他可以在某些方面做得更好，但是他选择的生活方式至少是无可厚非的。

反过来，即便如此，社会也依然有权对钱杨这样的名人评头评足。"钱粉"们可以为钱钟书辩护，但也没有必要对批评感到不舒服。难道一个有缺点的钱钟书不显得更加真实、更加亲切吗？在我看来，一个胆小、世故、学术极有造诣而内心有所操守的钱钟书是一个真实可爱的人。为什么不允许别人打破自己偶像的"完美形象"呢？在经历"文革"等多次政治运动之后，国人不自觉地接受了"高大全"的审美观。一个人好就必须一好百好，不能有缺点，也不容许别人谈缺点。说钱钟书有点"犬儒"，马上就有"钱粉"跳起来说他的学术造诣如何如何。拜托，这是一个问题吗？

无论是这次钱杨事件还是早先的柴静事件，都表明我们还不太适应正常的辩论，辩论的时候常常跑题，最后上纲上线甚至人身攻击，辩论就完全变味了。两次事件有一个共同特征，那就是失焦严重。有些人一开始就把钱杨或柴静捧得很高，或许太高了，另一些人看不惯，争论由此而起，但争论的焦点却集中在他们个人身上，在应该涉及的公共话题上面的聚焦时间和深度则十分有限。当然，钱杨事件直接关乎知识分子的责任，辩论要比上次切题得多，但辩论过程仍然流露出一种情绪，那就是用"沉默权""诛心论""道德绑架"的思维来回击批评。我是否说话，那是我的权利，你无权插嘴，别用"文革"的方式搞"大批判"！再说，你自己做得怎么样？

有什么资格对别人说三道四？！……

　　这种辩论方式只能说明，我们还没有从"文革"回归一个正常社会。不错，价值观是多元的，或许没有绝对的对错，但是相对的优劣还是存在的。不同价值观相互碰撞，优胜劣汰，而社会在这个过程中进步成长。没有坦率的辩论和批评，社会就会失去是非观和道义感。对于钱杨这些故人来说，批评仅涉及身后的名誉问题，但是对于柴静等活跃的社会名人来说，批评具有更直接的现实意义。除了澄清真相之外，言论自由的另一个重要功能是中国古人所说的"责善"，也就是相互督促、共同进步。在一个权力长期通吃一切的国家，道德当然是极不重要的，"责善"也就成了一种虚伪的说教甚至攻击他人的凶器。但是一个正常的社会显然不能完全臣服于权力，包括依法行使的国家权力。在绝大多数时候，社会必须通过公民的道德自律走向自治，而公民之间的相互监督离不开道德"责善"。

　　即便批评者在某些方面不如被批评者，也有评论和批评的权利。当评论者和被评论者地位不相称的时候，责善往往是单向度的。譬如李承鹏可以评论某个球员在某场比赛中表现很烂，但是他自己未必比那个球员踢得更好，而这一事实并不能堵住他的嘴。那个球员不能说："我踢不好，你来踢啊"，因为球员有球员的职业标准。我的课上得不好，受到学生的批评，我不能向他们发飙："要不然你来讲！"因为讲课是我的职业，而不是学生的职业，他们有权以职业标准来要求我。

　　然而，如果是另一位老师这么对我说，而他的课却讲得更糟，那么常识会让我们感到有点怪异。在评论者和被评论者之间地位对等的情况下，责善是相互的；我们在要求别人之前，首先应当反思自己。这也是一种道德义务。在法律上，你的批评自由几乎是无限的；但是在道德上，无论是批评的内容还是表达方式都应遵循一定的限度。如果你要求别人的维权姿态很高，自己却从不出手；要求别人的言论勇敢触碰"禁区"，自己却很少直接批评体制，那么别人不仅会对你有看法，而且也不会把你的要求当真。

在中国传统上，儒家非常重视责善，认为这是朋友之间应尽的义务。但既然责善是为了对方好，批评者也要注意责善的方式。让我们看看明儒王阳明是怎么说的："责善，朋友之道，然须忠告而善道之……故凡讦人之短，攻发人之阴私，以沽直者，皆不可以言责善。"（《王文成公全书·卷二十六·传习录中·责善》）如果批评者把对方当作朋友，把批评当作善意的规劝，那么不妨笔下留点情、口下积点德；这样，无谓的失焦和争吵会少一些，我们对公共问题的辩论质量会高一些。

当然，本文所讨论的说话问题不只是限于知识分子。知识分子只有在专制国家才受追捧，因为那里的人民说话没人听，需要知识分子"为民请命"。在一个走向常态的国家，人民也应该起来说话的。

沉默比"道德绑架"更危险

2016 年 6 月前后，围绕知识分子的沉默是不是一种"权利"，萧瀚老师写了篇质疑我的文章（"律己的道德以及社会分工"）。辩论到了这个阶段，就开始有点好看了，因为我们进入了"角色互换"的境界。萧瀚是一位极勇敢的写手，他写的一些东西连我都替他担心，而他也为自己的敢言付出了代价。然而，恰恰是他反对所谓的"道德绑架"。和他相比，我则保守许多。在某种意义上，我恰是那个坚持"职业主义"的人。我认为中国敢言者太少，而敬业者也不多。敢言固然可贵，但是并不能代替敬业，而我之所以偶而也貌似勇敢地说了几句话，完全是职业性质使然——我的专业是宪法，以宪法评论政事，肯定会批评国家政治中诸多不尽如人意之处，我只是实话实说而已。至于要求别人如何，我是十分不屑的。在这个问题上，我是一个忠实的儒家，凡事先做好自己，然后也就没有时间、精力和兴趣去管他人了。我为什么要在乎钱钟书的道德操守呢？这确实是他的事，不关我的事。因此，我对这个问题的个人态度是和萧瀚完全一致的。但是如果有人关心知识分子的道德担当并提出要求，我会回到自己的专业出发点，坚持他是有这个权利的；无论在法律还是道义上，道德批评并无任何不当之处。这是我和萧瀚的分歧所在。

先让我澄清什么不是问题，以免又跑题了。第一，所有人都有宪法和法律上的言论自由，我相信萧瀚也不会不承认。在宪法与合宪法律允许的范围内，任何人都有批评的权利——可以批评政府，也可以批评私人。第二，任何人都有说话的自由，当然也有保持沉默的自由。在宪法和法律上，国家或任何人都不得强迫人说话，正如他们不能强迫人保持沉默一样。第三，我们也都同意，批评应当限于公正评论范围，没有人会认同不公正、不合理的批评。某些不公正的批评是如此出格，以至陷入法律禁止的范围，构成诽谤、侮辱或揭露隐私；如果不构成违法，那么即便不公正的批评也是要允许的，尽管我们可以批评这种不公正的批评。

事情本来可以到此为止，但是萧瀚他们非要为"沉默权"辩护。先前已经澄清，他们主张的这种权利不限于宪法与法律上的权利，而是一种道义上的权利。如果有人批评钱钟书没有公开谴责"文革"，那么虽然这个人有批评的宪法权利，但是他干扰了钱钟书保持沉默的自由，因而在道德上是错误的。我们的分歧是在这儿。我认为，虽然有些批评放在历史情境下是不公正的，但是我们在批评和反批评之前无法确定批评是否公正，因而不能从一开始就把某类批评先验地排除在道德正当范围之外；任何人也不能在辩论之前就以"沉默权"为由，在道义上先封住别人的口。萧瀚则认为"道德绑架"是万万不可以有，尤其是指名道姓的批评。只要有人质问：钱钟书，你为什么对"文革"不说话？那就是"文革"大批判再现，极权主义回潮。

知识分子似乎尤其重视"沉默权"，大概部分是因为徐贲老师点明了知识分子有说话的责任。我倒不认为，知识分子一定比一般公民有更多的说话责任。当然，知识分子吃的就是言论饭，说话方面比普通百姓责任更多也是理所当然。即便如此，我也认为没必要刻意突出知识分子的说话责任。这么做的潜意识很可能是认定知识分子有说话的特权——既然如此，也就有不说话的特权，为知识分子量身打造的"沉默权"也就顺势而生了。我宁愿认为，和普通公民相比，知识分子既没有更多说话的责任，也没有更多沉默的权利。社会批评的矛头之所以更多地指向知识分子，无非是因为他们当中有的是更引人注目的大 V、知名作家、意见领袖。但在道义上，"沉默权"是不存在的；不论是谁，任何人都不能先天屏蔽别人对自己的批评。

　　首先，在道义上主张"沉默权"是十分徒劳的事情。如果某人的批评违法，那么你可以诉诸法律手段让他闭嘴。但是如果批评并不违法，你怎么才能让他不说话？这边高高在上地主张沉默的"权利"，那边则不为所动，只会更高调地指责知识分子作为整体的人格沉沦。这种争吵本身已是跑题、失焦。你只能试图说服他，强求乃至只是期待任何人说话都是一种道德错误，每个人只能管好自己。这个主张也许是可以被论证的，但是抽象地主张知识分子的"沉默权"很难说服不分享这一立场的任何人。要说服他们，你很可能只有通过钱钟书、杨绛这些具体的人或事，来论证强求他人是错误的。

　　其次，排除指名道姓的批评不仅做不到，而且也完全没有必要，因为自由的辩论终究会还人清白。在这次钱杨事件，贺卫方教授（又点名了）等"钱粉"挖掘出不少能够表达钱杨价值观的言论——很好，但是这恰恰证明，事实真相和公正评价是需要自由辩论来还原的。如果大家都"尊重"钱杨的"沉默权"，那么包括我在内的许多人都继续会对钱杨的道德操守存在偏见。

　　有人认为，这种点名道姓的批评是很可怕的"文革"余韵，好像又是红卫兵小将在贴"大字报"。难道我们真的认为，"文革"是如此温文尔雅的"批评与自我批评"吗？难道"文革"真的只是"大字报""大辩论"吗？当然不是，"文革"的本质是用国家暴力或国家纵容下的私人暴力，以极其野蛮的方式压制思想和言论。如果今天真的有哪一位红卫兵"愤青"在大街上拿着高音喇叭，高喊"打倒杨绛！"，几乎所有人都会认为这种言论很离谱，但是我要说，只要他没有影响任何人的休息（譬如在半夜三更高喊）或其它利益，那么就和美国人可以在麦迪逊广场上高喊"打倒奥巴马！"一样，他应该被给予这种自由，因为只要没有暴力的协助，这种自由是无害的。我们也许可以和他理论，他的认识是完全错误的，但是我们不能说："杨绛有沉默的权利，你不能去打扰她的安宁。"即便杨绛在世的时候，我不会改变这个立场——怕什么呢？难道她老人家的神经就这么脆弱？她拥有那么多的粉丝，就不能有效保护她、给她安全感吗？

萧瀚或许会马上谴责这种"道德绑架""语言暴力"，论证"语言暴力"甚至比肢体暴力更恐怖。某些批评可能是粗暴的，但是粗暴批评的存在并不能整体否定批评本身。况且即便是粗暴的批评，也远不如剥夺言论自由可怕，因为言论产生的压力再大，只要保证不得使用暴力——无论是国家暴力还是国家纵容的私人暴力，被批评者都仍然保留选择的自由。有人认为道德批评就是逼人"做圣人"，这有点搞笑。对"文革"等重大历史事件公开表个态就能做圣人，这个"圣人"也太好做了。只是可惜，即使这样的"圣人"在当下中国又何其之少。其实，许多人对知识分子的要求显然不是做什么"圣人""斗士"，而只是服从良知、拒绝说谎、表达人性底线关怀的勇气。知识分子可能对这种底线要求或期待感到不适，但是这种不适未必是社会期待的问题，而有可能是知识分子本身的问题。

萧瀚似乎对中国的现状相当悲观。在他那里，可怜巴巴的知识分子只剩下避难和沉默的自由，现在连这点自由都要被不知宽容体恤的极左或极右剥夺殆尽："奴役者以暴力剥夺了人们无害他人自我选择的大部分自由，被奴役者则以道德的名义剥夺人们剩下那点可怜的自由。"这也许是"文革"及其之前 17 年的真实写照，但我不认为这是当下中国现状。我也不认同某些"公知"夸大当前言论不自由的程度，并以此为"沉默权"寻找客观理由。现状当然不尽如人意，甚至可能有所倒退，但是中国客观上已不可能倒退到从前的状态。应当承认，和"文革"那个年代相比，包括知识分子在内的普通中国人已经在事实上拥有不少自由，包括网络空间的言论自由。如果我们不愿意面对这个事实，以便推卸自己的责任，那么这种可怜很大程度上是我们自己的选择，请不要将其推诿给这个时代。我个人对生活在这个时代（而不是"文革"时代或更早）是十分感恩的，并将充分行使这个时代赐予我们的也许不多的自由。

　　如果我们选择了可怜的生活方式，那么这种可怜将永远继续下去，成为我们摆脱不掉的宿命。在我看来，"沉默的自由"就是一种相当可怜的自由。如果我们确实被剥夺得什么都不剩，只剩下沉默的自由，那么我们也注定不会享有这种自由。然而，萧瀚却对它寄予厚望，认为"尊重这样的自由，才会有一个哥特建筑、巴洛克建筑、洛可可建筑……多样纷呈的世界。"我不懂建筑，但是我认为这样的期望完全是虚幻的，因为沉默是一个虚幻的避难所。一个沉默的世界不会有什么"哥特建筑"等种种美好的东西，甚至不会留下灰色的建筑，有的是强征、血拆、警察暴力……对了，还有雷洋。雷洋是一个完好的沉默典范，他生前曾公开表明对政治不感兴趣。他无疑是有这个自由的，但是看看最后发生了什么？假如我在他生前有机会指名道姓地要求他放弃沉默，这种做法有什么过分吗？对他个人来说，难道指名道姓的批评不比宽宥他的沉默更负责任吗？

　　和多数"公知"相比，我在日常生活中是很沉默的，但我清醒地知道，沉默只是知识分子情有独钟的特权。和萧瀚相反，我认为一个沉默的世界是最可怕的。表面上，"沉默的自由"保护每个人的内心安宁，让个人能在没有尘世纷扰的环境下自由自在地做出自己的选择。实际上，在一个没有对话、没有辩论、没有相互同情和关怀、甚至看上去没有嫉妒与仇恨的社会，每个人都是敝帚自珍、各扫门前雪的孤子，这样的社会是没有任何抵抗强权的能力的。卢旺达、波斯尼亚、波尔布特……几乎所有的恐怖都是在沉默中悄悄进行的。即便在甚嚣尘上的"文革"，最恶毒的"阳谋"、最残酷的暴力也是在带着仇恨的沉默中发生的。一个沉默的国家如果不是已经深陷极权之中，便是正在走向极权路上。极权体制的日常特征正是秩序井然的沉默，只是偶尔会被步调高度一致的口号所打破。

　　我喜欢安静，但我更在乎安全，而在我看来，一个纷繁喧嚣的世界要比沉默安全得多。这就好比托克维尔描述的早期美利坚，当你看到集市上各种喧闹、争吵、恶俗、讨价还价、嬉笑怒骂，你应该感到安全，因为这是一个人性得到发挥的正常社会。在这里，偶尔会有技巧拙劣的偷盗，至多只有黑帮的火并。但是当你看到一切喧嚣都沉寂下来，粗俗的市井小民都被教化得循规蹈矩，你最好和警察搞好关系——如果你能识别谁是警察的话。当然，一个完美的世界是鱼与熊掌兼得，人民既能适当行使自己的言论自由，又能识趣地尊重知识分子的沉默权，但世界注定是不完美的；如果鱼与熊掌不能兼得，那么在种种"道德绑架"带来的喧嚣面前，我宁可放弃沉默的权利。

当然，这不是什么大不了的损失。如果有人责问我："你为什么不能像萧瀚那样，更勇敢地说话"，我不会高傲地回应"沉默是我的权利"，而是会说"容我回去想一想，你说的是否有道理"——这不是一种敷衍，他也许真的有理。如果考虑之后，认定自己出于种种原因只能做到目前这一步，那么我会不为所动，而不会感觉自己遭遇了任何意义的"绑架"。如果几次三番被问及同样的问题，感觉有点烦，也可以回敬一句："也许我可以做得更好，但是你呢？"我不认为知识分子有什么特殊之处，让他们承担比普通人更多的说话责任，或享有更多的沉默特权。他们需要面对社会公众的批评，也可以放下身段和他们对话、争吵、论理。这样的世界不会太平，但是会比一个看似太平的世界更安全。

部分因为体制内改革力量的消失，体制外的温和改良派与激进"革命"派之间时常发生撕裂。在体制现状一时无法改变的情况下，体制外的对话与争论还是有胜于无。这种争论可能是令人不快的，对话是失焦的，我们可能还需要学习如何对话，但是说话永远比沉默更好。也许我太天真，但是作为言论自由的"原教旨主义者"，我坚信言论的力量，我们因为自由的言论而变得知情、开明、务实并愿意同情和体谅他人。只要不违法，即便错误的言论也总是比沉默的价值更高。

许多的公共问题也不像萧瀚说得那样需要深厚的专业知识，普通公民同样可以表态，也可以期待知识分子表态。萧瀚似乎特别不能接受我带点夸张的描述——山呼海啸，但是没有沉默的暴力作为后盾，再喧嚣的"道德绑架"又能奈我何？"公知"固然温文尔雅，但是心理也要强大一点嘛。难道一句"打倒杨绛！"，就能让活了105岁的她心理崩溃？如果我在她生前有机会，也许会问她对"文革"的看法；在得到否定的回答之后，我会以晚辈的态度委婉地表达，她的公开表态或许会让众多青年粉丝了解这一重大历史事件，而这对于国家来说是一件幸事。我想，这种温和的表达方式应该可以为萧瀚们所接受。既如此，换一个人，表达更直率乃至尖刻一点又有何妨？我相信，饱经沧桑的老人家应该会不以为忤。当然，对于不公平、不合理的指责，为他们辩护就是贺卫方和萧瀚们的任务了。

清华应善待自己的优秀学者

2019 年 3 月，清华大学以莫须有的罪名，对许章润教授作出了停课、撤销职务甚至"停止科研活动"的处理决定。这不仅侵犯了一个学者的言论和学术自由，也损害了清华自己的声誉。

许章润教授是公认的优秀法律学者，其文采斐然、构思宏大、著述等身，是有目共睹的，口才更是无人能及。事实上，仅数年前，他依然受到官方的认可，曾被评为十大中青年法学家。多年来，他的自由主义立场是一以贯之的，思想观点一直没有变；变的是国内的言论环境，近年来显著收紧了。许章润教授之所以遭到清华的处罚，并不是因为他发表了什么激进或出格的言论，而是因为他秉公直言，在恶劣的言论环境下说出了众人不敢说的常理，因而是典型的"因言获罪"。

知我、罪我，其惟春秋乎！学者的言论不能保证句句正确，但即便错误的言论也有发表的自由，而究竟正确还是错误，显然不能由任何部门或学校行政区区几个不懂学术的人决定，更不能通过简单粗暴的行政命令不让学者说话，而是应该让学术界乃至全社会通过公开辩论作出判断。如果清华认为许章润说的哪一句话不对，那就请公开"亮相"，让社会大众来评判究竟谁对谁错。

"众人之诺诺，不如一士之谔谔。"许章润这样的学者本来是清华的骄傲，却反遭清华大学的惩处。之所以发生这样匪夷所思的事情，无非是因为在不可救药的官本位体制下，清华的校长书记们为了自己的乌纱帽而不得不拿自己学校的良心学者开刀，等于自毁长城。但清华并非这些头头脑脑的清华，而是广大教师学生的清华。我记得清华的校训中有一句是"厚德载物"，我不清楚这句话究竟意味着什么，但清华校方这么做显然不"厚道"。我希望更多的清华人能像郭于华教授那样，为自己的同行或老师勇敢发声，维护清华的校训和声誉。当然，许章润也是法学界的骄傲。我也希望有更多的法律人站出来为章润呐喊、维权。

思想的力量终究是挡不住的。因言定罪、打压学者，到头来是为他做"免费广告"。君不见，许多人未必知道清华校长是谁，如今却知道清华有个许章润，清华领导反而成了众矢之的。我希望清华大学见错即改、收回成命，保护好自己学校的"正资产"，也免得在自己任内留下"历史污点"。一所大学失去了土地、资产，都知道是损失；失去了真正的学者，则浑然不知所失，甚至反而庆幸去掉了一根"芒刺"——这还是大学吗？

有关部门应立即释放耿潇男夫妇

2020 年 9 月 9 日，耿潇男夫妇被海淀公安刑事拘留，后又被海淀检察院批捕。作为耿潇男女士的朋友，我们深感震惊。在我们眼里，她不仅一直是一位守法公民，更是一位急公好义、不畏权势、仗义执言的当代侠女。如果这样的女子会"违法犯罪"，我们不禁要问：她究竟违了哪条法、犯了什么罪？

有关部门指控耿潇男的罪名是"非法经营"，据说她夫妇经营的文化传播公司存在"印刷、销售非法出版物"的行为，违反了现行出版管理的有关规定。我们知道，"非法经营"从计划经济时代的"投机倒把"蜕变而来，已经成为一个边界模糊、定义任性的"口袋罪"；用在出版领域，"非法经营"很容易成为压制公民言论与出版自由的工具和借口，因而必须尤其慎重。2005 年国务院《出版管理条例》第 55 条规定："未经批准……自从事出版物的出版、印刷或者复制、进口、发行业务"的行为可构成非法经营罪。然而，这项规定显然违反了现行宪法第 35 条："公民有言论、出版……的自由"，因而不应被赋予法律效力，尤其不得被用来给公民定罪。

言论与出版自由是任何一个国家得以长治久安的宪法基础，中国绝非例外。从"大饥荒"到"文革"、从"非典"流行到新冠肆虐，对言论与出版自由的管控所造成的社会灾难有目共睹、无需赘述。对出版领域的严格管控早已使中国的舆论与图书市场变得噤若寒蝉、万马齐喑，产生了严重的信息单一化和大量假大空文字；粗俗低劣的《平安经》居然手续齐全、正式出版，貌似不可思议，实际上是出版管制的必然结果。违宪的出版管理体制已严重制约了中国图书市场的正常发展，也严重损害了中国最大的国家利益——思想与信息的自由流通，并让图书出版行业承受了不可承受的昂贵成本。在这种情况下，违反一个公然违宪并损害社会利益的行政规定不仅不是"违法"，而恰恰是在践行宪法第 35 条规定的公民基本权利。

即便按照现行法律规定，耿潇男女士的行为也不构成违反刑法。首先，有关部门并未指控涉嫌违规印刷的那部分出版物在内容上存在任何"问题"。虽然耿潇男个人直率敢言，但她经营的出版物全部是少儿、美食、烹饪、营养类书籍，在市场上相当受欢迎，没有任何政治敏感内容。其次，"非法经营"的构成要件是产生破坏市场秩序等有害的社会后果，而没有任何证据表明，耿潇男经营的任何出版物产生了任何有害的社会后果。事实上，所谓的"非法经营"至多只是损害了出版社或作者的私人利益；即便确实存在违法经营，也应该由这些私人主体提出民事诉讼并要求赔偿经济损失，而不是由国家公权力以刑事犯罪的名义越俎代庖。对她进行刑事拘留和指控，是国家刑事权力的严重滥用。

最后，即便有关部门认定耿潇男构成刑事犯罪，其主观动机也显然违法——众所周知，他们的矛头指向不是什么"非法经营"，而是耿潇男女士最近一段时间为许章润、许志永、陈秋实等因言获罪的义士勇敢发声。"非法经营"只是一个借口，其真实动机是惩罚耿潇男的言论，因而有关部门的所作所为不仅违反了宪法第 35 条，而且也构成了《行政诉讼法》第 70 条所定义的"滥用职权"。"滥用职权"指的正是这种主观违法：即便公权行为在客观上完美无瑕，但是只要动机不正当，那么主观违法行为和客观违法一样无效。

这个国家的绝大多数人一直生活在一个思维误区之中，那就是你要批评政府，自己首先要"干净"；否则，就别怪政府找你的麻烦。对不起，这是一个流氓逻辑，我们拒绝接受。公民不是圣人，公民是会犯错的，但是并不因此就丧失了宪法第 35 条规定的基本权利，就必须忍受公权力别有用心的迫害。假如只有"圣人"才能行使宪法权利，那么这个国家的 14 亿男女老少就没有一个人能够行使任何一条宪法权利。

　　不论我们是否喜欢，这里是我们的家园。我们愿和耿潇男女士在一起，共同守护这个家园，共同行使宪法规定的言论与出版自由，共同遵守并维护一个文明社会所应有的基本底线，共同抵制公权力的严重滥用——尽管我们的权利得不到法律的有效保护，即便我们为了维护本来属于我们的共同权利会面临风险。

　　基于以上理由，我们认为在此次事件中违法的不是耿潇男，而恰恰是拘捕她的有关部门。我们强烈吁请有关部门顾及宪法与法律的尊严，立即恢复耿潇男夫妇的人身自由。

这依然是一个伟大的时代

我没有说这是一个"美好"的时代，伟大的时代往往是不美好的；恰好相反，就和伟大的人生很可能经历痛苦一样，伟大的时代也常常是痛苦的，有时甚至令人窒息。周围已有不止一位好友遭遇磨难，有的甚至失去了自由。曾经同游美国的企业家李怀庆竟被重判 20 年，许志永、丁家喜、耿潇男等因言获罪的义人仍被关押候审；清华许教授为苍生直言却遭开除，为当事人积极辩护的周泽、卢思位、任全牛等律师则面临暂时或永久停业⋯⋯

对中国来说，庚子年从来不是什么好年。两个甲子之前的世纪之交，发生了祸及北部各省的"拳乱"；一个甲子之后，发生了遍及大江南北的"大饥荒"；六年后，被迫让权的始作俑者"伟大领袖"不惜发动"文革"夺权。在这个庚子年，中美接连发生了两起意想不到的全球化事件。

一件是新冠疫情在武汉的迅猛爆发，又在后极权体制的高压管控下戛然而止，而全球化却将病毒传播到世界各个角落，至今依然波涛汹涌、势头不减。疫情本因极权体制对言论自由的管控而起，却被同一个体制对人身自由的有效管控制服；而在欧美，政府既不能管控言论，也不能过度管控人身，疫情防控很大程度上依赖公民自律，自律不足则产生了巨大的生命和健康代价。中国和欧美，不同模式诠释了"自由不免费"(Freedom is not free)的两种含义：自由是要靠斗争乃至牺牲争取的，而自由过度也会明码标价。

另一件则是美国选情在太平洋两岸的来回激荡，彼岸的"川普病毒"让许多此岸的"自由派"中招。庚子年，"义和团"转战美国，大量"川粉"以为自己"百毒不侵"，拒绝在大规模竞选集会戴口罩，为美国疫情扩散推波助澜。但彼岸的"伟大领袖"也在此岸激起了不小的波澜，收获大量自称"自由派"的死忠粉。极左体制的长期洗脑润物无声地培植了自己的完美镜像——原来"红卫兵"不只是左派，也完全可以是"右派"；他们真诚地以为自己追求宪政、反抗极权，但深层逻辑和他们反对的"有枪便是草头王"那个极权丛林并无二致。

当然，这个国家的"右派"本来就是稀罕的少数，绝大多数是被正面洗脑的群氓；他们中少数是愚昧极左，多数对真相现实麻木不仁。从北大新生在我课堂上的迷茫眼神，不难看出这一级的洗脑程度又加深了——但愿我看错了。

这样的世界，还有理由为它乐观吗？那要看你把评价坐标系的原点设在什么地方。如果设在 1988 或 2003 年（上一次非典爆发的时候），显然乐观不起来，但历史是漫长的；如果往回一甲子，坐标原点设在 1960 或 1966，那就太乐观了。那个年代的人在想什么、做什么？我想都不敢想。假如活在那个年代而有今天的思想，不用杀我，我自己就想死——那才是一个让人看不到头的绝望世界。今天，用茅于轼先生的话说，"至少不随便杀人了。"我一直记着这句话，它是我保持乐观的理由。

是啊，今天至少还没有发生饥荒——事实上，饭吃得仍然不错。虽不时有小人告密，但挑动群众斗群众并未大规模发生；许章润教授落难，至少我没有看到有谁公开落井下石的，和六十年代批斗"胡风事件""章罗同盟""三家村"反党集团的那种"自告奋勇"……天壤之别。微信删帖、封号疯狂依旧，但只要把控一点言论尺度，还不至于危及人身自由。"前律师"的名单越来越长，但是大多数仍然活跃在律师行业。对于许多人来说，生活会变得越来越不容易，但这是一个伟大时代所不可避免的代价。我们应当将这种代价最小化，但没有理由悲观，更不应当放弃。

四十五年，中国从歇斯底里的极权体制走来，已经变了很多。谁能许诺我们一直往好的方面变呢？180 年的近代史表明，中国从来没有这么好的运气。20 世纪前半个世纪，整个世界都是不好的；

等到世界开始变好了，饱受左右恶势力影响的中国滑向了极权深渊。今天，只要世界仍然还好，这块极权主义巨冰的融化只是时间问题。美国大选纠纷显示，即便"灯塔"也有幽暗的时候；但权力交接的有惊无险同样显示，"灯塔"仍然还亮着，中国宪政之旅并没有失去航标。近几年来，这块融化中的巨冰确实又有复冻的危险，但这只是暂时的停滞；等到恶政 hold 不住的时候，不可遏制的暖流必将加速奔腾而来。

有人说，互联网、大数据、人工智能会加剧"数字极权"、打造2084。这种可能性并非不存在，但我在这个问题上却宁愿相信马克思的"经济决定论"：信息技术时代的主旋律是自由公开，任何极权政治在它面前都是螳臂当车，最终必将以其自己看不到的方式垮掉。任何技术都改变不了一个事实，那就是极权秩序是个别人费尽心机打造和维持的，一不小心就会出现裂缝，所谓"千里之堤，溃于蚁穴"。我们要做的只是清醒地活着，并保持意志自由。

最近在讲儒学，让我用孟子的一段话与同道共勉："待文王而后兴者，凡民也。若夫豪杰之士，虽无文王犹兴。"在奔向自由的最后一段旅程中，我们有什么理由不"豪杰"一点？为什么还要翘首期待某个"救星"出现？当然，我们自身的状态不够好；从此次美国大选中自由派的"集体翻车"可以看到，我们自己的宪政启蒙还有大量的功课要做……

但我们还是要感到庆幸——而不是悲观：上天为我们保留了千年不遇的机会，让我们亲身用自由的体温把冻结了数十年剩下的那点残冰融化掉。

那场美好的仗还没有开始。你准备好了吗？

上天保佑，让中国也伟大一次！

作者介绍

张千帆：美国德克萨斯大学奥斯汀分校政府学博士，曾任南京大学法学院教授、博士生导师、《南京大学法律评论》主编、中国宪法学会副会长，现任北京大学法学院教授、博士生导师、北京大学人大与议会研究中心主任。主要研究宪政原理、比较宪法、中外政治与道德理论，代表作有《西方宪政体系》（上下册）、《宪法学导论》《宪政原理》《为了人的尊严》《新伦理》《宪政中国——迷途与前路》《宪政三论：自由·法治·民主》等。